我们互诉黑暗之语

英格博格·巴赫曼 与 保罗·策兰 的 相 恋往事

[德]赫尔穆特·伯蒂格 著

李双志 译

GUANGXI NORMAL UNIVERSITY PRESS

广西师范大学出版社

·桂 林·

WOMEN HUSU HEIAN ZHI YU
YINGGEBOGE BAHEMAN YU BAOLUO CELAN DE XIANGLIAN WANGSHI

出 品 人：赵运仕　　责任编辑：段 佳　　营销编辑：戚　斯
责任技编：伍智辉　　助理编辑：何虹霓　　装帧设计：杨濡溦

歌德学院（中国）
翻译资助计划

The translation of this work was financed
by the Goethe-Institut China
本书获得歌德学院（中国）全额翻译资助

Original title: Wir sagen uns Dunkles:
Die Liebesgeschichte zwischen Ingeborg Bachmann und Paul Celan
by Helmut Böttiger
© 2017 Deutsche Verlags-Anstalt,
a division of Verlagsgruppe Random House GmbH, München, Germany
著作权合同登记号桂图登字：20-2023-055 号

图书在版编目（CIP）数据

　　我们互诉黑暗之语：英格博格·巴赫曼与保罗·策兰的
相恋往事 /（德）赫尔穆特·伯蒂格著；李双志译. --桂林：
广西师范大学出版社，2023.9
　　ISBN 978-7-5598-6173-3

　　Ⅰ．①我… Ⅱ．①赫… ②李… Ⅲ．①保罗·策兰—
生平事迹②英格伯格·巴赫曼—生平事迹 Ⅳ．①K835.165.6
②K835.215.6

　　中国国家版本馆 CIP 数据核字（2023）第 121310 号

广西师范大学出版社出版发行

（ 广西桂林市五里店路 9 号　邮政编码：541004 ）
　 网址：http://www.bbtpress.com
出版人：黄轩庄
全国新华书店经销
广西民族印刷包装集团有限公司印刷
（南宁市高新区高新三路 1 号　邮政编码：530007）
开本：787 mm × 1 092 mm　1/32
印张：10.25　　字数：213 千
2023 年 9 月第 1 版　　2023 年 9 月第 1 次印刷
定价：69.00 元

如发现印装质量问题，影响阅读，请与出版社发行部门联系调换。

Inhalt

目录

I

城市公园里的泡桐树

1948 年春，维也纳

1

II

诗的游击战士

策兰之初：泽诺维茨与布加勒斯特

23

III

河流彼岸的主人

巴赫曼的克拉根福之初

42

IV

是时候了，要让他们知道！

爱情密码

55

V

走出玻璃罩

策兰在巴黎

65

VI

穿皮夹克的编辑部女孩儿

巴赫曼在维也纳的媒体从业经历

83

VII

酷酷爵士乐。节奏进入词语。

策兰与吉赛尔·德·莱特朗奇

108

VIII

真实的泪河

1952 年 5 月，四七社在宁多夫的聚会

120

IX

在德国的原始森林里

巴赫曼、汉斯·维尔纳·亨策和新的艺术探索

156

X

面纱下的赤裸女人们

策兰与他的情人们

192

XI

爱之律法何其严！

爱之狂喜

216

XII

"让故事在你心中沉没……"

现实袭来

239

XIII

大转轮与旋转木马

渴望在文学中续存

252

XIV

已逝之秋

回望不可能之事

285

4

致谢
313

图像来源
314

参考文献
315

I
城市公园里的泡桐树
1948年春，维也纳

1948年春天的维也纳是一部黑白电影。汽车头灯惶惶不安地探寻一排排沿街房屋。四个占领国各立一方。不同的世界就在这座城市中交啮：特务的维也纳、政治犯和经济犯的维也纳、商界大鳄和投机小鬼的维也纳。繁杂情势幽深莫测。来自世界各地而背景不明的各色人物汇聚在此。看来唯一可确定的是，他们都各有所求。维也纳是一座由废墟残垣组成的城，此间的人如幽灵闪动。一个特殊的去处是所谓的"国际区"，中央东区，因为占领国轮流执掌这个区的市政管理。转过一个街角，肯定就会见到有人身着灰色大衣立在那儿。这是奥森·韦尔斯出演的电影《第三人》[1]中的维也纳。

许多人经历了第二次世界大战、大屠杀和流亡之后，落脚于此。他们大多是犹太人。其他人称他们为"流离失所之

---

1 1949年上映的英国黑白电影。本书脚注均为译注。

人"。来自前哈布斯堡帝国最东端的泽诺维茨的保罗·策兰也是其中一位。他在维也纳遇到了英格博格·巴赫曼，巴赫曼是被另一种无家可归驱逐到了此处。1948 年 5 月，她不到二十二岁，保罗·策兰二十七岁，他们还远不是 20 世纪七八十年代在德语教科书和大学讨论课上随处可见的那一对与之同名的神话人物。英格博格·巴赫曼和保罗·策兰此刻在文坛上还寂寂无名。他们在维也纳仅仅共度了六个星期，策兰在 6 月底已经动身前往巴黎，那将是他未来的长居之地。但这六个星期是两人感情关系的神秘核心，是他们的私人神话，是日后不计其数的附会传闻的源头。

关于这六个星期的共处，我们一无所知。这是文学史的一段渺茫前世，是无法准确勾勒出来的一段情事。两人在这之后才开始的通信，展示了两人之间充满张力，偶有急剧冲突的情感起伏。对早先的这六个星期，信中会在回顾过往之际稍作影射，就仿佛那是个秘密。巴赫曼有一次写道，她记得他们在维也纳的城市公园里有过多次约会，这个公园在她位于贝娅特丽克丝巷的寓所附近："我将来走进这座城市公园，必定会不由自主地想到它可以是整个世界，必定会不由自主地变回当初那条小鱼。"几乎十年之后，巴赫曼笔下还出现了维也纳城市公园中的那座桥，作为一种象征："我们曾站在那桥上，如中魔咒"。

在这个城市公园中有种景物，不仅是在匆匆一瞥间可供人悦目而已：这便是泡桐树。策兰因为自己名字的缘故[1]，自然而然地将它们与自己相连。巴赫曼在策兰逝世后创作的小说《马利纳》中写到了一个梦，做梦人在经历了一个惊心动魄的故事之后重回旧日："安静下来吧，想想城市公园，想想那树叶，想想维也纳里的花园，想想我们的树，泡桐正开着花儿。我立即就平静了下来，因为我们两人有过同样的经历。"

当年的城市公园，1948年5、6月间的城市公园，如何就成了他们的"整个世界"？他们日后比在当时当地更好地对那一切做出了解释，当时许多情况都还不那么确定，都还包含更多矛盾，都还更有游戏的意味。英格博格·巴赫曼在1948年5月17日给自己父母写了一封信，信里那轻松的，甚而完全可说轻佻的口吻让人惊讶："昨天还不停歇地拜访了勒克尔博士、伊尔莎·艾兴格尔[2]、埃德加·热内（超现实主义画家），气氛非常好，我还见着了著名诗人保罗·策兰，看了好几眼。"三天后，她又给父母写道："今天发生了点事

---

1 德语中泡桐树叫"Paulownien"，而策兰的名是"Paul"。

2 伊尔莎·艾兴格尔（Ilse Aichinger，1921—2016），奥地利著名女诗人、作家，巴赫曼的好友。

儿。我前天晚上在画家热内家和魏格尔[1]一同认识了非常有魅力的超现实主义诗人保罗·策兰，他神奇地爱上了我。这给我这枯燥的劳苦生活增添了滋味。可惜他一个月以后就要去巴黎了。我的房间如今成了一片罂粟地，因为他喜欢将这种花儿大把大把地撒到我头顶。"

这片罂粟地不是单纯的装饰。罂粟代表了一切可能的遗忘类型，是策兰的一个核心主题。它出现在他第一部正式出版的诗集的标题里，这便是1952年面世的《罂粟与记忆》。而1948年在维也纳写成的《花冠》一诗中，也有"我们爱对方如罂粟与记忆"这样的诗句。这首诗显然和英格博格·巴赫曼有关联，但也留有一些阐释空间。《罂粟与记忆》——这是对立物的统一，其中必然也包含了英格博格·巴赫曼和保罗·策兰之间的对立。

英格博格·巴赫曼在战争结束后最初那段混乱岁月里，走出了克拉根福的狭小天地，途经因斯布鲁克和格拉茨[2]，抵达大都市维也纳以完成大学学业。奥地利的这座首都从一开始就是她的目标，它提供了她很早就开始向往的广阔的精神世界：她早年的创作尝试——仅有部分传世——无处不在表

---

1 汉斯·魏格尔（Hans Weigel，1908—1991），奥地利作家、剧评家。
2 这两座都是奥地利城市。因斯布鲁克位于奥地利西部，是蒂罗尔州的首府。格拉茨是奥地利第二大城市，位于南部，是施泰尔马克州首府。

露这一向往。在文学上，维也纳预示着豁然开放，尤其对于一个恰恰在战争结束时毕业的女中学生来说。不过，英格博格·巴赫曼只选择了德语语言文学专业为自己的辅修，同心理学专业一起修读。她早先还是将写诗当作了一件极其私密之事。从1946年至1947年维也纳的冬季学期开始，她的主专业改为了哲学。这个专业激起了她对各式各样的问题的探索兴趣。对她而言最重要的教授首先是研究神学出身的阿洛伊斯·登普夫，她也对马丁·海德格尔的存在哲学感兴趣。此外她四处找机会，要进入维也纳文学界。1948年5月她已出入颇有名气的"超现实主义画家"埃德加·热内家中，这说明她很快便得偿所愿了。在这个时期的照片上，她看上去非常自信，不怎么像是乡镇出来的羞怯女孩，而像一个清楚自己想要什么的女生。第一眼看去她并没有那种世人一致认可的美貌，不是仅凭长相就会立刻引人注目。但是她有自己引以为傲的牙齿：它们总是皓洁光亮。英格博格·巴赫曼身上有种特别之处，尤能从她眼睛中感受到。她也意识到了这一点，许多认识她的人也都记得。她在后来的日子里也常常放弃戴她那副高屈光度的眼镜。

保罗·策兰奔赴维也纳之路与巴赫曼的截然不同，后者在城中本就有亲戚。策兰的父母在乌克兰的囚犯营中遇害。在他的故乡之城泽诺维茨划归苏联且不知何日是止尽之际，他一路奔走到了罗马尼亚首都布加勒斯特。而当布加勒斯特也被斯大林主义所笼罩的时候，他就努力往维也纳来了。前往奥地利首都的徒步跋涉要持续好几个星期，而且一路都有生命危险。许多和他在同一时刻试图逃亡的罗马尼亚犹太人都在匈牙利的边境上被捕或被枪毙。策兰设法与匈牙利的逃亡救助者取得了联系，花钱请他们带他去布达佩斯。1947年12月17日，他终于抵达维也纳，成为从欧洲各地窜逃来的无数人中的一个。策兰先在阿尔茨贝格大街上的一个营地里待了几天，然后才落脚在市政厅巷里的波尔旅馆。

那几个星期里的策兰，出现在他的朋友米洛·多尔和赖因哈德·费德曼1954年写的一部侦探小说里。尽管这本名为《国际区》的小说本质上是虚构的，但是就当时氛围而言，它还是一部重要的记录。两位作者写故事的手法非常写实，他们尤其信赖自己的亲眼所见。在各色弗雷迪、库巴列夫和科斯托夫之间，在走私贩和罪犯之间，出现了一个名为彼得·马尔古的人物，他的原型显而易见："彼得·马尔古，难民、记者兼诗人，怅然若失地游荡在黄昏时分的环城大道上。在这个时间段，上千职员、小售货员和速记员都离开了自己的办公室和商店。街上满是匆匆飘过的夏日裙子、叽叽喳喳的闲聊、一阵阵笑声和吱嘎作响的鞋子。放了学的孩子们的欢乐如轻烟飘荡在人行道上。这是炎热的一天过后复兴

"给予现实一个梦幻视角"：保罗·策兰在维也纳，1948 年

的生活。这种生活却与彼得·马尔古无关。他饥肠辘辘，陷入绝望。他冒着生命危险，从罗马尼亚一路逃难来时，身上偷偷携带的最后一笔美金，三天前已经用光了。自那以后他在自己栖居的旅馆就只吃过早饭。但是明天他必须付房费了。"

塞尔维亚人米洛·多尔和策兰因为有共同的东欧及斯拉夫出身而建立了联系，他对彼得·马尔古，这个从罗马尼亚流亡至此，和策兰极其相似的男人的描写，出自友人的视角——它描述了一个诗人，与世疏离地出现在走私贩和投机商中间，必须突围前行。在这段岁月里世事繁杂交会，形势参差错落，人物生平平添一份未可预料的活动能量。策兰的经验与英格博格·巴赫曼的经验几乎无所关联。

尽管如此，令人吃惊的是，策兰在维也纳的文学圈里是如此快地立稳了脚跟。英格博格·巴赫曼在与他初次相见后将他称为"著名诗人"，足可见出，这位从遥远的泽诺维茨来到维也纳的异乡客策兰在他人眼中是何形象。带着布加勒斯特的德语文学泰斗阿尔弗雷德·马尔古－施佩贝尔对他的推荐，他到维也纳之后便于1947年12月找到了《计划》杂志的编辑部，歌剧院环道19号二楼。这份先锋派杂志的编辑，奥托·巴西尔很快就决定在1948年的1月号上刊登策兰的十七首诗。策兰才刚抵达维也纳，就已经在当地公众面前有了一次让他声名鹊起的亮相。《计划》的编辑部楼下就是阿加顿画廊，策兰在那里结识了超现实主义画家埃德加·热内。策兰在抒情诗上的梦幻与肃穆，以及他整个人的气质都引发了关注。在米洛·多尔和赖因哈德·费德曼的小说中，彼得·马尔古这个人物出场时就有着明显的策兰痕迹："彼得·马尔古悠闲地往后倚着，双眼半闭。这是他从孩提时代就养成的习惯偏好之一，隔着眼睫毛去看他乐于观赏之物。而这就意味着给现实加上一个梦幻的视角。"

策兰迅速入圈。他甚至参加了 1948 年 3 月 24 日在阿加顿画廊开幕的展览，该展览自称《维也纳首届超现实主义画展》。他明确以造型艺术家的身份参与其中。艺术家阿努尔夫·诺伊维尔特在为《奥地利报》撰写的评论中却对以诗人之姿震惊世人的策兰颇有微词："对保罗·策兰的充数之作（用两枚图钉钉在纸上的露眼假面也称得上是作品吗？）我们不予置评。"不过，这则逸事也表明，策兰是如何融入维也纳的。在维也纳超现实主义者的展览开幕之后不久，1948 年 4 月 3 日，阿加顿画廊又组织了一次策兰的朗诵，作为一场超现实主义诗歌活动的一个环节。与他交好的维也纳艺术家甚至找人资助他出版诗集。他的诗集《瓮中沙》果真就在 A. 塞克希尔出版社出版了，而诗人此前已在夏天移居巴黎。但是由于众多印刷错误和太过俗气的插图，策兰很快就让人销毁了这本书：《瓮中沙》因而并不算策兰正式发表的首部作品。

英格博格·巴赫曼也想融入。她除了学习哲学，也继续尝试文学创作。而她很快认识到，最可能实现的成功之路要取道汉斯·魏格尔。这位维也纳犹太人，1938 年至 1945 年流亡于瑞士，战争结束后立刻就回来了，成为文学行业里一个举足轻重的操盘手。围绕着魏格尔在雷蒙德咖啡馆里聚集起来的作家圈子拥有绝对"年轻"的品格：他们追求的是变动，是创新。魏格尔还坚决地强调纯文学、非政治的活力，而在那个时代，"非政治"和"反共产主义"之间有着相对较大的交集。作为汲汲忙忙的文学巨头，他能够创造发表机会和关注热度。从 1951 年到 1956 年，他每年都出版颇有影响力的文学年鉴《当代之声》，在其中"受社会之托为文化谋自由"，介绍大多还尚无人知的作家，但他同时也活跃在多个舞台上。1947 年 9 月 5 日，由魏格尔负责的歌舞剧《外遇》在约瑟夫城区的剧院中举行了首演。演出前，一个来自克恩滕州，自称记者的羞涩女大学生请他接受一次并未真正发生过的采访。这就是魏格尔和英格博格·巴赫曼之间的亲密关系的开端。看起来，她对自己在维也纳最初几个月里所置身的环境仔细研究过一番。那部歌舞剧的名称也即其主题"外遇"一直是魏格尔与巴赫曼之间的关系的写照，直至这关系走到可预见的尽头。

　　所以，当英格博格·巴赫曼和保罗·策兰在 1948 年 5 月 16 日那个傍晚相识时，他已是备受瞩目的诗人，而她是一位叱咤风云的文坛实权派的情人——不过这位风云人物此时刚刚出发去纽约领一份奖学金。她"看了好几眼"策兰，肯定是与他卓尔不群的诗人气质有关，那是已经灰飞烟灭的哈布斯堡帝国的一个幻影，一份湮没而逝的魅力。从英格博格·巴赫曼写于这一时期的诗歌里，可以感受到与之相

英格博格·巴赫曼，1945 年，大学第一学期

符的一种渴望。她在维也纳发表的第一批作品是四首诗，在 1948 年春天刊登在《林叩斯：诗·艺·评》杂志的首刊号上。这些诗都没有标题，其语调不同于写给父母的信所持的轻巧。它们延续着一个诗歌传统，其主线是某种忧郁凝重、霍夫曼斯塔尔式[1]的青春愁情：

1 胡戈·冯·霍夫曼斯塔尔（Hugo von Hofmannsthal，1874—1929），奥地利著名诗人和剧作家，一般认为他的诗歌具有象征主义特征，是奥地利世纪末文学的经典代表。

这其中也许有深意：我们总会消逝，

我们不经过问便来，必定又会退去。

我们谈话而听不懂彼此

对方的手一刻都不曾触及，

这砸碎了许多：我们不会存留。

刚要尝试，已受陌生的符号逼压，

要深入对望彼此，这一欲求

被一个十字架阻断，我们被单独抹杀。

这首诗是如此严丝合缝地连接了霍夫曼斯塔尔的万物易逝主题，连接了通悟少年的姿态，仿佛是一次风格临摹。与保罗·策兰的相遇便是以此为诗歌背景，这也将带来诗歌上的后果。完全可以想象，如此一首诗也想顺带传递出与年长她十八岁的汉斯·魏格尔私通的个人经历。从美学上来说，这首诗也恰恰可以定位在汉斯·魏格尔与保罗·策兰之间，而这绝不是巧合。

策兰的背景与此不同。看看唯一一份留存至今，可直接见证策兰与巴赫曼初识的那个神秘春天的文字，这一点就显得格外清晰。这便是策兰献给巴赫曼并附有日期"1948 年 5 月 23 日"的一首诗的抄件：

在埃及

你应该对着异邦女子的眼睛说：成为水。

你应该，去那异邦女子的眼睛里寻找，你在水中所知之物。

你应该从水中呼唤出她们：路得！拿俄米！米利暗！

你应该打扮她们，当你在异邦女子身边躺下。

你应该用异邦女子的云发打扮她们。

你应该对路得和米利暗和拿俄米说：

你们看，我睡在她身边！

你应该将你身边这位异邦女子打扮得最美。

你应该用你为路得，为米利暗和拿俄米所感到的痛苦打扮她。

你应该对异邦女子说：

你看，我睡在她们身边！

这首诗里已经展露了将会主导策兰与英格博格·巴赫曼的未来关系的核心主题。诗中描述了不同世界的相互碰撞，既是吸引又是排斥，而这排斥必然会反复得到重新冰释。路得、拿俄米和米利暗是《旧约》中的名字，这里指涉的是犹太人的逃亡——《旧约》中他们具体逃离的土地是埃及。不过，路得和拿俄米也是策兰在泽诺维茨的一个女性朋友的名字。他在其民族历史早期的出埃及传说中加入了自己的个人经历。他以摩西戒律的口吻提到失落时代犹太女性的名字，现在又在维也纳让这些名字与"异邦女子"、非犹太女性对峙。这位异邦女子，按照献词可认作现实中的英格博格·巴赫曼，她接受了犹太女性朋友们的遗产，在策兰这里成为他的语言的新媒介。

策兰的语言不同于主流语言。策兰侥幸逃脱了集中营的厄运，作为幸存者他必然要遭受某些问题的反复侵扰，这些问题在纳粹暴行结束后又于今天在艺术上被重新提了出来，在维也纳这个德语地区，他更强烈地感受到了这一点。他处处都遇到了犹存未灭的反犹主义和纳粹意识形态的明显迹象。尤其因为奥地利人设法将自己装扮成纳粹政权的受害者，这种情形反而更盛。维也纳无法成为策兰的家园。他梦想中的古老奥匈双元帝国的中心，多种语言共存的大都市，可以连接东方与西方，以多民族混居状态延续他在帝国东端的故乡泽诺维茨的生活经验，并且让其都市化，向世界开放，然而这被证明是空想。策兰接触过旧日的纳粹言论，他将来肯定也常常亲身见证，这些言论是如何从酒馆桌边原本文雅甜美的闲聊背后突然爆发出来的。在维也纳，没有人说他想保存的母亲的语言。他只在这儿待了半年。但是在他还有几周就要出发去巴黎的时候，他认识了英格博格·巴赫曼——这是一个不一样的对手，是一个"异邦女子"，即便在这个新的时代处境中，也可以让他的德语成为可能。

英格博格·巴赫曼一定也有所知觉，她在这里面对的是她也许无法处理的难题。但是她本就在寻找与事先规划好的人生截然不同之物。她要跨过边界，不仅因为她在奥地利 - 斯洛文尼亚 - 意大利三国交界处长大，这一边界引人遐思，造就了她这样的生活经验。她来维也纳亦是为了跨越内心的边界。她也确实进入了如此一个让她可以尽情尝试的都市区域。尝试之一就是汉斯·魏格尔。后者自己曾表示，他于1951年问世的小说《未完成的交响乐》可以读作这段情事的证词——在1991年新版的后记里，他把小说描述为自己与英格博格·巴赫曼的交往的一个解密文本。

魏格尔在他的小说中耍了一个形式上的花招，这也是其诡计所在。书是从一个钟情艺术、有天主教背景的奥地利年轻女子的视角来写的，用了第一人称，她与一位年长许多，在纳粹时代流亡国外的维也纳犹太人相恋。"我是如此微末，你是如此丰富，你是如此重要"，这个女子给她那位想象中的情夫写道，书中他叫彼得。虽然这明显是粗鄙的男性幻想，是作者汉斯·魏格尔——不难看出那个彼得就是他——的自恋投影，但是其中却有当时情景在。可以看出作者在努力抹除明显的自传色彩（比如说小说中的年轻女子是造型艺术家），可以看出在装模作样的云淡风轻背后是作者的自我美化，但是《未完成的交响乐》也间接道出了年轻的英格博格·巴赫曼的些许状况。

小说中沉迷于年长的波希米亚[1]式文艺男人的年轻女子必须迁就他的生活方式——显而易见，其中并非毫无抵牾。女主人公追求轻松无忧的生活，她享受这种让她深陷其中又允许她牵系其上的过程——但是她的感觉似乎要沉重得多。作者有一次让她进行了如下思考："我很明白，这样的情况是不能长久下去的，但是这样也许是好的，也许必须这样（我当时这么想），人必须将这种种经历都彻底过过才行。你，年纪大我这么多，在人生经历上比我超前了这么多，我如果要赶上你，那就不能一个接一个，而是必须同时经受尽可能多的遭遇和命运。我有朝一日会脱离这些而浮出水面，变得丰富，与你对等。因为你，彼得，你已经经历过了一切，我作为你的造物而有这些经历，为了你的缘故。"

显然，汉斯·魏格尔在这里给自己打造了一个他理想中的英格博格·巴赫曼。如果要在他的幻想背后寻找一个真实的内核，那么真相的光亮就在虚实之间闪烁不定。有一点千

---

1 波希米亚这个词指代的是独立于主流社会的文艺小圈子。

真万确，魏格尔小说中写信的这位年轻女子的确是"他的造物"：她写下的话彻头彻尾都是他的风格。不可完全否认的是，作者在这里的确说中了年轻的英格博格·巴赫曼的一些方面。但是这绝不是对她的完整画像。英格博格·巴赫曼无疑更为多面。真实的她说起话来绝对要比魏格尔小说中她的重影放肆不少。魏格尔在 1948 年春天动身前往美国的时候，她立刻就给他写道："我现在真正地拥有了一个四十岁的男人，啊，我特别开心，我着实尴尬，几乎有一点陷入热恋，尽管对我这个年纪来说这并不适宜。你明白我的意思吧：我对你动了心，我（因空白不够而省略）。"

这样的语句让巴赫曼的传记作家约瑟夫·麦克维，第一个得以大量引用巴赫曼写给魏格尔的信的人，将它们刻画成"热情洋溢的情书"——这些情书是写给那位提携并唤醒她的男人，也是写给大都市维也纳的。不过在这种"热情洋溢"之下有多少是虚张声势的成分，也不可低估。在这早年时期，英格博格·巴赫曼就已经透露了不少自己的人生踪迹，却同时又让它们变得不可辨认。它们进入了一个私人的，但很快也具有文学 - 美学意义的坐标系里，这个坐标系只服从自己的法则，游戏般地与现实的自传事实若即若离。饶有趣味的是，英格博格·巴赫曼在 1948 年 5 月，也就是在她往美国寄出那封给汉斯·魏格尔的所谓情书的同一时间里，她给身在克拉根福的父母写信说，她在一个聚会上"见着了著名诗人保罗·策兰，看了好几眼"。她乐于做这游戏（在写给魏格尔的信里，在写给父母的信里），但是她也许也在用游戏掩盖那让她不快的情形。从其后事态的发展可以得知，保持潇洒不羁的姿态的努力，时间久了也会让她疲于应付——她在汉斯·魏格尔这里被迫扮演的角色，难以为继。在魏格尔笔下，那个女性角色的"我"身上时不时会显现出更深切的渴望，而这可能并不是毫无具体感受为依凭的幻想。

不论如何，这一场景都饱含深意：半年以来都和英格博格·巴赫曼多多少少有着暧昧关系的魏格尔刚去了美国，她就开始与保罗·策兰交往。在后者这里，基调会不一样吗？策兰也可以是洒脱的。但是可以推定，巴赫曼和他的关系，发展方式不同于她和魏格尔的私情。虽然策兰也比英格博格·巴赫曼大几岁，但是他的形象更像一个兄长而不是一个父亲。而且他写诗，诗遵循的是完全不同的美学。而这，正如她自己写的诗句所透露的，极为触动巴赫曼。她在他这里遇见了一种诗歌语言的可能性，那是她自己也在寻觅的崇高的、严肃的、当代的诗歌语言。而且策兰出身于一个遥远的、有东方色彩的国度，一个童话之国，有着别样动人的声音与乐趣。在少之又少的对策兰的具体记忆中，偶尔也会浮现关于那些令人心驰神往之物的痕迹，那里的歌与舞，共产主义歌曲和中世纪步兵舞蹈。后来，策兰在英格博格·巴赫曼的作品里以满载希望的陌生人物形象出现，就如同来自神往之地的一位王子。这和在汉斯·魏格尔的《未完成的交响乐》中兀然出现的那个策兰形象之间的反差之大，也是绝无仅有了："他突然就在那儿了，闯入了我们这一圈人里，一个落魄的混小子和造反派，嗓门大，吵吵嚷嚷，毫不留心，无所顾忌。"这时候，魏格尔大概已经预感到，有些东西他是望尘莫及的了。

在维也纳共同度过的六个星期，对巴赫曼和策兰来说是一个奇迹，是一组无法一一解码的发光字符。策兰所写的关于那位"异邦女子"，那位与他迄今为止认识的女子都不一样的女子的诗，是唯一确定无疑的痕迹，可以指向那六个星期的核心之处。这六个星期还将以未曾预料的方式对未来产生影响。这两人日后再次重温当初那些感觉的时候，首先会清楚地体会到一种不确定性，一种无法把控的感觉。在1948年圣诞节前后，策兰离开维也纳半年之后，巴赫曼写了一封信给他，但却没有把它寄出去："我一直都不知道，过去的那个春天意味着什么。"

她有意要用不同的声音说话。她二十二岁了，有时演戏剧，有时试验哪一种声音适合她。在遇到策兰后的几个月里，她似乎在问自己，那相遇之下是不是也藏了一种内心的声音，最好不要让别人听到的声音。不论如何，她肯定很快就发现，与策兰的私情不仅仅是一次交火而已。但是她如何为自己记录此事，却颇能说明其意义。回过头来看，可以在她给身处纽约的汉斯·魏格尔写的一封信中找到蛛丝马迹，她在信中以她的魏格尔式声音说：她如今已经不再是"嫩猴儿"了，等他回来就会"立刻把我已经坚定了的世界观扔到你脸上，或者更好的是，亲到你脸上，根本不会等着你说愿意还是不愿意"。

很快就到了这个时刻。魏格尔回来了，而策兰早就定居在了巴黎。虽然巴赫曼已经不再是"嫩猴儿"这一点毋庸置疑，但是她从魏格尔那儿享受的特权也不由得她矢口否认。维也纳是一个已经抵达的目的地。从她初到此地的1946年秋天到1948年秋天，已经发生了不少事儿。巴赫曼现在作为一名有趣的年轻女作家占有一席之地，是文学行业里一位重要从业者的得意门生。她看维也纳，用的是和策兰完全不同的眼光。维也纳和魏格尔构成了一个整体，有着某种魅力，对此她并不一定想马上摆脱。魏格尔的《未完成的交响乐》中有些段落让人体会到，他能产生漩涡般的吸引力。曾经被迫背井离乡的犹太人魏格尔归来以后，在他的小说中更加激切地描述出这个杂乱无章、不可捉摸、充满恶意又让人不能自拔的维也纳大拼盘的特性。在一场欢宴上，有人就着煽情的钢琴伴奏即兴唱出歌词更为煽情的歌曲，之后一个局外人问，这一切难道不"可怕"吗。而小说中的那个叙事者"我"直接引用了汉斯·魏格尔的角色的话，回答说："这当然可怕。可怕得就像一次日落，粉红与天蓝混杂狂欢。恰恰就在边界上，崇高与可怕彼此渗透。可怕得就像这葡萄酒，让我们胃痛，心口灼热，把我们变成了禽兽。可怕得就像这整个国家，这是唯一一个可以居住的地方。我们为什么要这么辛苦地寻找一首官方的国歌？因为我们已经有了一大批国歌。第一首是最伟大的，对我们来说是永恒的：'哦，敬爱的奥古斯丁，万物尽消逝。'[1]歌者用他断定万物已逝的欢快方式又自己推翻了这个论断。只有等到这个国家里的某个人成功地宣布'一切都没问题'，'一切运转正常'的时候，才是万物已逝了。"

　　保罗·策兰则有所不同。他很快明白，维也纳只能是他的途中一站。这一点可以在米洛·多尔和赖因哈德·费德曼的小说《国际区》中找到呼应："那是一个美丽的 6 月傍晚，轻风围绕彼得·马古尔，他正拎着一个小手提箱，沿着玛利亚希尔夫大街往上走。他步履迟缓，因为疲倦：疲倦于白日

1　《哦，敬爱的奥古斯丁》(*O du lieber Augustin*)，在 1800 年左右流行于维也纳的一首歌，据说创作者是 17 世纪的歌谣诗人马尔克斯·奥古斯丁。

里的炎热，热气滞结在沥青路里，现在才缓缓泄出；疲倦于纷纷扰扰涌入他脑中的各式各样的面孔、颜色和声响；疲倦于从他记忆中闪出的事件那混乱的画面。他不爱告别的场景，所以他对基拉说，他明天才会动身离开。她很有可能会买花或者其他什么小礼物。但是他到时候已经不在了，这样更好。如果她在告别时拥抱他，用她那幽暗且温暖的眼神看他，他也许就会心软，留下，在一段情感前束手就擒。这段感情，就会像笼罩在这整座慵懒庞大的城市上那甜涩的腐败气息一样麻痹他，让他失去决断力。"

II
诗的游击战士
策兰之初：泽诺维茨与布加勒斯特

　　这件事确定无疑：年轻的策兰生活在一堵栗子树墙后。在他二十岁左右的时候，那场历史浩劫还未登场，他写了一句诗，再现了自己那得到护佑、一览无遗的童年景象："栗子树的另一边才是世界。"这首诗的标题则是《彼方》。花园里和街道上的栗子树构成了父母家宅与外部世界之间的一道绿意盎然的边界线。在记忆中，这番景象就如同一枚时间胶囊，封闭紧严，不久之后它也从历史中消失了：策兰的故乡之城泽诺维茨直到1918年都是奥匈双元帝国哈布斯堡王室领地布科维纳的首府，毗邻沙皇俄国，1945年之后却不复为旧日存在。

　　在保罗·策兰于1920年11月23日出生之时，泽诺维茨已经属于罗马尼亚了。隔着悠久岁月去看这座经受多次历史动荡的多民族杂居之城，它仿佛已进入神话之境，显得不真实。它与策兰在战争刚结束时于维也纳所面临的现实，毫不相干。策兰生长于兹的历史情境，其气氛在今天已难体会。

在保罗·策兰的生平经历中，有许多幽暗谜团。关于他，知道得越多，对所知之事的把握就流失得更多。首先，他出生的故居成谜。1945年泽诺维茨被归并至苏联，这座城市在数十年里都位于罗马尼亚边境的一个军事禁区中。直到乌克兰在1991年宣告独立，人们才能进入其中。由此这个城市也翻开了自己新的一章。它现在的名字是"切尔尼夫齐"。在主干道上很快树立起了一座保罗·策兰的纪念碑，不过可以看出，雕塑家不久之前大概还是雕的列宁或斯大林像。还有，那座位于萨克萨甘斯基巷5号的屋子，被认为是策兰的出生故居，它迅速亮出了种种新近纪念文化的标志。屋子临街面上安了一座雕像，大门上方画着一本翻开的书，浮在高空中。

萨克萨甘斯基巷5号有一个优雅的青春风格的临街面，因此在周围的住宅中鹤立鸡群——这是一个备受青睐的摄影取景对象，能将哈布斯堡王朝遗风与文学名胜合二为一。但是在2007年这里却发生过一场质疑风波。策兰一位住在以色列的表姐，埃迪特·胡伯曼，重返故乡。她否认这座房子是诗人度过自己人生中最初十三年的故居。她五岁的时候和年幼的策兰一起玩耍过，那时候他们毫不费劲地越过低矮的窗户，爬到院子里去。这个巷子之前叫"瓦西尔科巷"，之后才改用了一位乌克兰表演艺术奠基人的名字。5号房子不可能是当年那座房子，倒是旁边那座与之相比很不起眼的3号房子才有可能是。从大家所知的策兰一家的居住状况来看，这座房子也更符合：三间狭窄的房间供五个人住，在朝向内院的黑暗底层。

胡伯曼女士很肯定：策兰是在今天位于萨克萨甘斯基巷3号的房子里长大的。不过，这座房子就不那么适合摄影取景了。朝向后院的大门包上了黑皮革，以抵抗寒冷和穿堂风。在院子里看得到低矮窗台上的仙人掌正抵抗逐渐变灰的恶况。仙人掌后面是已经变成灰色的窗帘。策兰的家庭背景——确切地说，他过着捉襟见肘的拮据生活——似乎在这样一系列物象组合中变得鲜明起来。当然，旁边这个更漂亮的房子仍旧是官方认定的策兰出生故居，要反对还是缺乏证据。泽诺维茨的策兰研究专家彼得·里赫洛却觉得，很有可能是在街道改名的时候，住宅号码的偶尔改动导致街角处的房子突然就被归到另一条街上去了。这种状况奇特地应合了策兰的生平和人们对其的了解。很长时间里人们对其几乎一无所知。但是知道得越多，他的形象却越模糊。

在泽诺维茨的神话时代，也即哈布斯堡王朝时代，人口结构极为复杂，多个迥然不同的族裔混居于此。在20世纪的二三十年代，策兰的童年和少年时期，也还是如此。1867年，随着犹太解放法令出台，一个所谓的"黄金时代"得以开启：城市居民中百分之六十是犹太人，其他的则都是少数族裔。在这十万多人口中，除了罗马尼亚裔、乌克兰裔、波兰裔和德裔，还有小部族，比如胡楚尔人或利波万人。通用语言之所以是德语，并不是因为占人口总数百分之十的德裔——他们是来自施瓦本地区的移民，居住在郊区农村罗施，而是因为犹太人：他们是经济腾飞的驱动力，住在内城，在那里经商。1867年的平权法令让犹太人更愿意归化、说德语；只有比较普通的平民阶层还在说意第绪语。

保罗·策兰的父亲莱奥·安彻尔 – 泰特勒是木柴贸易的中间联络人，很长一段时间里都处于失业状态。在安彻尔（在罗马尼亚语中这个姓氏写作"Ancel"，它和"Celan"这个名字构成了交错互文关系，后者重音落在第一个音节。日后诗人即以此名闻名于世）家族内，当然说的也是德语。这是显示地位攀升的语言，是市民阶层的语言。他们可不想与普通的犹太平民有任何关系。德语是远在西边八百公里外的维也纳传来的文化语言，是格里尔帕策[1]、霍夫曼斯塔尔和里尔克的语言。不过这里的德语常常会混入泽诺维茨的街巷

1　弗朗茨·格里尔帕策（Franz Grillparzer，1791—1872），奥地利19世纪著名戏剧家，被视为奥地利文学的开创者。

俚语。

策兰在 1958 年获得不来梅文学奖时所作的答谢词中对自己的身世有几句说辞，此后被反复引用：他说到了"如今被历史虚无感所笼罩的哈布斯堡王朝旧省"，说到了一个"有人和书栖居"的地方。就他对自己的理解来说，最重要的是这句话："可抵达的，足够远的，该抵达的那个地方，名字叫维也纳。"在第一次世界大战之后，维也纳属于另一个国家了。策兰的城市则换了罗马尼亚语的名字"泽尔罗提"。德语现在被另一个占据主导地位并承载国家身份的语言所收编。而这导致了一种特殊的文学情结，特别是对抒情诗的执着追求。他没有长久气力写出一部长篇小说，更不用说大都市小说了。抒情诗则是一种生活情感的凝练表达，是文化氛围的指示符，一个陌生的、被刺激过度的世界。在这里可以生长兰花。在这里词语可以像在人造的温室中那样生长繁茂。抒情诗是在泽诺维茨的公寓客厅中、犹太市民阶层的沙龙里的一种社交游戏。它就如同自家所奏的音乐一样隶属其中。这一代如此成长起来的泽诺维茨人，很多都写诗。在策兰年少时期，好友埃迪特的父亲卡尔·霍罗威茨的藏书间，就成了这位年少诗人的一座宝库。霍罗威茨是古典语文学家和德语语文学家，策兰在这个藏书室里不仅结识了《彭氏黄金经典著作文库》，也读到了克拉邦德、海姆或者特拉

28

克尔[1]的作品。当时这群少男少女形成了一个像模像样的崇拜里尔克的"密教"组织，埃迪特·霍罗威茨 - 西尔伯曼在回忆录里写道，保罗·策兰那时候反复给他们朗诵《掌旗官》或者《时日书》里的诗歌。

"没有任何无锚的摸索扰乱手。"这是策兰所有作品中的第一句诗。他早期的诗歌流露出旧日维也纳的音调，是哀歌之风，饱含悲伤与弃绝。尤其突出的似乎是其中的一种沉重而强烈的气氛，一种黑暗的华丽弥漫其间——"一股浓郁的芳香出自你灵魂的南方"。在 1952 年出版的诗集《罂粟与记忆》中，还可以感觉到这种遗绪。就仿佛是遵循着里尔克的"蓝色八仙花"的先范，策兰笔下有各式各样的花儿被召唤出场。有时候，诗句所押的尾韵，会终结在里尔克独有的虚拟式上：

> 它们从来不是春之美物，这些被光
> 所围绕者。它们活着，仿佛幽暗将其选出。
> 迷雾之妖将这些明亮的心收揽，
> 仿佛每一颗都要在他面前跳完自己的舞。[2]

---

1 克拉邦德（Klabund，1890—1928）和格奥尔格·海姆（Georg Heym，1887—1912）都是德国 20 世纪上半叶著名的表现主义诗人，格奥尔格·特拉克尔（Georg Trakl，1887—1914）是出生于萨尔茨堡的奥地利著名表现主义诗人。

2 第二行和第四行都是用虚拟式结尾，中文中以"仿佛"来表示。

除了老派的奥地利传统，年轻的策兰还受到了另一类思想的影响。在 20 世纪 30 年代，出身犹太市民圈子的少年们会在非法的共产主义青少年组织里互相结识，为举行"红色救济会"而集结。共产主义作为乌托邦理想和主导观念，显然并没有和传统的文化价值构成矛盾：在泽诺维茨这样的一个飞地，一个偏远的、在大都市的资本主义现实之外的社会与美学思潮试验地，这样一种结合看起来是顺理成章的。

埃迪特·霍罗威茨（后改夫姓西尔伯曼），策兰年少时期的好友，来自更优越的社会圈子，她在回忆策兰的时候将许多方面拼合在了一起——他既富于革命性又具诗人特有的敏感："有时候我们不仅讨论，还会唱歌：像'兄弟们，向太阳，向自由进发'的革命歌曲，或者像'发夹飘出羽毛'或'佛兰德遭了殃，死神骑着马穿行佛兰德'的步兵小曲。我们有时候也会忘乎所以地跳起戈帕克舞[1]来。保罗可以变得很逗乐，很调皮，但是他的情绪常常会急转直下。他这时候要么陷入苦思，沉默独处，要么嘲讽他人，言语尖刻。他是一个容易走调的乐器，有着含羞草般的敏感、自恋者的虚荣心，如果有事情不顺他意或者有人不对他胃口，就会显得不耐烦，从不会主动让步。这常常给他招来高傲的名声。"

1　一种乌克兰民间舞蹈。

而露特·克拉夫特，一位意第绪语剧院的女演员，策兰在泽诺维茨最重要的恋人，在很多年之后还记得："他虽然能言善道，可是常常会陷入很强烈的情绪里，以至于会突然沉默下来，突然离去，之后又会亲自带来一封短信，说出他之前没能说出口的话。"

1918 年后的现代派并没有抵达泽诺维茨。德语区核心地带在这一时期的生活感受，大都市里日益加快的节奏，各种旧形式的崩溃，在这里都感知不到多少。泽诺维茨就是个偏僻小城；在抒情诗上，它就是对关于图像和韵脚的既有观念的执守。这不是故作姿态，而是文化的基本组成部分——要就着蜡烛的光读诗，尤其重要的是要朗诵：要提高音调，在种种感伤情绪中要保持某种庄重。诗歌和年轻策兰的自尊不可分割地交融在一起。他在物质上较为艰难的社会背景所起的作用也不可低估。意第绪语，社会地位低微的犹太人的语言，似乎从一开始就遭受到他的鄙夷。犹太教对于年轻的策兰，就所有我们能知晓的情况来看，也几乎没起什么作用。他的宗教是诗。

认定诗人不凡，诗人注定孤独，这些观念以及对大自然的执念贯穿了策兰在泽诺维茨度过的少年时代，这其中有一种魔力在传递。他自己也常常后知后觉地感受到来自女孩儿们的种种吸引力，这些吸引力对他的作用首先表现为，他会在诗集的书页中夹花，让它们在其中风干。埃迪特·霍罗威茨－西尔伯曼后来回忆说，他"轻易就能成为每次聚会的中心人物"。"他喜欢吸引大家的注意力。"这位女友记得，他喜欢扮演"滑稽鬼"，有时候也乐意演个"惊世骇俗"的角色。现实中的重大历史变故粗暴来袭时，策兰十九岁。1940 年 6 月 20 日，苏联军队开进泽诺维茨。成千上万的居民被驱赶至西伯利亚。一年以后，1941 年 7 月，受德方指挥的罗马尼亚人占领了布科维纳。随之而来的是流放、隔都[1]和有组织的谋杀。策兰的父母被运到德涅斯特河的另一边，属于乌克兰的外特尼尔斯坦[2]，在那里遭杀害。行凶者闯入策兰父母家，抓捕他们的那个深夜，是策兰一生的心灵创伤之核：策兰警告过他父母，他们知晓即将到来的抓捕，但是他们太累，对迫在眉睫的危险太没有意识，所以没有藏起来。策兰没有留在他们身边，而是在一个"女孩儿"那儿度过了这一夜，这是他向自己后来的恋人布丽吉塔·艾森赖希坦白交代的，而那女孩儿就是他的少年女友埃迪特·霍罗威茨。

在这之后，二十二岁的策兰被征召为强制劳工，工作了超过一年半的时间。他之前已经在泽诺维茨大学开始了学

---

1 隔都（Ghetto），特指将犹太人集中在封闭区域里居住，与其他人隔离。

2 后归于苏联摩尔达维亚共和国，现该地区号称独立，自称为德涅斯特河沿岸摩尔达维亚共和国，不过还未得到国际社会认可。

业，学的是罗曼语专业，之后是俄语，在 1944 年秋天则加了一门英语——他的多语能力很早就引人注目，俄语和英语水平达到了相当的高度，法语和罗马尼亚语说得流利，这对其诗歌的意义与日俱增。在第二次世界大战即将结束之际，诞生了那首在一般的认知中与诗人保罗·策兰最为紧密相连的诗：《死亡赋格》。这首诗触及了策兰诗的一个新向度。诗人在这里描述了前所未见的历史浩劫，描写了这场浩劫如何闯入日常生活——这是深受文化和艺术传统影响的日常生活。19、20 世纪之交的世纪末风味，兼有美化与淡泊的晚期浪漫派格调，都被德国军队的行进，被皮靴、铲子和坟墓所覆盖而变得不再可能。与此同时，策兰的诗与同期出现的其他东欧犹太人就这场恐怖所写的作品截然不同。他周围的那些诗人即使在描写这极端可怕之事时也大都沿用旧有的韵律，那些惯常的扬格、抑格、韵脚形成了他们所渴求的遁逃点，而策兰却打破了人们熟悉的抒情诗模式。

策兰在 1948 年 4 月 21 日从维也纳寄给阿尔弗雷德·马尔古－施佩贝尔的信让人得以管窥泽诺维茨的文学状况："我必须反复告诉自己，一次更甚一次，一次比一次频繁：重要的不是发表我的诗，而是写新诗。假如我留在家乡，我也能做到这一点吗？我不敢回答这个问题。不过我到最后多半会变得彻底缄默。"

不过，在泽诺维茨和维也纳之间，策兰还要在布加勒斯特度过两年半。这段经历包含了全新的经验。策兰来到维也纳时，已经了解过布加勒斯特的波希米亚群体了。事后看来，他在当地的超现实主义艺术圈子里度过的时光是他一生中最幸福的阶段。比他小三岁的彼得·所罗门成了他最亲密的朋友。所罗门多次引用策兰在 1962 年 9 月 12 日从巴黎写给他的一封信："我认识并翻译了一批伟大的法国诗人。（就像我也认识了德语文学中'盛放的鲜花'一样。）他们之中有一些通过赠诗题词表达了对我的友情，对此我只能说出下面的话来：这友情仅仅是'文学上'的。但是我在很久之前有过诗人朋友：在 1945 到 1947 年之间，在布加勒斯特。我永不会忘记。"

策兰离开泽诺维茨，乘一辆苏联军用卡车进入的那座城市，原本就一直是他的国都。布加勒斯特被称为"东方的巴黎"，烙刻着两次世界大战之间特有的现代派风貌：简朴的、功能化的建筑和装饰艺术风（Art déco）主导了这座城市的面目，直到今天，其城市建筑的决定性特征仍来自 20 世纪二三十年代。法国作家保罗·莫朗[1] 在 1935 年发表了自己的作品《布加勒斯特》，在书中称其为"巴尔干众多首都之中

---

1 保罗·莫朗（Paul Morand，1888—1976），法国著名作家，法兰西学院院士。

最闪亮、最富于生机、最优雅、最有西方特色的"，并且找到了最能彰显其特征的诗意画面——比如万物都笼罩在绿影中的花园，以及"永不屈服而四处扎根，能对抗一切的罗马尼亚鲜花，不论是飞旋尘土还是无情烈日"。

彼得·所罗门引用了保罗·莫朗对布加勒斯特的印象来描述在1945年以后登场的年轻一代作家的生活态度——一种与那鲜花盛开颇有关联的生活态度，尽管战争在这里处处留下痕迹。所罗门，一个罗马尼亚犹太人，在1944年迁居去了巴勒斯坦，两年后又回到了布加勒斯特。在两人都为其工作的"俄语书"出版社，他认识了保罗·策兰。所罗门讲到了巴蒂斯特大街上的员工食堂，食堂的菜单常常只包含一碗清汤和烤玉米棒，讲到了安置在昔日权贵旧宅里的早年马厩的"经济部"，在那里可以凭票买到额外的糖、油或面粉或做西装的一块衣料。那儿的管家格奥尔格·法吉拉是"一个无所不能的男人"，"一个古道热肠的酒鬼"。

苏联的影响力在罗马尼亚也很快彰显出来。策兰为这个负责将俄罗斯文学翻译成罗马尼亚语的出版社翻译了好几本书，包括莱蒙托夫的《当代英雄》和契诃夫的《农民》。他在这期间甚至被允许作为译者署名，署名方式与他自己通常的做法相悖："保罗·安彻尔"或者"A. 帕维尔"。这是在统摄一切的制度推行前的一段短暂插曲，一个还容忍规制外可能性的过渡期。策兰在布加勒斯特也确实为党报《真理报》翻译了政治文章。不过，深受斯大林影响的共产主义和某些尤其让策兰有好感的左翼无政府主义流派在同代人的意识中还没有完全撕裂。当策兰终于明白当权者要扼杀一切非他族类的时候，他逃出了罗马尼亚。

布加勒斯特时代，对于策兰来说，紧接在集中营带来的生存恐慌和父母遇害之后。这是一个奇特的潜伏期：直接的经验似乎还太强烈，他无法有意识地处理它。这个经验被一种恣意放肆的波希米亚生活所遮盖。策兰首先在阿尔弗雷德·马尔古-施佩贝尔家寄居过较短时间，后者当时四十七岁，是那时候的泽诺维茨文学圈里最重要的首领。策兰后来提到过几次，他在施佩贝尔家厨房的桌子上弄了一张床——在一座波雅尔[1]别墅的顶层，他一直记得这座别墅，主要是因为它有长满常青藤的大露台。施佩贝尔不久就搬了家，在布泽斯提大街他每个星期日上午都会召集一群作家在身边。是施佩贝尔的妻子以策兰姓氏"Antschel"的罗马尼亚语写法"Ancel"为原型，通过交错互文编出了"Celan"这个名字，由此创造出了诗人的笔名。在布加勒斯特，他的作品第一次付诸印刷：1947年5月，以罗马尼亚语发表。

---

1 俄罗斯的一个贵族阶层。

起初被称为《死亡探戈》，之后才以《死亡赋格》而闻名于世的诗发表在了《当代》杂志上，由彼得·所罗门翻译。

围绕着盖拉西姆·卢卡聚集起来的布加勒斯特超现实主义精英圈子，与巴黎超现实主义运动的元老保持着联系。罗马尼亚的艺术家在那里属于核心成员，比如特里斯坦·查拉或者康斯坦丁·布朗库西。特里斯坦·查拉于1946年11月第一次回到阔别二十三年的布加勒斯特并公开亮相。策兰就在观众中。在第一封从维也纳写给所罗门的信中，策兰就回忆了"玩文字游戏的美好时光"。所罗门描写了当时他们唱的"不正经"的歌曲，歌词以早期巴黎超现实主义风格写成，伤风败俗或仅仅装傻逗乐。所罗门于1947年春在一个小本子上记录了策兰在和他的谈话中设计的文字游戏，把这个本子叫作"策兰的晚间小册"。策兰用罗马尼亚语写了散文体的短文，灵感明显是来自与友人的交流："作为情色专制主义的游击战士，作为潜藏在潜水员中的狂妄症患者，同时也作为日月宫廷的信使，我，保罗·策兰，只是每隔十年（或更久）才会召唤出空难这样让人石化的现象（……）[1]"

在"官方"的德语翻译中，"游击战士"被不必要地削弱为"追随者"。在这方面，策兰对于他所使用的词语的政

---

1 （……）为本书作者所加，下同。

治内涵始终保持高度警惕。在罗马尼亚语中，"游击战士"这个词的用法恰恰符合德语词。在布加勒斯特，地下的军事用语一直都是日常现象，而刚过1945年，这种政治气氛在策兰的作品中就直接融入了超现实主义的写作实践。

他在这个时期里唯一用德语写成的一则散文体短文，看起来是对布加勒斯特的超现实主义文艺圈的直接表现："一支石笔悄无声息地跳过黑乎乎的土地，翻转过来，在无穷无尽的写字板上继续回旋，停下，环顾四周，没有察觉任何人，继续漫游，写。"以游戏的姿态，共同创造诗意的画面，这完全就是超现实主义技巧。这也多少接近了"情色专制主义"。在博泰亚努大街上一位意大利语教师家中举行的1946年至1947年的元旦庆祝会，也是彼得·所罗门的记忆中的一个基点。在这次庆祝会上，他的女友离开了他，策兰则用罗马尼亚语写了一首关于这个夜晚的诗：《欢宴》。这是直接书写个人体验的一首诗。在策兰的德语作品中没有这类诗。然而他却用罗马尼亚语写了不少"应景诗"，如同日记一般，接近日常生活。这切合了他与同龄的罗马尼亚诗人们相遇的这个时代的生活体验：轮番上演的情事、失望、狂喜。

策兰用德语思考，他对自己的感知与他的母语紧密相连，不可分割。但是他用罗马尼亚语才会和朋友们达成最不复杂的交流。在一次带有幕间剧和歌曲表演的庆典上，策兰认识了女戏剧演员丘奇·马尔科维奇，他在布加勒斯特最后几周里的女友。他以即兴的钢琴和舞蹈表演吸引了她。但是他有时候也会闪现出一些另类的举动。奥维德·S.克罗赫默尔尼恰努，本名莫伊塞·卡恩，在1981年布加勒斯特的一次策兰研讨会上，回忆起了那天夜晚，也回忆了策兰唱歌的方式。除了出自西班牙内战的革命歌曲，他还演唱了古老的德国民歌。克罗赫默尔尼恰努，就像埃迪特·霍罗威茨－西尔伯曼在她关于泽诺维茨的回忆中也提到的那样，讲述了策兰唱歌的样子："保罗唱《佛兰德遭了殃》。在每一段结尾的时候，他都会用脚跺地板，用越来越沙哑的嗓音重复副歌：'死掉了'。"

在所罗门的回忆中，"戴鲜花的少女们"有着重要地位，她们"稍加打扮就挺优雅，或者也会按照最新的巴黎时尚来穿衣"。除了丘奇，他还说出了策兰其他女友的名字，比如维奥丽卡和莉娅。还在泽诺维茨的时候，策兰就已经"像一只蝴蝶从一朵花飞到另一朵"，埃迪特·霍罗威茨－西尔伯曼写道，她在布加勒斯特也是策兰众多女友之一。她有一次转述了自己的表姐图茨的话："最近保罗在我这儿，想套我近乎。我愤怒地拒绝他，对他说：你不知道我是埃迪特最好的朋友吗？他听了就居高临下地回答说：'我待女人如香烟，抽完了就会扔掉。'"

在泽诺维茨读中学的保罗·策兰，1937 年

　　这些话至少传递了些许当时的情态。埃迪特·霍罗威茨－西尔伯曼对策兰逃离布加勒斯特一事感到惊讶，她事后才认识到这是策兰的一个"战术"，他在日后的巴黎生活里似乎也照样如此："出入于不同的领域，用一个来屏蔽另一个"。

　　彼得·所罗门也曾提到的莉娅·芬格胡特是布加勒斯特的一位著名医生的女儿。在一群朋友 1947 年 4 月 12 日从锡纳亚[1]出发去喀尔巴阡山远足时，她陪着策兰登山，先抵达了沃伊沃茨小屋，接着到了佩斯特拉岩洞、鞑靼峡谷和扎诺阿加峡谷。他们在挤满了人的遮雨棚屋中过夜。这一次登山经历还生动地保留在所罗门的记忆里："我们度过了几天波澜不兴的幸福日子之后，从蒂图火车站回到了布加勒斯特。"

对于策兰来说，在布加勒斯特的日子有时候似乎也给了他风平浪静生活的机会，那是一个时间空隙。策兰的喜剧表演天分和他人生中的悲哀底色，包括他父母遇害和他自己经历的集中营时光，在布加勒斯特还能达到平衡。从表面上看，他还是有一些手段可用，能掩盖自己受过的厄运，以艺术的方式处理它，就像他在唱老歌《佛兰德遭了殃》的时候用沙喉咙唱出"死掉了"的副歌一样。到了后来，这样的手段，包括最后所有形式的精巧技艺，都遭到策兰日益激烈的质疑和谴责。不过布加勒斯特岁月，即便对于后来的策兰来说，也依旧是独一无二的回音室。在他 1960 年之后陷入精神危机时，策兰常常回顾那些岁月："我的希望在东方！"他后来多次满怀渴望地呼唤自己的年少时光，回忆早年的情感，热烈地召唤自己"昔日的共产主义者心灵"。

1962 年 2 月 18 日，策兰从巴黎给所罗门写信："我不

---

1 罗马尼亚小镇，邻近喀尔巴阡山脉。

知道，这个消息你们是不是已经收悉。莉娅在地中海溺水死了，远离了那永驻心中、由心所系而永不会忘、永在咫尺间的一切，呵，离得多么远啊。"策兰在信中还希望所罗门可以告诉他丘奇·马尔科维奇的地址，请后者给他写信，"写两三个字"就好。1967 年 11 月 23 日，他的四十七岁生日，离他沉于塞纳河还有两年半的时间，策兰又给所罗门写信，在他巴黎高等师范学院的房间里，在傍晚时分。他将自己的儿子埃里克也写进了这封信里："我想起了我们二十多年前去喀尔巴阡山的那次郊游。莉娅，莉娅，溺水死了，溺水死了，溺水死了。写下的都空虚。你还记得我在回程火车上给你们唱的革命歌曲吗——我的保留曲目还是同一首，我也教给埃里克了，他教给了我游击队这首歌的完整歌词——时代错乱，时代逆转……"

III
河流彼岸的主人
巴赫曼的克拉根福之初

英格博格·巴赫曼的个人早期史笼罩在与策兰早期史截然不同的黑暗中。人们很长时间里对策兰几乎一无所知，对巴赫曼的了解却几乎太多：众多印象交叠，彼此矛盾。这也是她有意为之。在访谈和她自己的笔记中，边界总是变得模糊不清，她的人生一再获得新的审美关联。如此一来，英格博格·巴赫曼就像是当代文学史的一头斯芬克斯[1]，在那时就已经历了种种修复、美化和重新塑造。在1946年以二十岁的年纪来到维也纳的，到底是怎样一个人，几乎无法辨认清楚。观察她的角度不同，她的面目也会不同，在她身上可以推测出最为不同的情绪冲动和性格构成。后来的个人史就如同舞台上的一部戏，效果不断更迭。她从20世纪50年代的一位年轻的诗歌女神变为60年代神秘地封闭自我的女诗人，

---

1 神话中狮身人面的怪物，象征神秘，而且往往与女性相关。

最后则在 70 年代成为女性主义偶像——总是有着引人认同的巨大潜力，总是伴随着某种窃窃私语。她的诱惑力在于，每次，人们在最后都知之甚少，但同时又有相当多的暗示与线索。腾空飞跃的阐释和流行一时的方法论潮流在这里似乎找到了理想的用武之地，包括当前方兴未艾的性别争论和理论话语。

巴赫曼自己的言论也加剧了她生平经历的模糊难辨。她对此越来越熟练：首先语带影射，随即又抹除痕迹。她的童年，她与家人尤其是父母的关系，她在克拉根福的感受：就如同在一首诗中那样，她围绕着晦暗不明之处，召唤出虹彩流溢而鲜亮夺目的事物，即便看似确凿无疑的话语也就此变得模棱两可。在 1971 年 12 月 24 日发行的女性杂志《布丽吉特》中的一个访谈中，她提到自己早年受到的最重要的影响："有那么一个确定的时刻摧毁了我的童年。希特勒军队开进克拉根福的那一刻。这个事件如此可怕，以至于我从这一天开始就有了记忆：因为我过早经历了这种痛苦，如此强烈，我之后也许再也没有遇到过。当然我当时还不可能像一个成年人那样明白正在发生的一切。但是那种直击感官的巨大野蛮，那些吼叫、歌唱和行军前进——我最初对死亡的恐惧由此而生。一整支队伍当时进驻了我们宁静而和平的克恩滕州……"

　　看上去这位女诗人在十二岁的年纪就已经深切感受到了当时发生的事件。巴赫曼作为伟大的道德主义者，作为受害者和反抗者的形象在她去世后多年仍因为这段话而保持了最鲜明的轮廓。然而这些话含有她的心机。这位女作家留存下来的印象不是从孩子的视角得到的，而是来自成名已久、广受崇拜的作家。她这段话所指向的首先是自己的新书《马利纳》以及它理论上的背景，而这个背景是她为了写作而特意造出来的。克恩滕在1938年奥地利被希特勒的德意志帝国吞并之前，当然绝不是"宁静而和平"的。在30年代初，克恩滕的纳粹主义者就已经比其他奥地利州的更得势，教师中很大一部分，包括英格博格·巴赫曼的父亲——这在后来尤其成为一个尴尬的话题——很快就加入了纳粹党。而且，在纳粹于一片兴高采烈的欢呼声中开进克拉根福的那一天，英格博格·巴赫曼还在山区滑雪。她一家人是在第二天才回到家中的。

　　不过，她的弟弟海因茨·巴赫曼记得，在那一天之后，还有一群群军人在尽头有个军营的亨泽尔大街上列队行军。希特勒在桑德维特酒店的阳台上对着周围狂热欢呼的人群发表演说，是在军队进驻三周之后。乌韦·约翰森[1]1974年在

1　乌韦·约翰森（Uwe Johnson，1934—1984），德国著名当代作家。

自己的《克拉根福之旅》中按照他追根溯源的调查方式，追寻英格博格·巴赫曼的足迹，引用了当时最新的《克恩滕报》，称"欢呼久久不息"。巴赫曼在后来那次访谈中所说的话，也确实有现实基础。

关于虚实的游戏，尽管对真实事件率意截取，但一定也是真相的一种形式，而这是英格博格·巴赫曼所有自我表述的特征。随着时间推移，她技艺日臻完美，为公众打造出了一个万花筒似的艺术－人生－构型，让具体的生平细节主要在审美视角下得到品读。她父亲的纳粹党员身份在她和保罗·策兰的直接谈话中起了什么作用，并不明了。但是无可置疑的是，这对她有着重大意义。她很早就感觉到，她的犹太朋友们与自己的身世特征之间形成了制衡，在她与保罗·策兰互生情愫之前已是如此。

她留存下来的最早作品已经显示出，她早就是一名游戏者，起初把玩的是自己的生平经历，之后是公众的期望。她也和自己玩游戏，玩弄自己人生的细节，一次次将它们重新组合。游戏也能成为存在之维。英格博格·巴赫曼始终在尝试不同角色。年方十六岁，她就已经写了一出五幕剧，舞台主要设置在 1808 年夏天的萨拉戈萨[1]，那时正是拿破仑占领

---

1 西班牙东部的一个省。

期间。戏中，一个商人的女儿在西班牙自由战争和自己对一个敌方军官的爱慕之间挣扎。1943 年，十七岁的她写了《洪迪奇十字架》，副标题是《来自 1813 年的故事》，这又是以历史为素材，但是它明显为当时的现实提供了一面镜子：它讲述了她现实的故乡盖尔塔的居民反抗拿破仑军队的起义。她童年时代在上费拉赫和黑马戈尔的村庄住过好几个星期。河边的风景，盖尔河中的畅游，在往后岁月里也会被偶尔忆起，当中满怀思念之情。

克恩滕南部一直都是一个双语并用的地区，斯洛文尼亚人与奥地利人在这个地区混居。奥地利和南斯拉夫之间，是在第一次世界大战后，在血腥斗争之后的 1920 年才划定边界的。克恩滕的纳粹党在这之后，几乎无缝衔接地展开了所谓的"自卫战争"，"去除"斯洛文尼亚少数族裔是他们的核心要点之一。有趣的是，巴赫曼在《洪迪奇十字架》中挪用了一个其实悬浮于空中而符合统治秩序的主题——反抗异族强权，却又反其道而行之："温迪施人[1]住在盖尔塔，生活在德意志人中间，克恩滕南部各处都是如此。他们有自己的语言，不论是斯洛文尼亚人还是德意志人都不太能听懂这门语言。他们在此地的存在，仿佛就是要抹除边界，不仅是国

---

1 指斯洛文尼亚人，过去奥地利的德裔民族用这个词称呼在德语区使用斯拉夫语的人，意为"陌生人"。

家的边界，更是语言的边界、风俗习惯的边界。他们形成了一座桥，桥墩在这边和那边都稳固和平。如果一直如此，该有多好。"研究巴赫曼的学者汉斯·赫勒指出，巴赫曼所用的"温迪施"这个词在克恩滕德裔口中是有贬义的。她干脆完全顺其自然地沿用了这个称呼，但对这一个族裔做了正面描写。

关于盖尔塔的童年记忆在英格博格·巴赫曼后来的作品中也总是以积极面貌出现，其中不可避免地包括在这种语言和种族混合状态中与斯洛文尼亚少数民族的共处。童年时代的氛围独一无二，容不得任何所谓的同胞"纯洁性"。对于她的人生经历之梦来说，日后更关键的是，意大利也近在咫尺：盖尔塔是一个三国边境交界区。英格博格·巴赫曼在七岁的年纪，在纳粹统治下，就已经将这样的童年画面牢牢扎根于心间，她不是从官方统治者的意义上来理解"家乡"，而是坚持自己的感受。持有纳粹党员证的父亲看来并没有成为她的阻碍，没有横亘在有梦幻般想象色彩的童年回忆里。

出身于克拉根福的教师之女，从一开始就勤于写作。从十到十八岁的这段时期，据她自己说，我们也愿意相信，她用诗歌和故事填满了不计其数的纸页，这些诗歌和故事都饱含对克恩滕的家乡与自然的情感。散文体作品《渡船》也是如此，这是英格博格·巴赫曼最早发表的作品，1946 年 8 月初刊登于《克恩滕画报》上。这都是些非常循规蹈矩的练笔之作，它们测定了她出身的有限空间，但还是让人难以窥见她在驾驭语言上即将发生的华丽质变。这时所写的一切，都还围绕着田园秀色、自然图景，以及对基督教美德和道德观念的议论打转。

不过，《渡船》这个文本已经呈现了对英格博格·巴赫曼具有深远意义的一个主题。这是从男人视角讲述的一则小故事——就一位年轻女作家来说，这一点颇引人注目：她这么早就采用了间离的叙事策略。与之相对，文中讲述的女人显得陌生而不可接近。但是叙事中还隐含了另一个层面，在这个层面，女人也是作者所认同的一个人物形象。文本表层的欲望属于这个讲述的男人。女人的欲望走向深层。十九岁便制造了如此一种视角错位，可谓一鸣惊人。

摆渡人约瑟普爱上了农家女玛丽亚，他总要载这位女孩儿渡河，她要给对岸住在"色白灼眼"的"宫殿"里的那位无人可接近的"主人"送去莓果、蜂蜜和面包。她有一天傍晚来的时候没有带篮子，他便知道，"她只把她自己送去"。他拒绝为她摆渡，哪怕她出两倍价钱也不愿意。

约瑟普渴望和她在冬天跳舞，那时候主人会"忘掉"她。尽管叙事者的声音明确无误地在约瑟普这一边，展示着他的欲望和他的爱恋，尽管叙事者让他有这样的想法，认为玛丽亚是个"傻女孩",他"大为惊讶","稍稍有点"鄙视玛丽亚,但是这个故事中具有吸引力的真正旋涡来自另一边那位可疑的"主人"。这个旋涡只是出现,没有得到解释。约瑟普会时不时观察"主人",看他如何站在窗边,内心"焦躁不安":"主人威力非凡,他在自己四周散播恐惧和惊慌,但他是好人。"约瑟普猜想,正是对这些品质的设想让玛丽亚一次又一次渡河前往。这样的设想可能也是文本本身的推动力。

"主人"当然是个虚构人物。但还是有些蛛丝马迹能让人联想到年轻的英格博格·巴赫曼曾陷入又隐藏起来的狂热:对诗人约瑟夫·弗里德里希·佩尔柯尼希的崇拜。这位诗人在克拉根福的教师培训机构授过课。巴赫曼在1944年中学毕业后去这个机构学习过,佩尔柯尼希当年五十四岁。1991年,巴赫曼年少时所写的一篇作品被公之于众,它在某种程度上与小说《渡船》构成了对应。写于1945年5月到1946年5月的《给费利西安的信》召唤出了一个虚拟的艺术对话者。这个有着颂歌式名字费利西安的收信人很难定义。他游离在上帝与恋人之间,是年少作者的种种幻想的理想投射屏。英格博格·巴赫曼的遗作中有一首诗,也在这个语境里引发了大家的关注,因为诗前原本有一句献词,"献给 Jfr. 佩尔柯尼希",但又被画了三道线,改成了"献给费利西安"。更确切的情形已经无法考证，"献词"的笔迹也不能准确核实。

佩尔柯尼希是一位典型的民族兼乡土诗人，在"合并"[1]之后虽然也呼吁给予斯洛文尼亚少数民族生存于此的权利，但同时也参与撰写了献给希特勒的《奥地利诗人告白书》。他的长篇小说《山的赐福》中的主人公确实叫"费利西安"——取证之环在此闭合。

像佩尔柯尼希这样的人的政治意味，英格博格·巴赫曼在那时看似并不感兴趣。对她而言，这个人首先是带她前往神秘而又仍对她封闭的文学王国的一个引路人。迄今为止，我们只找到了六页巴赫曼的日记手稿出自战争结束前后的一段短暂日子。其中有一段格外引人注意。尽管邻居在炸弹轰炸中遇难，但是她不再逃进防空洞，那里的糟糕空气和"呆滞、沉默的人群"让她难以忍受。她在花园里摆了一把沙发椅，在那里读起书来："我下定决心，炸弹来了也会继续读下去。"

一切和文学相关的事物，对她来说都是与现实的一种对立。而第一个与文学的联系，看起来就由当地名人佩尔柯尼希担当了。不过，对"费利西安"的召唤和对河对岸那位

---

1 指纳粹德国 1938 年 3 月吞并奥地利。

不可接近的"主人"的想象都不可局限在一个具体的触发者身上。在她那遭受纳粹统治的年少年代,文学就是那些被藏匿被封锁的神秘书籍,至少还有另一个人也是这种文学的化身。

战争结束后,一位来自英国的占领区军官——英格博格·巴赫曼之前曾出现在他的办公室里——在街上带着维也纳口音向她搭话。两人很快就交流起自己读的书来:巴赫曼列举了托马斯·曼、斯特凡·茨威格、施尼茨勒和霍夫曼斯塔尔——这都是遭到纳粹唾弃的作家,她偷偷读过他们的书。杰克·哈梅施,这位二十六岁的军人,对此大为惊讶,这个中学毕业生居然会熟知这些书。她则心情愉快,觉得自己"一生中还从没说过这么多话"。不过这则日记是以具有她的典型风格的句子结束的:"只不过关于诗歌我什么都没有说。"这里指的是她自己写的诗。这是一个私密的领域,她要保密。

哈梅施是维也纳犹太人,1938 年,在他十八岁的时候,随儿童撤离行动被带到英国。这个行动到底是什么,英格博格·巴赫曼似乎并没有真正弄清楚过。但是哈梅施的犹太身份融入了这样一种可能性里:可以和他谈论书并接近另一种人生,这才是起决定作用的。很快所有人都开始议论他们,她记载道,"包括所有亲戚"。接着她带着某种胜利感十分骄傲地转述了她邻居的话：“她在和那个犹太人交往。”

但是对她来说，最重要的无疑是文学，是与截然不同的一个领域的相遇。因为当她的一个女性朋友真的爱上了一个英国人并想嫁给他时，她写信说道：“我当然想离开，但是我是要去上大学。我根本不想结婚，也不想为了几个罐头和几双丝袜而嫁给一个英国人。”这一点，就连杰克·哈梅施也没能改变。她真正想要的，她说得一清二楚：“这是我人生中最美的夏天，等我一百岁了，这也会是最美的春天和夏天。所有人都说不太能感受到和平。可是对我来说这里就是和平了，和平！（……）我要上大学、工作、写作！我活着，是啊我活着。”

之所以是“最美的夏天”，首先是因为现在有了上大学、工作和写作的可能。这三个期望事项在英格博格·巴赫曼这里格外醒目。杰克·哈梅施看起来在很长一段时间里都是这些期望的担保人。他在战争结束时决定移居巴勒斯坦。但是坐在自己花园里读着书的年轻的英格博格·巴赫曼，在他心中勾起了萦绕许久的矛盾渴望。在他逃亡之后，他的德语在英国就冻结了起来。他许多年都没再说过德语，这从他写给她的口吻恳切的信中也能看出来。英格博格·巴赫曼写给他的信都遗失了。我们不知道她写过多少封信。从哈梅施信中的语气来看，数量肯定不会多。哈梅施写给她的最后一封信，落款日期是 1947 年 7 月 16 日，从特拉维夫发出。哈梅施的句子读起来很绝望，看不到未来。不管怎样，对他来说特拉维夫都比维也纳陌生太多。信中表达的需求自相矛盾到了极点："让新的桥出现，好让这条 [1] 我的路通向你吧，亲爱的英格，请不要再写信给我说，保持自由让人幸福。"

"保持自由"，哈梅施满怀畏惧，用这个词以示拒绝；对于英格博格·巴赫曼来说，这是宏大的口号。它与突破边界相连，与文学这种让自己能投身于另一种人生的可能性相连。"炸弹来了也会继续读下去"：这样的警句立刻就获得了一个存在的维度。早年的她发现写作是一个创造现实对立面的可能性，她学会了角色扮演，渴望着突破界限。杰克·哈梅施的感情指向了另一个完全不同的方向。直到许多年之后，英格博格·巴赫曼才会回溯和哈梅施的那段经历。在她身后发表的《弗兰扎之书》，计划中的《死亡方式》系列小说之一中，"我的人生中最美的夏天"又重新扮演了一个角色。杰克·哈梅施是巴赫曼越来越关切的事物的化身，他作为流亡者和失落者的悲剧存在是在她晚年作品中反复出现的主题。经由杰克·哈梅施，她心中有样东西被唤醒，她在时光流逝中才能认识到这样东西的整个维度。对"保持自由"

---

1 原文此处为语法错误。

的渴求，对"上大学、工作、写作"的渴望很快就与犹太流亡者的经验密切联系在了一起，再没有什么会比这一点更加明确无误的了。

IV
是时候了，要让他们知道！
爱情密码

　　1949 年 6 月 24 日，距离在维也纳共度的春天已有一年，英格博格·巴赫曼写信给身在巴黎的保罗·策兰："我常常回想，《花冠》是你最美的诗，它完美地预示了一切变成大理石而永恒存在的瞬间。但是对这里的我来说，不会有'时间到来'。我渴求着我得不到的事物。一切都是假的，失了味道的，疲倦的，还没有用过便已耗尽的。"

　　渴求她始终得不到的事物，这种感觉在英格博格·巴赫曼的作品中很早就能察觉到。她在第一批散文体作品比如《渡船》中就已经对此有过集中描写。但是保罗·策兰是一个与她自己的生平难以分割，也难以推移到其他界域去的"主人"；他是以肉身在场的。她在策兰走后写给他的信，语气截然不同于写给汉斯·魏格尔的信。

　　策兰的诗《花冠》是他们关系的一个隐秘的关键文本。根据后来的许多暗示，显而易见，诗中所提到的"恋人"背后藏着与英格博格·巴赫曼交往的具体经历。《花冠》是《罂粟与记忆》的二十四首诗之一，这些诗他后来都手抄了一遍送给她，每抄送一首就重复一遍"献给你"。巴赫曼在诗中被意味深长地称作"异邦女子"而受到热烈追求，他和她之间的距离在《花冠》中以艺术的方式被消解。这首诗是这两个人，巴赫曼和策兰在接下来几年里都指涉得最为频繁的诗。巴赫曼在两人相会一年之后在上文引用的信里提到"时间"元素，这还只是一个小开端。《花冠》中的词句成了定式，在两人关系的后续进程中被用作对彼此的保证："他们从街上注视我们"或者"是时候了，要让他们知道！"巴赫曼在1948年的圣诞节给策兰写了第一封信，但并未寄出，信中所写内容虽然不能具体对应于《花冠》，但是不论如何都可以与《花冠》缔造出的回音室相连。他们共度的那个已成往事的春天，在信中被以精准的语句描述道："它是美的，——还有那些诗，还有那首诗，我们一起写成的诗。"

"我们一起写成的诗"这个说法让人困惑，无法具体指证。但是在这样的表述里隐含了在任何档案馆中都找不到的信息。"那些诗"不论如何都是他俩关系的衡量尺度，是二人关系的基础。重要的是，这一关系的特征还包括了黑暗之处——黑暗的形式也许正是在《花冠》里找到了最完美的表达："我们互诉黑暗之语"，这一行诗是他们的爱情密码。后

来，策兰准备了一次关于"黑暗"的演讲，并由此圈定了他
对诗的定义。"诗是黑暗的，因为它是诗"，他写道，黑暗
才是最内在的，诗作的存在便是黑暗。他还补充道，正是因
此，诗才会寄托于一次相遇和一次对话。

《花冠》是在维也纳写成的。关于巴赫曼和策兰的关系，
这首诗似乎以一种隐秘的方式说出了许多，远远超过具体资
料和文件所能说出的内容。

花冠

秋天从我的手中吞食它的叶子：我们是朋友。
我们从坚果中剥出时间并教它行走：
时间回到果壳中。

镜中是星期天，
梦中安睡，
嘴说实话。

我的眼向下攀至恋人的性器：
我们看对方，
我们互诉黑暗之语，
我们爱对方如罂粟与记忆，

我们睡得像贝壳中的葡萄酒，

像月的血光下的海洋。

我们交缠着站在窗中，他们从街上注视我们：

是时候了，要让他们知道！

是时候了，石头要顺从地开花，

一颗不安宁的心要跳动。

是时候了，要让时间到来。

是时候了。

这首诗传达了诗作可有何为。诗作能把捉一个特定的瞬间，这个瞬间尽管必然会消逝，却得以借此存留。这个瞬间是爱情的瞬间，这一点在诗的铺展中清晰起来，同样变清晰的则是，这两个相爱的人代表了对立的两方。《花冠》因此储备了众多意象，英格博格·巴赫曼和保罗·策兰总能在其中认出彼此，外人却不是一目便可了然的。仅通过唤起这些意象，他们就已实现了关于时间和诗作的交流。

这首诗首先呈现了诗人和秋天的共性，"叶子"占据中心地位。它属于秋天也属于诗人。而诗人持有的叶子，明显标志着秋天。它不再青翠，不再萌芽，而是正处于过渡中，处于生长与凋萎之间的典型交界期，在这一阶段，它于即将消失前再一次集中自己的所有力量，由内而外地发出光亮。与代表了生命、瞬间和飞逝的夏天不同，秋天是这种飞逝本身被意识到的时间点，是生命能变为诗作的时间点。

　　诗人和秋天这两者都在偏重瞬间体验的生命和回忆之间的门槛上。在秋天，夏天和冬天之间的对立会被暂时搁置，秋天同时是完成与消失。为接下来两行确定基调的"我们"将"我"和"秋天"粘合在了一起。两者都让事物成熟："我们从坚果中剥出时间并教它行走。"不过这只是某个特定循环中的一个片刻。时间，尽管在有些情境中可以为人所持有，但最终总会再次逃脱。时间能为诗人产出丰饶的成果，但是不可避免地，诗人始终受制于时间。这首诗以"时间"作结，这个时间有两面性。

　　我们可以区分两个时间范畴：一个是不可逆转的、线性的时间，"历史"的时间；另一个则是循环往复的过程——日与夜或者一年四季。线性时间代表改变，循环时间代表保存。"我们从坚果中剥出时间并教它行走：/时间回到果壳中。"——线性时间和循环时间再次相遇。如果瞬间可以把捉，自我就会体验到自己。但是它同时也会意识到消逝过程。单个瞬间都是不可重复的。

　　这是一种核心经验，它构成了前提，可为回忆打造一个存储器，打造记忆。记忆沟通了线性发展的时间和循环往复的时间，而这是一个处于不断变化的过程。被意识到的是正在消逝者，也即历史；自我封闭的循环却从反思中逃逸。在这里，意识能与无意识交错。瞬间的触动能够更新那些并非直接可获的经验。

策兰有一次说到了"你的镜子属性"。他总是为"我"和"你"之间的矛盾关系找到新的修辞。在里尔克的《马尔特手记》这本深深影响了年轻策兰的书中有一个场景，文本中的"我"站在镜子前，感到他没有被镜子接受。镜子显示出这个"我"是否对自己感到确定——这是里尔克再次安插在《杜伊诺哀歌》的"天使"身上的一个场面。策兰的《花冠》中，关于"镜子"的诗句也处于这个张力域里。星期日沟通了瞬间与永恒，这首诗正走在通往永恒的路上。"梦中安睡"这一句要说的是自我的凝集，关乎作为新起点的睡眠，关乎这首诗走向自我的路。这可以作为目标。于是这首诗，而不是我们朝前摸索时所用的日常语言，可以如此自称："嘴说实话"。

此时恋人出现，她取代了秋天的角色，这个共称"我们"现在便是创作诗的"我们"了。这仿佛是一个宣言：两位诗人在互相确认他们的爱情。性器（Ge-schlecht），恋人（Ge-liebte）：通过这样的头韵，记忆空间得到预示。诗作所尝试的，便是在心醉神迷的一瞬间将消逝者与永恒者合二为一。诗人之我与恋人之我融合成为沉醉迷离之态，继而被诗的行动取代："我们看对方，/我们互诉黑暗之语。"

对话发生了，不过是在半明半暗的光线里，在交界地带，在日与夜之间，在深夜与清晨之间，在言说与沉默之间。意识清晰的区域不是这"黑暗之语"的处所。这黑暗是不可解之物，是向前探索者，但是有一个明确的运动方向。"嘴说实话"和"我们互诉黑暗之语"之间的间隔正变得越来越小。瞬间和回忆、不可重复的感性之物和思想上的把握、艺术和生活都不再是矛盾。这里所说的"黑暗"就是以这个方式应合了诗的演变：诗是一种形式，其特性体现在意识所无法抵达的那个领域的超时间状态，它寻找新奇之物。

在爱情中，时间失效。剩下的只有亲身体验的个人化时间。爱情是回忆、悲伤和失落过程中的切分音；"罂粟与记忆"是两极，经验就在这两极之间运动。这首诗讲述了爱恋者的经验，在瞬间与永恒之间。但它也讲述了诗人的经验。"罂粟与记忆"：这测量了诗人奋力所为与诗人必要面临之境况间的距离——"我们从坚果中剥出时间并教它行走"，然后："时间回到果壳中"。

诗作穿透了沉醉迷离者，爱情也走过了与诗的行动相同的轨迹，并在相同的形式里留存。这首诗是回忆，但是也定格了心醉神迷的时刻。在他获毕希纳奖的致辞中，策兰勾勒出了这个基本的悖论："诗：对纯粹的必死性与徒劳进行的无尽言说！"

"葡萄酒"和"海洋"属于沉醉迷离之态，"贝壳"和"月"则属于静态的、深邃的物象。可是"贝壳"（Muschel）和"海洋"（Meer）之间有一个不可拆解的关联，将贝壳贴到耳边的时候，这个关联就会延续：人们会听到一阵簌簌的声响，那是自己体内血液循环的声音。在里尔克的《马尔特手记》中就有这样一段似乎被策兰的诗句所涵盖的思考："因为诗句，并不像人们想的那样，是情感（人们早就有了足够的情感），它们是经验。（……）必须记得许多个欢爱之夜，每一个都与其他的不同。（……）有回忆也不够。在回忆多的时候，还必须能忘记它们，必须有巨大的耐心，等它们重返。因为回忆本身还不是诗。只有当回忆变成了我们体内的血、目光和神情，变得无名而不再能与我们自己相区别，而后，在一个非常罕见的时刻，一句诗的第一个词才从它们之中升起，从它们之中走出。"

一个绝对共同性的时刻："我们交缠着站在窗中，他们从街上注视我们"。窗户沟通了内与外、恋人们与他们所处的环境。这是一个乌托邦的处所。这个乌托邦带出了一连串接在它身后的祈使句，重复着"是时候了"这个呼唤。整首诗都向着"是时候了"进发。汇合对立面的努力变得愈发坚定："是时候了，要让他们知道！"正在消逝的时间和恒久留存的"知道"原本背道而驰，诗却强迫它们联合，使用了一个引出更多祈使句的祈使句。"是时候了"的呼唤渗透了情爱经验的窒息感。这首诗奔向自身。

诗即将结束之际，出现了一个延缓，一个逐步的停息；最后一句是静止状态，是当下时间（Jetztzeit），是当下时间中的一个时间空隙：这首诗正处于这个时间空隙之中。最后一句单独成行的诗句"是时候了"是已然抵达宁静者，是一种对对立的消解。它说出了不可能之事。不可能的在诗中变成可能。这首诗要打破的循环，在诗自身中出现。第一行诗句被最后一行追上，不过这发生在循环往复的一个新轮回中，就如同一棵树总会长出新的年轮。"时间回到果壳中"，开头的经验在末尾重复，但是也通过这首诗而成为超验。

韵律上扬抑抑格和抑抑扬格[1]的组合，一个重读音节和两个非重读音节的交织，这样的环形——并无突破的循环往复——在这首诗中完成了突破，而这首诗的标题已经指向了这个环形。"花冠"（Corona）的首要意义就是拉丁语中的"环形"。但是该词的一个次要意义对于这首诗来说似乎更为

1　德语诗歌中的两种韵律形式。长元音搭配两个短元音为扬抑抑格，两个短元音搭配一个长元音为抑抑扬格。

举足轻重："Corona"也用来指称只有在全日食的黯淡时刻才看得到的太阳周边的光环。这首诗也是在如此一种黯淡中闪耀出光芒。

巴赫曼和策兰很快发现"花冠"可作为他们的一组爱情密码。是诗作让他们结盟，在诗作中，对立可以消解，转化为共同物：这一点在策兰的这些诗句中展示得淋漓尽致。《花冠》在所有可以影射他们在维也纳共度的短暂时光的诗中脱颖而出，那段时光正是两人都"知道"的时候，正如诗中已经点明的。他们在往后的岁月中，不论有多少阻碍、打击和高升，都会努力铭记这份相知。

V
走出玻璃罩
策兰在巴黎

策兰在 1948 年又要从维也纳启程，奔向巴黎，这并不费解。巴黎应当是一个遁逃之点，是一个隔绝在德意志浩劫之外，展开自己独有的、引人向往的历史的地方。维也纳，包括其中的英格博格·巴赫曼，看来都是他要留在身后的一个中途站。策兰知道，他在巴黎会遇到来自他家乡的其他流亡者。他在那儿设想的首先是，能再续布加勒斯特的时光，玩文字游戏、与诗友交往的时光。巴黎是罗曼语的中心，而在他出生时便已是他所处国家官方语言的罗马尼亚语也属于这个语系范畴。他最重要的朋友是来自罗马尼亚雅西市的伊萨克·基瓦，他在从布加勒斯特逃往布达佩斯的途中与他相识。基瓦在这些年里成了小有成就的社会人类学家。策兰起初是在东欧圈子里活动——比如，他的另一个朋友泽格·莫斯科维奇通过打零工艰苦谋生，在索邦大学学习，1950 年获得了"文学学士"学位。他那位于拉丁区学院路新奥尔良旅馆最上层的简陋房间，在今天这个奢华消费遍地的巴黎，几乎不可想象。离这旅馆几步开外，就有一个波希米亚式的糕点店：看得到在玻璃橱窗后的罂粟籽糕饼和李子酱蛋糕，它们勾起一种失落故乡的滋味。策兰的母亲就来自波希米亚。

德语在巴黎似乎较少受到摧残。有一次，在他离世前不久，策兰向美国学生埃丝特·卡梅伦展示了里尔克在其中写《马尔特手记》的那栋住宅楼："他主要就是为了这本书才来的巴黎。"可是巴黎也是一个空虚之地。1948 年 10 月 24 日，在他到达巴黎三个月之后，策兰写信给身在瑞士，两次在苏黎世杂志《行动》上发表他作品的马克斯·莱希纳[1]。他以一种阴郁的口吻回顾此前的经历，说他离开罗马尼亚时"没有护照，仅仅信赖着我的星"，是"身处黑暗中的一个游荡者"。他透露人们在维也纳遇见他的情形，那时的他是"一个按照当前概念在俄国[2]出生的逃难者"。政治局势，还有地理距离切断了他与故土的所有联系："我不能再给施佩贝尔先生写信了。不然我就会危害他尚存的那点微小的行动自由。"

在这封信的末尾，策兰写道："我还没能说出我想说的

---

1 马克斯·莱希纳（Max Rychner，1897—1965），瑞士德语作家、编辑，最早发现并向德语区读者介绍策兰的人之一。
2 他的出生地泽诺维茨在 1940 年之后归于苏联。

话——我非常孤独。置身于这座美妙的城市之中，我所持有的除了悬铃木的叶子再无他物。"写给莱希纳的信足以呈现策兰在巴黎度过的最初时光。莱希纳是一个身在远方的可信赖之人，他所在的苏黎世在各方面都免遭战争侵害。1949年3月3日，策兰向他坦白，"某种不可言状之物让我瘫痪"，在他搜寻可用来描述他写诗之难的画面时，他写出了与弗朗茨·卡夫卡相近的意境：当一扇门打开时，他会注视着，"犹豫如此之久，直到这扇门重新关上"。

在最初这段巴黎时光里，策兰的一个重要联系人是维也纳的年轻诗人克劳斯·德穆斯，策兰在维也纳最后的日子里结识了他，他格外仰慕策兰，渴望与之结交。德穆斯当时正与英格博格·巴赫曼的一个亲密好友，纳尼·马耶尔恋爱。除了与英格博格·巴赫曼本人断断续续的通信，策兰维持与巴赫曼的联络就主要靠德穆斯了。德穆斯对他的仰慕显示出策兰在维也纳文学圈造成了何种影响。1951年1月1日，德穆斯写信给策兰："是你的话语陪伴着我，是你的声音在对我说话。你是一切黄昏之王中最伟大的那位。你是午夜来临前心还跳动的所在。黑暗中的车轮，驱动着你——你就是那驱动之力本身。你不会再让任何其他人插手。你明白你必须做什么。以及，保罗：我们也都明白，和你一道。"如此一种语气，让在巴黎正感孤独的策兰非常受触动——尽管这高昂的调子中掺入的激情与策兰自己的激情截然不同。德穆斯也将恩斯特·云格尔[1]称作自己的榜样之一，在这一点上策兰落入了一种特殊的德语世界的接受模式，这个模式他在很长时间里都无法彻底摆脱，在一些情境下还会让他深受折磨。

在最后的流亡之地巴黎，继续与德语打交道，又以新的方式成了难题。不过策兰努力让自己在巴黎有归宿感，沉浸在这座世界之都的文学和历史之维中，这座城市说的语言，也正是当年在泽诺维茨，令人倾慕的有文化修养的市民阶层在德语之外所说的语言。他常常漫步街头，在"悬铃木的叶子"之间逡巡。其他人对他的记忆，大多数都与穿越城市的漫长游荡有关。咖啡馆和小酒馆可以部分替代他那不存在的公寓间，因为公寓间的房租与他在这些场所花掉的钱相差无几。在公共空间里与人交谈、散步是他惯常的交流方式。策兰后来的日子也是如此，诗人让·达维在他的回忆中记述了这一点。策兰朝着许多方向走过许多路。

1948 年 8 月，荷兰女孩迪特·克洛斯 - 巴伦德蕾特在圣米歇尔大道的杜邦家露台上喝咖啡的时候，怀中的一本索

---

1 恩斯特·云格尔（Ernst Jünger，1895—1998），德国作家，两次参加世界大战，早期作品鼓吹军国主义和民族主义，后来态度发生转变，反对希特勒。他被认为是 20 世纪最重要的德国作家之一，但也饱受争议。

菲·德·塞居尔的《一头驴的回忆录》落到了地上。邻桌的男士为她拾起了书，问她为什么在读这本书。这位男士便是保罗·策兰。对话一开始用的是法语，但很快策兰便请求接下来用德语，因为德语是他的母语。两人约好第二天见面，策兰要带她看看这座城市。在巴黎城最核心的地带，也即圣母院和圣路易岛所在的区域穿行，是策兰经常做的事。这里会路过最古老的基督教教堂，策兰视其为历史之精华、巴黎最重要之地：经穷人圣朱利安教堂、圣塞弗兰教堂和圣叙尔皮斯教堂直到圣礼拜堂。迪特·克洛斯－巴伦德蕾特后来讲述道，策兰的知识确实让人惊诧，但回想起来，领略圣礼拜堂里的气氛才是让她感受最深刻的经历。当他们在西岱岛上的昔日王宫里穿过低矮的下堂，沿楼梯往上走向上堂的时候[1]，豁然开朗的宽阔空间，出其不意地从四面八方的玻璃彩窗透下来的淡淡光芒，仿佛来自天国，让她立刻心醉神迷。

作为中世纪哥特盛期的杰出见证，圣礼拜堂代表了一种神秘经验的可能性。常见的石料建筑在这里完美地过渡至玻璃建筑。教堂中形成被微微照亮的一堵墙。迪特·克洛斯－巴伦德蕾特记得在那样的时刻里，圣礼拜堂充盈着"巨大的戏剧性张力"，记得其中"无声胜有声的静默"。这位二十四

1　圣礼拜堂与西岱宫相连，分为上下两层，下堂是做礼拜的场所，上堂装饰豪华，以彩窗闻名。

岁的荷兰姑娘,曾和家人一起积极投入反抗纳粹的抵抗运动,很早就与犹太裔生物学家扬·克洛斯结婚,婚礼之日是1944年11月22日——两周之后他就被逮捕,接着被纳粹杀害。她在海牙皇家音乐学院学声乐。这样的生平经历和个人兴趣让她与策兰之间生出颇多交集。随后,在他居住的旅馆房间里,他为她诵读了几首他写的诗,其中也有《死亡赋格》。在这里,在这一人生经历的片段中,策兰的诗歌中反复表达的种种具体的连通经络都浮现出来。圣礼拜堂中的神秘体验融汇了许多事物:灵觉、情愫、诗和一段共有的历史经验。在此呈现的关联体,对当时那个时代的许多人来说也已经变得陌生。

策兰第二天将自己的诗《致一位影中女子的香颂》的誊抄稿赠给了迪特·克洛斯,这首诗大概正是在与她第一次见面之后写成的。诗中提到了一位"沉默寡言者","将郁金香斩首"——这是对荷兰的联想,其中透露出第二次世界大战期间抵抗运动的处境,不愿泄露自己友人姓名的人就会被处死。接下来的几天,又出现了其他关联,那时迪特·克洛斯－巴伦德蕾特还留在巴黎。他们一起去了"雅各之梯",在圣日耳曼德佩区的一家咖啡馆,戈登·希思[1]在那里演唱

---

1 戈登·希思(Gorden Heath,1918—1991),美国出生的著名黑人歌手、音乐家和演员,20世纪四五十年代在巴黎登台演出,名噪一时。

灵歌，其中一首就叫《雅各之梯》¹，是对某个家园的许诺。接下来几年，两人的通信中出现了情爱的暗示话语，电光火石间乍现他们的亲密关系——他们有一次提到《新约·使徒行传》的情景，又有一次提到了出自《一千零一夜》的阿里巴巴和四十大盗。策兰的一封信是以这样的话来收尾的："薄如微息的面纱组成了笼罩巴黎的夜空：它向你的双眼吹气，芝麻开门。"这封信的署名是"阿里巴巴"。迪特·克洛斯－巴伦德蕾特留下的一封信的草稿，也明确无误地采用了这样以诗传情的语调："啊，若是我在巴黎该多好。就那么随着你四处漫游，整整走一天，然后整个长夜里一起吃巴黎／天堂（Par[ad]is）的禁果（你看这两个词只差了两个字母，其中必有深意）。我们将会寻找彩虹和雾纱，穿上它们妆扮自己。"

不过她从策兰那儿收到的十二封信，常常有很长的时间间隔。这多半和他的一些感觉有关，他也向马克斯·莱希纳写信描述过这些感觉：他无法找到恰当的词的无奈，一种被抛回自身的感觉。引人注目的是，在这些信里占主导地位的也是一种抒情诗式的、有时格调高昂的语气。策兰的写作，不论是用信的形式还是诗的形式，几乎无差别。这是一种传

---

1 圣经典故，见《旧约·创世记》第28章，雅各梦中见到了天使上下天堂的梯子。

达，传达所用的每个词都分量沉重。在策兰心目中他作为诗人的自我形象有何意义，写于 1949 年 9 月的一封信对此有所揭示。他在信中向迪特·克洛斯解释，他为什么这么久没有回复她的上一封来信："因为从外界，也就是我得不到庇护而总会败落的那个地方，来了一样事物，它让我陷入了缄默。它是我寄诗去的出版商写来的一封信。"

这里提到的是卡尔·劳赫出版社，在这一年里它出版了策兰翻译的让·科克多[1]的一本书《金幕：致美国人的信》。他现在想在这家出版社出版自己的诗。对方的拒绝让策兰认识到，自己"不受庇护，无法对抗世界的言语"。在他对自己的理解中，诗直接对立于他周围常见的纷纷攘攘：日常的生活，与词语打交道的惯有方式。策兰对"诗"（Dichtung）的理解有别于人们通常说的"抒情诗"（Lyrik），"抒情诗"这个词对他来说甚至含有贬义。他也常常表达对"现代抒情诗"的反感。诗绝不是一个"符号系统"，他后来写道。言词，依照策兰对待它们的方式，是向着沉默运动的。但这是一种勾起回忆而不将其压抑的沉默。策兰一旦唤起了"所有那些被（连带）烧毁的名字"，它们就被写入了他的诗中。它们在一个贯通的写作过程中颠覆自己的确定性。有时候，

---

1 让·科克多（Jean Cocteau，1889—1963），法国 20 世纪著名诗人、电影导演。

在巴黎见过几次策兰的克劳斯·福斯温克尔写道，读他诗的人会觉得，"同时存在两种语调：一个如赞歌般高昂，一个如控诉或哀怨般苦涩"。

策兰的缄默，他的沉寂，他的"败落"都和一种奥斯维辛之后的意识相关。策兰和他的诗是一体的。从他这封写给迪特·克洛斯，讲述自己的诗被卡尔·劳赫出版社拒绝的绝望之信的笔迹，可以清晰地看到这一点。策兰在信中本来要写的是"故事"（Geschichte）而不是"诗"（Gedichte）——他的诗就是高度浓缩的他自己的故事。正因为此，他才把诗遭受的拒绝直接感受为对他这个人的拒绝。在巴黎最初的日子里，他在给不同对象的通信中反复提到自己的"孤独"，也许此处有一个具体的背景："我非常孤独，迪特，我不仅仅要与天空和天空的深渊搏斗——我还需要许多苦涩的时辰，好为自己赚取人们所说的过日子的面包。"

策兰的诗歌光环有着不同的侧面。费解、沉重、深邃，这只是一部分，因为还有一部分是独树一帜的魅力，是策兰引人入胜、超越边界、让人沉迷的能力。1956年至1960年在巴黎居住并与策兰交好的君特·格拉斯曾经回忆过一个颇有代表性的故事。策兰有一次带领一群德国作家游览巴黎玛

莱区 [1]，格拉斯也在场。策兰对每一所屋宅都如数家珍，谁在屋中住过，尤其是在大革命前后，同时抽了很多烟。他一边说，一边抽，一次次点燃一根新烟——然后把显然还烧着的火柴塞回了火柴盒里。火柴盒后来着火时，他还把它拿在手中。他把火吹灭，但是所有人都看到火柴盒下面的皮肤变红了，肿起来了。然而策兰继续往下讲，不想打断自己的讲解。格拉斯和其他人看着那块红肿越变越大，但没有人敢向策兰提起。大家继续走在这个充满历史气息的街区，直到策兰看到一家药房，说："请稍等——我想我现在非得处理一下这只手不可了！"格拉斯回顾这件往事时说："那是一次真正的表演。他就是会这一手。他是个演员。"他将策兰让人迷惑的两面并排展示出来：一方面，他极度脆弱易伤，无法与之搭话，另一方面，"他对生活的热情一再散发出感染力——他喜爱喝上几杯，然后立刻开始唱歌。大多数都是俄语歌。然后突然一下子又满怀革命豪情"。

迪特·克洛斯 - 巴伦德蕾特想在第二年，即 1949 年的夏季重返巴黎，可是这期间显然发生了些事情。策兰信中的情绪起伏不定，有时候热烈追求，有时候又冷漠拒人。他很少会立即回信。只有寥寥几句话在暗示他正忙着些什么，

---

1 巴黎第四区中部区域，曾是犹太人聚居地区。

对于他的日常生活和人际关系，她一无所知。出版了策兰给迪特·克洛斯写的信的保罗·萨尔斯就后者于 1950 年 7 月在巴黎度过的一段日子提供了一则简短的描述："尽管保罗·策兰再次给她留下了深刻印象，但是这段假日并不符合信中被唤起的期待。策兰整个白天都很忙碌，有时候显得过分劳心费力。"对她回到家后立刻就寄来的一封信，他再也没有回复。

在同一时期，策兰与英格博格·巴赫曼的联系再度密集起来。在 2008 年发表的两人通信中，有几处显而易见的空白，让人无法准确复现策兰 1948 年 6 月底离开维也纳之后两人之间有过怎样的活跃互动。肯定有过几次电话通话，多半也有再也找不到的通信。保留下来的信中第一封是巴赫曼在 1948 年圣诞节所写但并未寄出的草稿，而来自策兰的第一封为人所知的信在 1949 年 1 月发出，但极有可能并不是他寄给她的第一封信。在巴赫曼的草稿中，可以感觉到她的年长情人汉斯·魏格尔不在时他们共度的那六周维也纳时光，渐渐开始发挥事后威力。她问自己，当时和她有过这么一场短暂却浓烈的情爱体验的这个保罗·策兰到底是谁。在两人天各一方之际，一股越来越神秘的渴望滋长起来。

与此同时，她的日常生活却沉浸在另一种完全不同的氛围中。她享受当下，沉醉于战后年代的自由氛围。不仅如此，还有影响力非凡的汉斯·魏格尔支持她的文学抱负。在她写给魏格尔的信中，她的情感游戏玩了相当长的时间。当他做完纽约的奖金项目回来的时候，乍看一切如常。可是她心中的逆流渐渐也翻涌了起来。她在 1948 年圣诞节写给保罗·策兰的第一封并未寄出的信中，有一处文字展露了她的心意："今天我爱恋着你，这么真切地感觉到你。这句话我一定要告诉你——那个时候我常常没说出口。"当通信变得停滞的时候，策兰的一句话变着方式说出了他在写给迪特·克洛斯 - 巴伦德蕾特的信中说起的一个话题。他要解释，为什么他"在过去一年里写信写得这么少"。他给出的答案却指向了另一个层面："因为我不知道，你对维也纳那短短几周都作何想法。"

1948 年维也纳的那个有魔力的春天，那么轻盈无负累，本是历历在目的真切当下，而在来往于彼此间的信增速放缓的时候，这个春天已经过去一年了。策兰所写的文字里，却几乎没有他在同一个时间段里写给迪特·克洛斯的信中洋溢的轻佻诱人的情愫。他更为克制，还稍稍有点困惑。但是他和维也纳的这位年轻女诗人有着更深的情感牵系，这一点却越来越明显。当他说起自己的缄默、自己的孤独时，那都出自他恰好和巴赫曼共享过的经历。策兰那结合了不可接触、让人迷醉和诗之魔力的典型特征，被巴赫曼以特别的方式感知到了。正是这一点吸引着她。一份中断了的信稿刻画出了那几周的气氛："我心所系，一直都是你，我对此想得很多，对你说话，将你的陌生而黑暗的头放在我双手之间，想移走你胸上那些石头，想解开你握着丁香的手，想听你唱歌。"

胸上的石头，唱歌——这两种冲动彼此相连，这至关重要。巴赫曼尝试着接近策兰，也尝试着接近他的命运，他在她心中唤起了罪责感。对于他和汉斯·魏格尔的犹太身份，她的感受处在截然不同的维度。这肯定和策兰所代表的诗有关。在维也纳的那几周，没有什么是明确的，但是余音回响，持续作用。空间上的距离显然增强了这些情感。让人吃惊的是，巴赫曼一边与汉斯·魏格尔继续保持着调笑嬉戏的维也纳小妞式关系，一边又设法去巴黎居住，尝试与策兰一起过日常生活。策兰体现了她所隐讳的一面，她那些寻觅的、充满渴求的诗由此而来，这也是她在维也纳的大学日常生活和文学聚会中用她光鲜亮丽的外表所遮盖住的一面。

1949 年 6 月 24 日，她写信给策兰，说她"8 月中旬"想到巴黎来，"只待几天"。8 月初，也就是六个星期之后，策兰"于万分匆忙中"做了回应，小心翼翼地询问"你这趟旅行有何缘故，有何目的"，但却以"我已迫不及待了，亲爱的"结尾。英格博格·巴赫曼一定立刻做了答复，也许是打了电话——这两人时不时会打个电话，他们有一次曾顺带提到过。巴赫曼的回答，只能从策兰在 8 月 20 日用变换了的语气做的回复来间接推断：看来她告诉了他，她要两个月后才来，这取决于她正在申请的一项奖学金。策兰恼火了，他觉得自己受了欺瞒，遭到了不恰当的对待，就好像是她在戏弄他。他不相信她信中的语调，尽管是她在他离开维也纳之后继续主动与他联系的："我能从你最开始匆匆抛来的几行字里推断出什么呢，英格博格？"

在句尾警告式地直呼其名，如此一种修辞上的安排特征在策兰的信中越来越引人注意。这样的做法将通信对象逼进了必须自我辩护的角色里。在之后出现的句子里，他说出了一个与他们的相互吸引不可分割开的核心矛盾："也许是我弄错了，也许我们恰恰是在想要遇到对方的地方回避着对方。也许我们两人都有责任。只是有时候我会对自己说，我的缄默比你的更容易理解，因为强加于我的黑暗更古老。"

这份黑暗：它绝对也影射了巴赫曼和策兰的迥然不同的人生经历之间的紧张关系——一个是侥幸逃脱了对犹太人的集体屠杀的泽诺维茨人，一个是被迫和在她家乡的桑德维特酒店阳台上接受众人狂热欢呼的阿道夫·希特勒共处一城的克拉根福人。但是策兰也知道，英格博格·巴赫曼自己感受到了这种道德压力。巴赫曼在这封信之后沉默了很久，直到 11 月 24 日，策兰生日之后第二天才打破沉默。这时她的语言换成了另一种。其中再也察觉不到激情澎湃的音调，而是一般只会出现在她的诗中而不会出现在日常交际中的严肃和更深沉之物。她在这封11月的信旁还附上了她在8月为直接回应策兰的指责而写下来却未敢寄出去的信。但是在11月——也许策兰的生日是推动她如此做的契机——她把之前的信装入了信封，附上这些话："我必须来，来见你，取出你，亲吻并抱住你，以免你滑离。请相信，我有一天会来，取回你。我心怀重重忧惧，看着你投身扑进一片汪洋去漂荡，但是我会造一艘船，将你从失落中拾起，带回家中。"

在8月这封直接回应的附加信中，她向他也向自己描述了她的感受："我的沉默首先意味着，我想要保存那几个星期，按它们原本的样子。我不奢求什么，只求时不时能收到你寄的一张卡片，以此证明我不是做梦，那一切都是真的（……）。然后今年的春天来了，一切都变得更强烈，更充满渴望，从我罩住它们的玻璃罩中走了出来。（……）我不知道，我想要你，是有何缘故，有何目的。对此我感到特别欣喜。其他事我了解得都过于确切。"

1949年的春天重新唤醒了1948年的春天。那六个星期曾经蓄势而未发的，如今隔着距离，变得更为清晰。策兰代表了诗——这完全不同于显然是散文体作家的汉斯·魏格尔或者出身维也纳的英国犹太裔占领区军官杰克·哈梅施，后者对她来说体现了另一个世界，她和他谈论文学，却隐瞒了最内在之物，她自己的诗。除了对策兰的表白，说一切又"走出了玻璃罩"，说一年前的春天在某个内心暗屉里潜伏，但现在的感受比当时更强烈，信中还披露了其他内容。这是另一个英格博格·巴赫曼，日常的巴赫曼，活跃在维也纳环境中的巴赫曼，她在这座城市里写博士论文并积极策划发表自己首批文学作品："你能想象到的，在你之后的时光，我也没有孑然空度，我还是和其他男人有过交往的。你那时候在这方面所持有的愿望，我为你实现了，这也是我还没有对你说过的事。但是没有任何关系固定下来，我哪里都没有久留，我比任何时候都更不安定，不愿也不能对任何人承诺些什么。"

她的这段描述也许甚至准确说出了她和汉斯·魏格尔的关系，不过可以推测，她在写这封信给策兰的时候，对策兰也对自己，稍稍压低了这位年长的文化统帅之于她的意义。在魏格尔那儿，她绝对知道她想要什么，恰恰如同这句"其他事我了解得都过于确切"所言。

在1950年的秋天，事情终于到了这一步。在那个营造了神话的春天几乎过去两年半之后，巴赫曼启程去了巴黎。她有经济上的担忧，刚刚凑足必需的钱。她看到自己面临一个不确定的未来，疾病也开始折磨她。她的好友纳尼·马耶尔在 9 月初向策兰诉说了一场"几乎整个夏天都让巴赫曼被迫卧床"的"持续很久的神经衰弱"。在她即将动身时，巴赫曼写信给策兰，说她"失落、绝望、苦恼"："请你尽量对我好，抓紧我！"当她 10 月 14 日延迟到达巴黎时，她在策兰的旅馆房门上发现了一张纸条：他必须去一个学生那儿（策兰靠做私人教师挣钱）。此外他还写道："这是我们在巴黎的第一次约会，我的心跳得很大声，而你没有来。"

随后两人尝试在策兰的旅馆房间共同生活，这样的生活过得如何，只能间接推测。策兰向他的年轻仰慕者克劳斯·德穆斯写道："英格非常可爱。重新见到她，对我的意义超过了我原先的设想。通过她，你和纳尼也更靠近了我的心。但是我不能对英格诉说一切，现在还不能说，她自己就是和我一样脆弱的芦苇……"

这些话听起来格外谨慎，几乎没有透露任何在这短短几星期里发生的事情。不论如何，巴赫曼在大约一个月之后又搬了出来，也就是在"婚姻变成斯特林堡风格[1]"的时刻，就像她对汉斯·魏格尔说的，"因为我们会为了一些不知名的、鬼魅般的原因让对方濒临窒息"。与策兰在一起的日常生活，终究不是在两人分离的那段时间里由心愿的投射和憧憬的想

1　奥古斯特·斯特林堡（August Strindberg，1849—1912），瑞典作家，现代戏剧创始人之一。他经历过三次失败的婚姻，并以此为主题创作了多部戏剧。

象造出的样子。和汉斯·魏格尔一起时，她出于好意润饰的维尔纳情人式腔调，当然有点故作姿态。但是真实状况还是可以由此猜到一二，她在到达巴黎两天之后就已经写信给魏格尔说："我还不想说来这里是正确的。他想和我结婚，如果他一年之后取得国籍之类的。——对于这个想法我们还得好好冷静一下——我是说你和我。"稍后，她写信给魏格尔："在最开始的十四天里，只要所谓的爱情还是主导，一切就特别顺利。但是现在我肯定会慢慢心烦起来了。"巴赫曼接着去了伦敦，在那里的朗诵会上认识了与她一同朗诵作品的埃里克·弗里德。弗里德表示被她深深打动。回到维也纳之后，巴赫曼又重拾与汉斯·魏格尔的恋情，就仿佛什么都没发生过。

不论怎样，巴赫曼能如此将她的世界一一分开，着实让人惊讶。给魏格尔写的信证明，她刚开始尝试和策兰共同生活没多久，就又对魏格尔说起了结婚对象间的俏皮话。她写给策兰和魏格尔的信所用的语调仿佛出自不同的两个人。在魏格尔这里她明显更自信，她知道她的位置所在，她显然能笃定自主地演起分配给她，她也心甘情愿地接受的角色。在策兰这里则相反，她内心里暗自希冀之物冲决而出，而这样的事物在魏格尔那里是不可设想的。但是真实的策兰，以自己的诗作为使命，将一切都置于其下的策兰，又让她面临苛求过高的窘迫。

VI
穿皮夹克的编辑部女孩儿
巴赫曼在维也纳的媒体从业经历

在英格博格·巴赫曼和保罗·策兰 1948 年 5、6 月于维也纳共度的六个星期里，还没有出现任何外在的迹象，显示她即将征服维也纳的文学圈。她还没发表较大体量的文学作品。她的精力集中在哲学学业上，后者正渐渐步入尾声。

很早便可看出，巴赫曼非常渴望成名，待在克拉根福父母身边时，这一野心有增无减。汉斯·魏格尔从纽约回来后就有点惊恐，因为她和他在文坛派系中的敌手比如赫尔曼·哈克尔也有了联系。不同派系之间存在一场竞争，看谁能夺取对"年轻一代文学"的解释权。自称反共产主义的魏格尔与那些和工会关系密切的作家处于敌对状态。赫尔曼·哈克尔明确以奥地利笔会青年部主任的身份亮相，促成巴赫曼于 1949 年秋天在杂志《林叩斯》上首次发表诗歌作品，这都与魏格尔背道而驰。但是汉斯·魏格尔的行动主场是新闻界，正是他在这块领地上的人脉助力英格博格·巴赫曼落稳了脚跟。她在几份报纸和画报上发表的短篇散文和评论文章都遵循了魏格尔对其风格的设想：坚实、轻巧，有时引人深思。

从巴赫曼与策兰在维也纳相遇到她 1950 年秋天奔赴巴黎之间隔了两年，她这两年的日常生活都有着魏格尔的印记。为巴赫曼的维也纳岁月撰写专著的约瑟夫·麦克维曾经找到过相关史实材料，这些材料适合分析巴赫曼塑造作者形象的策略和自我宣传的表演，并证明了这些行为远早于通行观点的界定。巴赫曼在 1948 年 6 月，作为一个还毫不知名的作者，已经开始考虑自己身后的文学形象了。在与保罗·策兰度过的无与伦比的春天当中，她在一封写给汉斯·魏格尔的信中谈到了自己的担忧：他们的通信可能泄露了太多私密之事。她请求对方多点谨慎，"就算是为了我们的孩子"（这句话当然首先就说得笨拙）："我已经在担心，如果他们把我们的遗物搜罗到一起，发现了这些信的话……" 8 月 26 日，她在一封写给魏格尔的信中畅想了一番未来，这些畅想以她和策兰的情事为神秘的起点，尽管包含种种自嘲，却也说出了她在作家与公众关系中看到的一个问题："我又有了'遗物曝光焦虑'。到时候就会有一篇捕风捉影、自以为是的博士论文这么写：'到了四十岁左右的年纪，这位诗人的创造力日渐瘫痪。我们今天能够回溯这些无可挽回的失落岁月的根源：那是一个二十二岁、全然不受道德约束也没啥价值的家伙。他在 1948 年 5 月到 8 月的通信显露出让人难堪的、不知羞耻的私情，相关当局拒绝出版这些通信，但是写传记的人却得以了解私情的内容。就是这家伙拖住创造力正旺盛的诗人，让其落入魔掌，坠入真正的深渊……'我没法继续往下想了，呜呼，我们多可悲。"

有趣的是，英格博格·巴赫曼在这里将自己设置为一个男性角色。这里所指，显然不仅仅是魏格尔，也是她自己。采用男性视角的做法在她未来的散文体写作中会格外引人注目，其中一个原因就是为了模糊掉过分确凿单一的自传式解读。这封信采用的既显少女感又堕落的怪异姿态，让人感到一种分裂：在这里既可以体会到巴赫曼对着年长很多的牵线操纵人魏格尔暴露一些不可思议而充满诱惑之事的快感，同时也显出某种胆怯。巴赫曼看似在这个游戏中游刃有余。但是她给魏格尔写信时语调中透露出的松弛，也是她强迫自己勉力为之。

在她的哲学学业中，重点悄悄发生了转移，而这起初并不是有意识的决定。她一开始师从阿洛伊斯·登普夫，一位信仰天主教的形而上学者，固守着根深蒂固的保守传统，对当代甚至现代的思潮不予理会。在给父母的一封信中，她说自己为能"效力于纯粹的哲学"而高兴。但是在 1949 年夏季学期，她结束了登普夫所授的最后一门课，因为他离开维也纳，去慕尼黑任教了。她被迫转到了新实证主义者维克托·克拉夫特这位在迥然不同的前提下开展工作的教师门下。巴赫曼不论如何都想走上学术道路，经济上的考虑当然也起了重要作用。经过克拉夫特指点，她开始研读路德维希·维特根斯坦。她在1949年12月完成的博士论文便以一种有趣的方式在两个极端之间徘徊。论文题目是《对马丁·海德格尔的存在哲学的批判性接受》，这是最初让她殚精竭虑，如今暗地里依旧让她劳心费神的题目，只不过她现在受了维特根斯坦信徒克拉夫特的影响，努力与之拉开距离。

写博士论文的同时，英格博格·巴赫曼已经在着手创作一部以《无名之城》为标题的长篇小说，并于1950年秋天完成。经过魏格尔牵线搭桥，小说手稿抵达了维也纳的黑罗尔德出版社，不过这家出版社对其提出了种种干预和修改的要求。1952年11月，她"扔掉了"这份手稿，她后来在一次采访中如是说——这部小说已经不再符合她的审美要求了。事情怎么会变成这样，其中细节已无可追查。但是显然汉斯·魏格尔与此无关。他甚至还为她弄到了一份奖学金，好让她能继续完成小说。当她撤回这本书时，他还责备了她。在巴赫曼写给魏格尔的信中，我们几乎没法获悉，是什么真正困扰着她。信中写的都是文学行业中的实际事务和具体举措。她几乎没有向魏格尔透露丝毫她写的诗。有一次她对他说了句挖苦的话，大约符合他说话的风格：诗歌是"忙工作的借口"。她为《塔》、《乐观主义者》、《维也纳日报》或者《电影》这样的期刊杂志写文章，而暂时完全停止了写诗。可是她心中还是一直有东西在喧嚷不息。

1951年3月，她刚刚从巴黎和伦敦回到维也纳，就立刻写了一封信给策兰。她一开始没有把信寄出去，而是放进了一叠文书里，在7月交给了他们共同的朋友、正要去巴黎的克劳斯·德穆斯。信中写道，她回到维也纳马上就病了，因为她"已经不知道我在这里要怎么过，要怎么才过得好了。我犯的第一个错误就是，照着老样子把我的维也纳生活演了一星期，仿佛什么都没发生过。然后我突然又绝望而神经质地中断了这场戏（……）"

"我的维也纳生活的老样子"——这指的首先肯定是和汉斯·魏格尔的轻佻暧昧的关系，但也指向整个维也纳的日常生活。这生活与她第一次跨出国门在巴黎和伦敦旅行的那些超乎寻常的经历截然不同，涉及原先的角色扮演，涉及她在维也纳的形象，要立刻重新接续这一切，对她来说太强人所难。这与情感迷乱状态之间的反差太明显而易于察觉，正是这情感的迷乱给她与保罗·策兰尝试过的同居生活造成了灾难，并以完全不同的方式使她内心激荡。与魏格尔的交往绝对已经彻底改变了性质，一个官方认定的事实足以为凭：1951 年 7 月，在巴赫曼出游时就照常过自己平常日子的魏格尔娶了演员埃尔薇拉·霍费尔。

如此一来，巴赫曼的日常生活的框架条件就发生了巨大改变。绝非偶然，她几年之后在短篇小说《温蒂娜走了》中恰好围绕魏格尔的名字写下开场白："你们这些人类！你们这些怪物！你们这些名叫汉斯的怪物！"魏格尔肯定代表了她在后来的散文体作品中作为主题反复描述的男性原则。很久以后，英格博格·巴赫曼在 20 世纪 60 年代为自己的心理治疗所作的梦的记录中，短暂地出现过一个人物，他无疑就是魏格尔："我首先遇见了 W. 先生（他曾经是我的一个情人，他怨恨我，我怨恨他，但不是很强烈），我友好而冷淡地点了点头，这场重逢就这么马马虎虎地过去了（……）"很难设想她真的认真努力要和汉斯·魏格尔走入婚姻。启程去巴黎看策兰——哪怕这次出发也是为了一份奖学金，或者为了能有一次出国游历——也显示出，她要寻找不一样的东西。不过她肯定体验到这次旅行是一次至关重要的经历，此时她二十五岁，大学刚毕业，其学问可否在工作中派上用场还让人存疑，突然之间，她被抛回到自己——这样一种感觉她肯定不陌生，不过现在它显示出了关乎存在的意味。

　　她特有的渴慕表现在这一点上：尽管与保罗·策兰在旅馆房间同居的日子才过去不久，但她又开始在遥不可及的策兰本人身上寻找一个具体的落锚点。在1951年3月那封没有立刻寄出的信中，她再次唤起了对他们两人都有标志意义的诗《花冠》："不要给我写得太模糊，放心讲述吧，讲我们窗前的帘布已经再次烧尽，人们从街上注视我们。"在1951年6月27日的一封信中，她变得穷追不舍："你究竟还记不记得，我们虽然有种种问题，可是在一起确实非常幸福，即使是在我们成了彼此最恶劣的敌人的那些最恶劣的时刻？你为什么从来不给我写信？你为什么再也感觉不到，我还是想带着我这颗疯狂的、混乱的、充满矛盾的心来到你身边，这颗心还是时不时地会反对你？——我开始慢慢明白，我为什么这么强烈地抗拒你，我为什么大概永远不会停止抗拒你。我爱你，我不想爱你，爱你太累太艰难；但是我爱你甚过一切——今天我要把这些告诉你，冒着这样的风险：你再也听不到，再也不想听这些话。"

　　这一句话是关键："我爱你，我不想爱你。"它像一句标语那样描述出了英格博格·巴赫曼对保罗·策兰的关系。"太累太艰难"对她的意义，正是诗歌对策兰的意义，这意义进一步由他的生平经历所触发——但是她自己在这经历中所看到并投射到他身上的，也是"太累太艰难"。在这里可以预感到一种关于诗的构想，她的全部渴望都在其中熊熊燃烧，渴望的火光也一再在她写给策兰的信中闪现，它们是那么不同于她写给魏格尔的信。

可是汉斯·魏格尔这样的人带来的那种轻松，对她来说也并非没有吸引力，她继续与这样的人往来。她还可以好好地享受这游戏的快意。她与不同的联系人和通信对象对话，重又摆出演戏的姿态，披上陌生的戏服。但是策兰对英格博格·巴赫曼这样的性格特点总报以怀疑。他信中那些猜忌的用词和巴赫曼自己的暗示都是见证。他自己也曾对两人的同居生活有过不一样的期许，经历了失望之后，他又退回到了那个年长劝诫者的角色里："英格，你到现在为止所经历的生活，比你大多数同龄人都丰富。没有哪扇门是一直把你关在外的。总是有新的门为你打开。你没有理由不耐烦，英格博格，如果我可以表达一个请求的话，那就是：想想这一切是多么快地送到你面前供你取用。现在提出要求的时候请你就稍稍节制些吧。"

正是在英格博格·巴赫曼又试着和保罗·策兰重续旧情的时候，她在维也纳终于取得了工作上的突破。她如今搬出了贝娅特丽克丝巷的那个房间，那是她和保罗·策兰私会时期的栖所。她住到了离自己在月刊《塔》编辑部认识的朋友波比·略克很近的地方，波比后来嫁给了《欧洲评论》的责任编辑泽诺·冯·利布尔。巴赫曼所出入的新闻业交际网络也已经超出了魏格尔的交际网络。她进入媒体界的最重要的一跳，肯定要归功于波比·略克：波比进入了美国通讯社的新闻与特别报道部门的秘书处，在那里为这位女友找到了一个位置。巴赫曼首先要做的是编辑新闻报道。她在1951年3月29日写给父母的一封信中描述了她的最初印象："这就像是一个磨，每天都有工作材料和人从上面塞进来，到了晚上就都碾碎了从下面出来。这里的气氛很像一座工厂，尽管几乎只有知识分子坐在那儿，写着文章和讯息。"

1951年9月更进一步：巴赫曼得到了美国占领区电台红－白－红提供的一份工作，一开始是在电台做文字编辑。然后她开始改编来自美国的作品，比如说弗兰茨·韦费尔[1]的短篇小说《小市民之死》，不过她自己也写了广播散文和一部广播剧《与梦纠缠》。但是她的首要工作是以显而易见的热情参与创作广播肥皂剧《广播家庭》。后来，她淡化了自己在红－白－红的工作，仅仅一笔带过称那时做了单纯的"编辑"工作。1955年奥地利广播电台由奥地利广播公司全权接管之后，美国占领军电台遗留下来的大部分人员都被悄无声息地清除出局了，她也认为《广播家庭》不会再

---

1 弗兰茨·韦费尔（Franz Werfel，1890—1945），出生于奥地利的著名作家和剧作家，二战期间移居美国。

被找到了。在她当年的同事、于90年代过世的约尔克·莫特的遗物中，之前以为已遗失的这部连续剧的前几集打字稿重见天日。因此，可以确定的是，在1952年和1953年总共十五次的星期一碰头会决定，轮到英格博格·巴赫曼来完成这半个小时的广播节目手稿了，星期五前交稿。巴赫曼每次都照做不误。她似乎没有任何写作障碍，不用费心寻章摘句。巴赫曼在写这些情景剧的时候，几乎像是在自己雄心勃勃的艺术追求之外稍作歇息。

这出滑稽的家庭广播节目，也要表达出某种民主教育意义上的深刻。它允许巴赫曼发挥一些想象力。有一次她构想了一个艺术化的理想形象。"留着黑长发，穿着裤子的淑女"是一个表达渴望的设计："她非常时髦，留着完全不梳的头发，棒极了，几乎和马尼亚尼 [1] 一个样儿"，不满十七岁的黑利在其中一集中如此描述热衷于无调式和抽象事物的汉娜。这个汉娜代表了英格博格·巴赫曼在50年代早期精心打造的、在她内心潜伏着期待一飞冲天的欲望。

这部连续剧里的一家之主，汉斯·弗洛里亚尼博士，是地方上诉法院顾问，也是一位富有责任感的正人君子，他身

---

1 安娜·马尼亚尼（Anna Magnani，1908—1973），意大利著名电影演员，在第二次世界大战后的20世纪四五十年代出演了许多电影如《罗马，不设防的城市》《玫瑰梦》而成为国际明星，曾获奥斯卡最佳女演员。

上的滑稽反转是他很积极地用他偏爱的七弯八绕的官僚德语说话。他的妻子维尔马有着维也纳市民阶层的所有习性，但为人宽容。与她形成反差的是汉斯的弟弟吉多，他作为一个有点糊涂的幻想家和狂热的发明家，一出场就保证能带来哄堂大笑。剧中有一次简要透露，吉多有纳粹背景，但是因为他是一个不太被严肃看待的古怪家伙，这一点居然也就可以容忍了。一个美国占领军电台必然肩负的公民教育任务，在吉多这个人物身上就和一种巧妙的奥地利方案结合在了一起：既引述过去，同时又为过去解除负累。

汉斯和维尔马的孩子，即将年满十七岁的黑利和十二岁的沃尔菲尔，提供了种种就势开展教育的机会。读到巴赫曼也写过下面这样的句子，令人解颐。她让父亲汉斯在和妻子谈话的时候说道："另外，我还请你有所警觉，时不时看看我们的女儿，她的成长突然就快起来了，脸上越来越多那种怪异的、多愁善感的傻气表情。"

如果你愿意，甚至也可以在这里发现这位女作家对自己另一个遗留下来的未公开文本的自嘲式评论，这就是早期的《给费利西安的信》。她后来但凡愿意，就肯定会在这些信里找到"飞快成长"中的"多愁善感"。这位女作家绝不否认她对广播剧剧本的兴趣。尤其让人印象深刻的是这样一集，她让一个在 1945 年之后陷入潦倒的塞尔维亚游击队员，一个"流离失所的人"登场。他在弗洛里亚尼家门前出售走私货品，当尽职的法务官员汉斯盘问他时，不得不坦白说出了自己的人生经历。经由这个看似负面的骗子式的巴尔干人物，20世纪的种种浩劫突然走到了中心位置，这位米哈洛维奇先生和保罗·策兰出生的泽诺维茨之间也有联系，这是这个文本暗含的信息之一。这些信息只是和写作过程本身相关，同代人无法解密。对于50年代的奥地利和收听节目的大众来说，这是相当勇敢的一集，与剧中关于一个艺术展览

1951年11月的《奥地利大画报》中的一页，包含了一个特别的奥地利优质品牌：身穿皮夹克的英格博格·巴赫曼（居于图正中）

的逸事异曲同工：其中，现代艺术与弗洛里亚尼这个维也纳的标准家庭以诙谐怡人的方式发生了一次急速碰撞。

有趣的是，英格博格·巴赫曼有时候似乎揶揄地预示了自己以后的形象。在关于艺术的那一集中，也出现了一个"英格"，那些艺术家中有一个想"再演示一下"这个角色。在叔叔吉多的养鸡场里，突然有人冒出了这句挖苦的话："嘿，婶婶，英格博格刚生了第一个蛋……"自嘲的这面在日后的评论中几乎完全被掩盖。巴赫曼的传记作家约瑟夫·麦克维也发现了出自这个时期的一张有趣的照片：1951年11月，她为红－白－红电台发行的《奥地利大画报》做了回模特，身穿一件黑色皮夹克亮相。这照片获得了以"谁认识奥地利的优质品牌？"为题的有奖竞赛的第五名。在所有可能的皮夹克女模特中，偏偏是刚刚被雇为编辑部女孩儿的她被选用了，这毕竟是颇不寻常的。照片中，她眼神严肃而深不可测地看向侧边，两只手插在侧口袋里，几乎和两年半后在德国杂志《明镜周刊》的封面上一样神秘了。维也纳的艺术家沃尔夫冈·库德洛夫斯基不久之后做的一张拼贴画同样已经将她当作了女性文化偶像：在一艘浪漫的小船旁边，以一座现代的桥和河岸斜坡为背景，从多瑙河里浮出了九张不同的年轻英格博格·巴赫曼的脸——微笑着，若有所思而又自信，这是一个水妖，已经暗示了她后来塑造的文学形象"温蒂娜"。

当汉斯·维尔纳·里希特来到维也纳，一个决定性的转折随之发生。这位四七社[1]的创始人和首领当时关注到了刚刚以《更大的希望》声名鹊起的伊尔莎·艾兴格尔。他拜访艾兴格尔的时候，英格博格·巴赫曼也在场。两位女士是亲密好友，与波比·略克一同形成了关系长久且牢不可破的铁三角。但是在里希特的记忆里，巴赫曼在这一初次会面中很收敛。里希特也对米洛·多尔感兴趣，他那如新闻报道的文学方法和里希特自己的颇为相似。四七社的头儿还想采访汉斯·魏格尔，想邀请他作为文学推手到德国参加他这个文学团体的下一次聚会。里希特和魏格尔约好了在红 - 白 - 红电台见面，而且就在英格博格·巴赫曼坐着的那个编辑室里。当里希特按约好的时间走进房间的时候，据他描述发生了这样的事情："她事先将她还没发表的诗为我放在了除此之外空无一物的书桌上，然后让我在那儿等了半个多小时。我没有其他事情可做，就只好读起了她的诗。与此同时，她在隔壁房间里敲着打字机。等她再次进来的时候，我问她这些诗是谁写的。她红着脸说：'是我。'当天下午我就邀请她

---

1 1947年成立的德语区青年作家团体，定期邀请作家和诗人聚会朗诵并颁奖，深刻影响了德语区的战后文学发展。20世纪60年代后期衰落，1977年正式解散。

也来参加聚会，而且按照她的愿望，还请了住在巴黎的一个叫保罗·策兰的朋友，这个朋友和她一样不知名。我问伊尔泽，我这样做对不对，她说对。"

1952 年 5 月，四七社在波罗的海边的宁多夫的聚会对于德语文学史来说是一个重大事件，因为英格博格·巴赫曼第一次在德国亮相并且获得了热烈反响，也因为这是保罗·策兰唯一一次在四七社聚会上露面。在英格博格·巴赫曼身上，两种自我规划突然之间发生了交叉，它们让人困惑地并列共存。她才刚刚为奥地利的《广播家庭》写下令人捧腹的家庭短剧。可在她写完第一集《广播家庭》之后正好过了三个月，她又来到了四七社，在那里用颤抖的声音朗诵作品，以一个敏感的女诗人形象引发轰动。她凭借这次出场获得了别样的作家样貌，截然不同于套路娴熟、幽默讽刺的奥地利肥皂剧所对应的作家形象。这其中有多个能量中心复杂地交叠着。对于英格博格·巴赫曼来说，这是一个中间阶段，当中明显在酝酿着什么，杂合的状态也正在变换。当她在联邦德国 [1] 的文学行业里站稳了脚跟，她就很快将维也纳甜妞的形象抛之脑后。不过《广播家庭》给了我们一个信息：这其中有些东西成了她的自我中不可磨灭的一部分。

---

1 指当时的西德，全称为德意志联邦共和国。

在这事业攀升的极活跃阶段——她在维也纳的文化行业中有了一席之地和稳定薪水，文学之路刚刚开启——她和保罗·策兰的通信又密集起来。这不是仅仅用汉斯·魏格尔结婚就可以解释的。1951年晚秋，也就是画报上刊登皮夹克模特照的同一时间，与策兰的通信甚至在巴赫曼这里达到了最高点。巴赫曼给人以一种她又一次完全选择了他的印象，这显得像是一次自我点燃的过程。尽管有顾虑，她还是对自己在电台的稳定地位感到骄傲，她向策兰表示，她是为了"我们"而接受了这个职位，说这样可以为策兰提供经济上的保障。虽然有外界的成功，但她感到，"我除了你再没有别人"。

策兰在巴赫曼一年前到访之后对她疏远了起来，在1951年秋似乎又稍稍打开了心扉。他关心起了她，容许两人恢复一些旧日的亲密。但是他随即又沉默了很久。突然，在1952年2月16日，一个强硬的拒绝径直砸入了巴赫曼正在增长的希望之中："我们别再谈那些回不来的事物了，英格——它们只会让伤口再次裂开，它们在我这里唤起了愤怒和烦恼，它们惊醒了过去——而那个过去对我来说常常就是一种消亡，你是知道它的。我让你感受过，让你知道了它。它们让事物沉入一片黑暗中，要蹲坐很久才能将事物重新打捞回来。友情顽固地拒绝出面拯救——你看，这里发生的，都与你所期望的背道而驰。时间每隔一段不小的空隙就将那些词语抛到你面前，你用来创造了模棱两可。我现在不得不再次无情地与这些模棱两可走上法庭，就像那个时候我无情地与你自己公然对质一样。"

巴赫曼如遭暴击："我把一切都押在了一张牌上，然后我输了。"她给策兰写道。她没有提及自己在维也纳的生活，承认说，她从巴黎回来后"再也不能像以前那样生活了"，她"失去了做试验的本事"。这肯定是策兰说的"无情地走上法庭"所造成的一个后果。两者之间的年龄差距在这一刻的影响远远大于这个差距本身。他有过刻骨铭心的经历，他遭遇过死亡，他历经多次颠沛辗转和环境变换，而这些在碰上巴赫曼的青春时代和生活习性时，就走向了危险的极端化。他在纳粹的集中营里侥幸存活下来，她却是得到生活优待的奥地利女生。这戳中了她的一个痛点。她"再也不能像以前那样生活了"：她给策兰写信的时候，整个人都沉浸在这样的情绪里。

她在读到1952年2月策兰的来信时还不知道，他在1951年秋天认识了吉赛尔·德·莱特朗奇，他未来的妻子。他的诀别信的语调无疑与此有关。也许在巴赫曼这边，确实不少变故都一下子撞到了一起。汉斯·魏格尔的结婚和策兰的拒绝，恰恰都发生在她作为作家初获成功的阶段。从中看得出一种必然的关联。自主自决的女性、女诗人和知识分子，与游移不定、最终落得孤身一人的情人是同一个人。男女关系中的这些方面越来越成为巴赫曼的文学文本中的决定因素。广播剧《曼哈顿的好上帝》和《三十岁》小说集中的短篇小说标记了第一阶段。在她人生最后十年里写作的系列小说《死亡方式》中，如果剥离其中具体的自传经历，那么在这个以普遍和绝对为旨归的散文体作品中出现了一个高峰。1971年，她在一次访谈中，就这个宏伟计划中唯一完成的长篇小说《马利纳》中的女主人公所说的话，暗中指向了50年代初她自己的那些深刻经历："她个人遭受的毁灭"发生在"十八到二十五岁这样的关键年纪"。1951年，她满二十五岁。对她来说这是关键的一年，从上述暗示中就可猜测到。

1951年对于巴赫曼的文学发展来说也意味着一个暗中进行的、在她周边尚无人察觉的过程。红－白－红电台在职业上给予的保障让她得以重新开始写诗。这就是1952年年底在她一鸣惊人的著名处女作《延宕的时光》中收录的诗。

和策兰在维也纳共处以及随后的时光里，她所做的早期尝试显然已有策兰的痕迹，她吸收了策兰的特殊语调，那充满活力的扬抑抑格，那让人心醉的第二格，那寓意深远的比喻句——就像一首无题诗的开头所写："在深夜的马蹄声里，大门前那匹黑色牡马的马蹄声里，/ 我的心还像从前那样颤抖，它飞速递给我马鞍，/ 红如狄俄墨得斯¹赠予我的辔头。"但是在她写于50年代的著名诗作中，巴赫曼也取用了策兰式的意象，并按自己的心志加以发展。没有策兰，《延宕的时光》是无法想象的。

在晚些时候所写的诗《影子玫瑰影子》里，策兰写"异邦女子"的词语再次出现，且发生了变形："在玫瑰与影子之间 / 在一片陌生的水中 / 我的影子"。自我被体验为曾经的那个陌生者 / 异邦人。策兰写维也纳的诗《颂远方》也描述了这一感情，其中包含了他在维也纳那六个星期里与巴赫曼的关系："黑色中更黑，我更赤裸。/ 我叛变才忠诚。/ 我若是我，我便是你。"

策兰在诗中找到了他所努力追求的那个让融合为一成为可能的点。在英格博格·巴赫曼的诗中，另一种倾向却变得清晰起来：她忧郁地拒绝这样一种经验的可能性。她撤除了策兰笔下那种灵光闪耀的品质。这其中的缘故首先是，策兰以诗本身为方向而涉及的问题，却浸润在巴赫曼爱情诗的特殊光芒下。以《诉说黑暗之语》为题的诗，当然是在双重意

---

1 希腊神话中的英雄，阿尔戈斯之王，参与了特洛伊战争。

义上卓然超群，如果我们还记得策兰的《花冠》的话。巴赫
曼从《花冠》中摘取了"我们互诉黑暗之语"这一句，加以
改造，在下列诗行中将其发展成了巴赫曼特有的"黑暗"观
念。将这两段诗句做个对照，其中差异昭然可见：

策兰：

      我的眼向下攀至恋人的性器：

      我们看对方，

      我们互诉黑暗之语，

      我们爱对方如罂粟与记忆，

      我们睡得像贝壳中的葡萄酒，

      像月的血光下的海洋。

巴赫曼：

      我像俄耳甫斯一样

      在生命的琴弦上演奏死亡

      向着大地的美丽和你那

      掌管天空的眼睛的美丽，

      我只会说出黑暗之语。

策兰的诗行"我们互诉黑暗之语"有着不确定的、试探的意味。

巴赫曼的诗题《诉说黑暗之语》则相反，侧重于黑色和停滞。她的诗开始于一个终结点："我像俄耳甫斯一样 / 在生命的琴弦上演奏死亡"。在诗的展开过程中四散开来的意象，比如"深夜的阴影之发"或者"幽暗那黑色的飞絮"都出自策兰在早期创造的意象资源库，那是演变为超现实主义的对里尔克的致敬——巴赫曼将这些意象放置在一种新的关联中，它们似乎如此才真正取回了起初的黑色。

在《诉说黑暗之语》中自成一节的两行诗句是："而我并不属于你。/ 你我两人如今都哀怨"。这一刻，恋人们知晓他们虽然为彼此而生，却无法走向彼此。这首诗的结尾，让整个诗境都消解为一个不可能的乌托邦，读起来几乎就像是对英格博格·巴赫曼和保罗·策兰后续关系的一个预言。这个结尾也预先呼应了她去世前不久在《马利纳》中对这关系的回顾："但是我和俄耳甫斯一样知道 / 生命在死亡一侧，/ 而你永远锁闭的眼睛 / 向我现出蓝色。"

在《诉说黑暗之语》中，每个读者都可以直接体会对策兰的指涉。但是这一对话还有其他隐藏起来的部分。巴赫曼这部诗集《延宕的时光》的同名诗在形式上和内容上都与《花冠》关联，后者则在自身中包含了策兰诗集的标题《罂粟与记忆》。两首精炼而富于诗学意味的诗以隐秘的方式遥相呼应。巴赫曼的《延宕的时光》（gestundete Zeit）与策兰的《花冠》背道而驰，她似乎将后者读作"消散的时光"
（entstundete Zeit）。巴赫曼的诗则是一首关于诗歌上和情爱
上的缄默的诗。她的"延宕的时光"指的是脱离了爱的时
光，不再有诗意的时光。她读策兰的诗，从诗的结局向自身
反溯。

延宕的时光

更艰苦的日子要来临。
撤销前延宕的时光
在地平线上显现。
很快你就必须系好鞋带
把那些狗赶回低洼的院子里。
因为鱼的内脏
已在风中变冷。
羽扇豆的灯燃得惨淡。
你的目光在雾中留下痕迹：
撤销前延宕的时光
在地平线上显现。

在彼方你的恋人沉入沙中，
它升起围绕她飞散的头发，

它落进她的语词里，

它命令她沉默，

它发现她终会死去

而准备着

在每次拥抱后告别。

不要回头看。

系好你的鞋带。

赶回狗。

把鱼扔进海里。

灭了羽扇豆的灯！

更艰苦的日子要来临。

巴赫曼这首诗集同名诗与策兰的那首内含诗集标题的诗有着平行对称的诗行结构：越接近结尾越简约，以祈使句达到高潮。《延宕的时光》的第一组诗句在形式上就采用了策兰的回环主调："撤销前延宕的时光／在地平线上显现"出现在了诗节的开头和结尾处。只不过在开头还有一句放在最前面："更艰苦的日子要来临"，而这一句又和全诗最后一句相同。回环是两重交叠的。策兰的诗的主题及其实现，在这里也可以看出基本模式。

但是，巴赫曼是在策兰诗的终结点上重新开始的。返回至无诗意之物。在第二组诗句中，《花冠》的诗人之我被直接呼告："在彼方你的恋人沉入沙中"。在策兰的诗中，"恋人"是启程的信号。英格博格·巴赫曼所造的"沙"则位于那个启程看似要奔赴之处。这显然是英格博格·巴赫曼对《花冠》中"恋人"所扮演的角色的一个回应。策兰的语调想要汇入一种模糊，一种乌托邦之中，在这里却遭到了冷静的回绝。这里占主导地位的是一锤定音的终结。"它命令她沉默"：再没有希望，再没有诗歌和情爱上的契合了，哪怕那是种不确定的、试探的契合。在英格博格·巴赫曼描写的情境里，再也没有言说，没有与恋人的互动。她"在彼方"沉没，在连接时间和空间的一个地方，她已是过去。

自体旋转的"是时候了"在策兰笔下揭示了诗作的秘密，作为单独一行疏离地伫立在诗的结尾。而在巴赫曼笔下，它被翻译为了"更艰苦的日子要来临"这样具体的句式，一个看起来比策兰的诗更多地指涉一个当前现实的句式。巴赫曼的诗感觉上像是对策兰的乌托邦的摒弃，秉持着警告和伤害的基本格调。自成一节的独句"更艰苦的日子要来临"对应策兰的"是时候了"。在这首诗里，也有着线性时间与循环时间的交织。但是在《延宕的时光》中我们抵达的结局是《花冠》的反面，我们被迫要做终结性的回望。未来被局限于"更艰苦的日子"。策兰诗中的乌托邦时刻，向前突进的时刻，瞬间与永恒的悖论式结合，在《延宕的时光》都让位于一种冷静的总结，它看似预示了不久后巴赫曼在诗歌上的沉默：《花冠》在巴赫曼的诗中作为一个相信诗的诗人写的诗出现。巴赫曼则相反，她描写了为什么她很快就没法再写诗了。爱情和诗在她这里以截然不同的方式交织在一起："不要回头看"，这是俄耳甫斯的主题[1]，它指向了爱恋者们的处境。但是爱情不再是时间进程中的切分音。爱情已经消失。更艰苦的日子要来临。

---

1 俄耳甫斯用音乐打动冥王，受准带自己的亡妻回到人间，但是冥王提醒他在离开阴间前不可回头看自己的妻子。俄耳甫斯在走出阴间前回头看了一眼，妻子就留在了冥府。

酷酷爵士乐。节奏进入词语。

策兰与吉赛尔·德·莱特朗奇

在英格博格·巴赫曼 1950 年秋天到访巴黎之后，她在保罗·策兰心目中原有的形象固定了下来。时不时地这种态度会间接显露出来。有时候策兰发出警诫，觉得巴赫曼太不可靠，太不专情。有时候巴赫曼自白，以某个特定的形式向他认错——哪怕从她主观上来说，这个错误非常模糊。对此的一个苦涩反映，也许就是她《延宕的时光》这首诗里那句"它命令她沉默"。在策兰面前，巴赫曼倒不扮演那个天真又有风情的乡下女孩儿，她首先把他看作诗歌创作上的对手。尽管她发表的作品还没有声名卓著，她的抱负却已一目了然。他们两人"相互让对方窒息"，就像她给汉斯·魏格尔所写的，这至少也意味着，他们以某种方式彼此相似。

1951 年 11 月 7 日——在这一时期，巴赫曼再次从维也纳写信，表示全力支持他，甚至给他描绘了她可以为两人挣钱的愿景——策兰在巴黎认识了吉赛尔·德·莱特朗奇，两人在雷恩街拐角圣日耳曼大道 149 号的圣日耳曼皇家咖啡馆相遇。吉赛尔出自一个声名显赫的法国贵族家庭，可以感觉到，与她的相遇对他来说肯定像是一次解放。他们初遇时吉赛尔二十五岁。这是存在主义哲学的年代，是释放真我的黑人爵士乐的时代，是穿着卷领套头衫，抽着香烟，在地下酒馆追求一把极致体验的时代。在巴黎十五区布洛梅街的"黑人舞厅"肯定也能感受到这种时代气氛。两人在咖啡馆初次相见之后，见面地点就转移到了这里。在吉赛尔公开的通信集里，她写给策兰的第一封信就可以让人读到当时当地的氛围。这封信她是 1951 年 12 月 11 日在特罗卡德罗公园的克勒贝尔咖啡馆里写的，大约是在他们相识四个星期之后。这封信里的语调在她笔下再也没有消失过，虽然未来的发展在当时还无可预知。这语调也包括跳行的诗句文风：

> 我亲爱的，
>
> 我依然贴近着你，你的爱抚，
>
> 你的眼睛，你那美丽的正直和你的爱。
>
> 我是这么幸福，能向你报告我昨天入睡时
>
> 那所有巨大的宁静。而我
>
> 唯一的愿望就是，知道你也完全
>
> 置身安宁中。正是这宁静让我害怕，你知道的——它

不属于我的天性——它根本就不属于

我的天性，将它给予我的人，是你。我

还没能理解这件事。不要太急着问，我

在想什么，因为我也还不知道。

我想要理解。

我想要认识。

我想要知道。

为了更自由地爱你，但同时这也让我

害怕 ——另外，甩开一切逻辑地爱你，是多

么甜——

我要让你非常幸福，我感到自己

对你来说是这么远，这么不完美。啊，这真让人

害怕——

爱一个诗人，爱一个美丽的诗人，肯定

很难。我感到我是这么配不上你的生活，

你的诗，你的爱——可如果不是你，

一切对我来说就都不存在。

这封信接下去还写了不少，所有内容都脱不开这场相遇。年轻的吉赛尔正要从自己父母家的严苛规矩中挣脱出来。她正准备作为艺术家生存下来。绘画和铜版蚀刻是她最重要的表

达手段。策兰比她大六岁，不过也才刚过三十岁，看起来已经将她的所有渴望集聚一身。也许她是第一次碰到这样的情况，遇到了这样一个男人，身上散发出无拘无束而且无条件地投入艺术创作的光辉，而这个状态正是她梦寐以求的。但吉赛尔也不是单纯的迷恋者。她信中写出的如诗句般的三叠顿句，清楚地表明对她来说最重要的是什么："我想要理解。我想要认识。我想要知道。"——她在这里引用了启蒙运动的纲领。一个身无分文的说德语的东欧犹太人和一个法国名门望族的女儿，他们的结合本来是无法想象的。但是诗，以策兰的面貌，突袭了吉赛尔。她写信的语调表明她在这其中体验到了全新的东西。在 1952 年 1 月 1 日，这一点变得更清晰："我今天下午不得不去拜访一些朋友——他们市侩得可怕，成名发迹，洋洋自得，却没什么头脑。"

　　吉赛尔出身的社会阶层与西蒙娜·德·波伏娃的相似。她无疑也感觉到了这位著名的女性知识分子在同一个时代所受的驱动。吉赛尔感到了种种既有规制形式背后隐藏的空虚，萌生了追求自由的心绪。她肯定知道，崇尚爱慕保罗·策兰这样的人，对她的家庭意味着什么。这是对所有不成文法则的一次破坏，是一次挑衅。吉赛尔在弗里德伦德尔画室学习铜版蚀刻，创作完全遵从当时的"巴黎学院派"（Ecole de Paris）风格。正因如此，她才会记述自己出身环境里那些"市侩得可怕"的现象。

巴黎，20世纪50年代——吉赛尔的少数几张出自这个时代的照片传达出了一种让人可重睹旧日的时代感。一切都充满活力又格外紧张，前所未见的新事物让人激动。策兰对于吉赛尔来说就如同一次破界，但是对于他来说，吉赛尔一定是一份未曾预料的幸运。她不仅是巴黎本地人——策兰在巴黎由于自己的社会背景很难与本地人取得联系，还尤其能欣赏他从泽诺维茨带来的关于诗的崇高观念，这观念在他的青少年时代就已经给他带来过一些女性仰慕者。在他经历了巨大的历史断裂之后，在文学对他而言可能具有的价值被重新评估之后，吉赛尔——从他给她写的信的语调中便可听出来——是巴黎第一个让他能重续以往的人："我写信给你，是要告诉你，你从来没有一刻不在我身旁，近在咫尺。不论我走到哪里，你无处不在，陪伴着我。你就是这个世界，仅仅只是你。这世界通过你变得更大，它通过你得到了一个新的维度，一个新的坐标系，那是我没法再竭力给予它的。世界不再是一直强迫我拆毁面前耸立之物并凶残地自我袭击——因为我要公正而不怜惜任何人！——的那种残忍的孤独，要在你的目光前让一切都改变，改变，改变。"

与吉赛尔共度的最初几年虽然也笼罩在过去和一个未知未来的阴影下，但还包含了一个乌托邦，它谨慎而不确定地接近着策兰。但是他作为诗人的敏感易碎，在他最初写给吉赛尔的信中就已经感受得到了。他察觉到德国仍然存在反犹主义，对于父母在特朗斯尼斯蒂尔的集中营遇害也怀有潜在的负疚感，但他的性格还有其他根源。诗人和犹太人无法等同起来。不过，随着时间推移，两个情感中心还是连接了起来。敏感的诗人和纳粹屠犹受害者融为一体。有一张寄给诗人约翰纳斯·珀伊藤的明信片，上面寥寥几句话，重现了策兰写给吉赛尔最早的那封信中最后几个词的节奏，但转为了反面。"要在你的目光前让一切都改变，改变，改变"这句话的活力，同一个词的断奏和三叠重复——这个词由此几乎生长出一种魔力——在这封几年之后寄给珀伊藤的明信片发出的呼喊中也能看到："我们是孤独的，孤独的，孤独的。"另外，约翰纳斯·珀伊藤曾经以非常动人的方式描述过，策兰的诗是如何产生的：在布洛涅森林[1]附近散步的时候，同时也在词语的漫游中：随着脚步起落，节奏也就进入了词语，诗就在这行走中完整地诞生了。

吉赛尔·德·莱特朗奇义无反顾地选择了他。她那个恪守天主教诫命的家庭拒绝接受犹太人策兰，这是从一开始就明了的。可是他们在 1952 年年底就结了婚，不顾吉赛尔的

---

1 巴黎城西的一片森林，塞纳河从中流过。

母亲和姐妹们的强烈反对。两年后，在丈夫埃德蒙死后，吉赛尔的母亲，奥黛特·德·莱特朗奇侯爵夫人立下守贫誓愿，以玛丽·埃德蒙嬷嬷之名，进了布雷斯特的修道院"天主之羔羊仆人众会堂"。

有一张保罗·策兰和吉赛尔·德·莱特朗奇1952年12月23日的结婚照片留传了下来，拍摄于先贤祠前。第五区民政局，两人登记结婚的场所，也在同一个地方。策兰双眼微闭，但是脸上有调皮的微笑。他稍微搂着吉赛尔，另一只手随意地插进外衣口袋中。大衣敞开着，让人隐约看到里面的西装。吉赛尔朝向策兰，脸上表情开朗而幸福。她的头发朝后梳得紧致，留着一个严谨的侧分头。家人缺席。婚礼上只有吉赛尔的两位女友在场。原本还有策兰的两位朋友要做证婚人，其中一位是伊萨克·基瓦，但是他们遇阻而无法到场。

策兰看面前的吉赛尔总还是带着怀疑，但是也带着对自己在巴黎的未来的新希望。他心灵上的紧张，他警觉的、神经质的、易受刺激的敏感，在夫妻间的通信中几乎切肤可感。然而吉赛尔提供了他之前未曾见识过的一种支持，这当然也和她对他的诗作的赞赏有关。回复她1951年12月11日写于克列伯咖啡馆的情书时，他写道："我注视着你，我亲爱的，我注视着你，已经越过了这迷雾的面纱，希望总是

"我想要理解。/我想要认识。/我想要知道。"保罗·策兰和吉赛尔·策兰－莱特朗奇在巴黎的婚礼之日，1952 年 12 月 23 日

不懈地消除这面纱，不是吗。"

迷雾面纱和希望：两者还会久久纠缠不分。一种私人神话、两人之间的一种爱之密语就此发展出来。萤火虫和悬铃

木树皮对策兰来说都是神奇的福兆。受法语启发，通信双方有时会在句子当中交替使用"您"和"你"来确保私密性。各式各样的昵称都有自己的故事："玛雅""小树枝""发丝儿""小桃花"是对她的昵称，"瑞香树"则是称呼他的。策兰写的一封较早的信，在种种反驳的话语中，描述了一个未来之梦："你看，我有这样的印象，当我来到你身边，那就是离开了一个世界，能听到我身后的门关上了，一道又一道的门，因为门很多，它们都是由误解、虚假的澄清和嘲讽组成的世界的门。也许还有别的门留给了我，也许我还没有走遍整个房间，房间上延展着那张让人错乱的符号网——可是我来了，你听，我走近了，节奏——我感觉到了——正变快，骗人的灯一盏接一盏熄灭，说谎的嘴都闭上不再淌毒汁——再没有言语，再没有声响，再没有什么陪伴我的脚步了——我会到来，到你身边来，就在一瞬间，就在一秒钟之内，时间将会开启这一秒钟。"

吉赛尔怀孕了，但是两人的儿子在 1953 年 10 月出生后没过几个小时就死了。这不仅是一个巨大的变故，而且还激活了幸存者的心灵创伤，唤醒了策兰暗中对父母所抱有的负疚感。很难不将初生子的死视为某种信号。而且策兰和吉赛尔依旧过着捉襟见肘的生活。虽然他们在结婚后从他的旅馆房间搬入了一个小公寓里，但这公寓属于吉赛尔的家庭，与其地位不怎么匹配——要仰仗保守僵化的莱特朗奇家，就要面临窘境。他妻子的家人还明白告诉他，他作为毫无资产的犹太人，并没有什么好名声。策兰写下的那篇《给弗朗索瓦的墓志铭》，再次取用了在那封描写未来的信中的一个意象："世界的两扇门／敞开着：／（……）／我们听到它们拍打着，拍打着。"

当策兰一次又一次地说起诗的"黑暗"，说到典型的"诗之晦暗"，他指的不仅仅是一种在惯用的日常叙事调之外运动、探求更深的层次、想要释放出一个未曾扭曲的现实的语言。他在后来为了一场公共演讲而就诗的本质做普遍思考时，写下了这样的笔记："诗的黑暗＝死亡的黑暗。人＝必将死去者。所以诗，作为始终记挂着死亡的作品，是人身上最具人性者。但是人性，我们如今已经充分了解，并不是人道主义者的主要特征。人道主义者是那些跨过具体的人而望向人类那缥缈不实者的人。"

策兰心心念念的是一种必定要"穿越过致死话语的千重幽暗"的语言。只有到那时，他在1958年不来梅文学奖的获奖致谢词中如此说道，语言才可以"重见天日，因此前种种而'丰富'"。在和吉赛尔的通信中，常常有这样的时刻，私人的语句会闪现在诗作的句子中，反之亦然。其中有一首充分表露他们爱情的总纲之诗，源自策兰给他妻子上的德语课。当他通过诗来向她，他的爱人传授他的母语时，这是一个竭尽可能地接近的过程。他们有一次谈到了格奥尔格·海姆的一首诗，诗中有这样一句："让我走向深渊。"当策兰在 1959 年 3 月为吉赛尔的生日献诗的时候，"走向深渊的词句"就成了一个符咒，他日后还会反复引用它。

给吉赛尔上德语课——这代表了策兰身上不同界域的一种理想结合。1955 年，儿子埃里克出生，策兰获得了法国国籍。他作为法国公民，与吉赛尔生活在法国，生活在一个法国家庭中。当他 1955 年 9 月 28 日从德累斯顿给她写信时，这一点正是写信的背景："我用来写诗的语言，与这里或者别的地方所说的语言毫无关联。我在这方面的恐惧，因我翻译时遇到的困难而倍增，但却没有对象。如果说还有让新的诗（或散文）从中喷涌而出的源泉，那我只会在自己内部找到，而不是从我在德国和德国人用德语所能做的交谈中找到。这个国家我根本就不喜欢。我觉得这里的人可怜。当然也有例外，但是例外很少。要遇到他们，我并不需要在德国停留。"几个月之前，1955 年 1 月 31 日，策兰在斯图加特已经写道："在这个不幸的国家（它并没意识到自己的不幸），人的景观极其令人叹惜。少数的几个朋友，真的朋友，都感到失望、无奈、沮丧。"

　　不过德国毕竟是使用他的母语的地方。从一开始，从他于战火中幸存又辗转抵达维也纳以来，他就试图在德国得到诗人应有的认可。

VIII

真实的泪河
1952年5月，四七社在宁多夫的聚会

英格博格·巴赫曼和保罗·策兰亮相四七社一事在维也纳就已有了苗头，没有人能预料到，这会发展为当代德语文学史上最常被讨论的重大事件之一，就连当事人自己也始料未及。不过，对这两人来说，这件事从一开始就和矛盾的、带有怯惧的希望联系在一起。这次邀请是四七社头领汉斯·维尔纳·里希特临时起意，在红 – 白 – 红电台的办公室里向巴赫曼提出来的，他邀请她参加四七社1952年5月在波罗的海疗养地宁多夫的下一次聚会。巴赫曼接着又联手里希特所信赖的米洛·多尔，成功地让保罗·策兰也加入了进来。她在1951年11月将这件事告知了策兰。这段时间里她下定决心，在私生活中也要再次将他争取过来："我以痛苦的方式渴望着你，有时候却又庆幸我现在没有机会去找你；我还要变得更肯定，我必须为你变得更肯定。"面对策兰——在其他人面前她这样的表现却少得出奇——她觉得自

己还不成熟。至少在他做出这个方向的暗示时，她会敏锐地察觉到。看来，她在他身边比较容易背上负疚感。

　　汉斯·维尔纳·里希特在维也纳的游说工作必定做得相当好。从巴赫曼如何向策兰写信讲述此事便可看出来。她这个时候是从米洛·多尔这里间接了解四七社的信息的："不论如何，这件事对你很重要，因为整个德国新闻界都受到了邀请，德国电台的文学负责人之类，他们会当场买下最好的短篇小说、诗歌等等。"这听上去颇让人充满希望，但是1952年春天并不完全是这样。四七社此时虽然已经有了一定地位，但是还远没产生十年之后它才会拥有的影响力。这是一个由大多尚未成名的作家组成的团体，他们都努力在年轻的联邦共和国里获得知名度。最重要的报纸和文化机构对他们的关注还相对较少。就文学环境而言，至少到20世纪50年代中期都还是一群五十岁到七十岁、水平大多可疑的官员和作家在把持大局，他们中的一部分在纳粹时代就已经很活跃了，但是现在却首先觉得自己是"内心流亡者"[1]。当时最重要的文学评论家是弗里德里希·西堡，他没有进一步关注四七社，仅仅在两篇评论中表示知道他们，但连一个

1　内心流亡（Innere Emigration）是德语文学史上一个特定概念，1933年至1945年有一批作家没有离开德国，但并不认同纳粹的意识形态，他们号称自己在精神上流亡到了纳粹德国之外。

人的名字都没有提，而且用词也相当刻薄。但是也有年轻的投机分子，比如汉斯·埃贡·霍尔特胡森，他和四七社的大多数成员属于同一代人。他1951年发表在杂志《水星》上的一篇文章颇能说明当时的主流音调："当德国学者共和国的'泰斗长者'如鲁道夫·亚历山大·施罗德和恩斯特·罗伯特·库尔提乌斯，越过日常文学创作的'芸芸众生'的脑袋，朝对方挤挤眼睛，送上批评的小花束，那么当今德语文学中整个中青代仿佛就卑微地掉到了桌子底下。因为在如维吉尔诗句那般严整的青铜外形[1]还被视为标准的地方，一位现代的小说作家并不值得讨论。"

在此前提下，无名作家处境艰难，战争时期，他们都还是青年或刚成年，仅凭这个理由他们就想与纳粹时代划清界限。四七社汇集了性格和经历最迥异的人。对其地位的缓慢上升贡献最大的是汉斯·维尔纳·里希特，他与其说是作家，不如说是政治记者，因而具有相当的战略头脑。四七社最初的成功是在公共的无线广播电台获得的。社内的几个成员是那儿的编辑，他们尽力雇用自己的同行。他们之中最重要的是阿尔弗雷德·安德施，他在黑森州广播电台设计了令人瞩目的应时节目；他在美国战俘营里听完了非常有教导意

---

1 原文此处为语法错误。

义的关于民主和观点多元性的课程，深受触动，而且还对同代的西方先锋文艺怀有浓厚兴趣。当时西北德电台的汉堡广播大楼经理，恩斯特·施纳贝尔也是聚会参与者之一，在聚会结束后立刻就邀请了几位在宁多夫出席的作家，包括保罗·策兰和英格博格·巴赫曼，到电台录制节目。不过总体而言可以确定：在聚会时仅仅集中于作坊式朗诵会和文学批评的四七社，在阿登纳时代[1]早期虽然也已遭人猜忌，但主要还是一个遭人取笑、与当时氛围相悖的团体。

四七社并没有公开宣称的"美学"，社内的文学立场太过不同。以汉斯·维尔纳·里希特为中心、年纪较长的核心成员怀有极端的清醒态度，他们在语言上以海明威为榜样而锻造的现实主义硬朗文风与策兰毫无共同点。不过年轻一点的作家群所推崇的日益升温的卡夫卡热，与其倒不无相同之处。但是估计他压根就不了解四七社。当英格博格·巴赫曼向他提起有可能在四七社朗诵作品时，触动他的首先是居然可以在德国介绍自己这个念头。在抵达巴黎之后，策兰联系德国的文学行业的尝试近乎徒劳。很长时间里，他取得的唯一成功，是海德堡的杂志《转变》在玛丽·路易丝·卡施尼

---

1 指西德第一任总理阿登纳执政的年代（1949—1963）。

茨[1]推动下发表了他的作品。当杜塞尔多夫的卡尔·劳赫出版社拒绝出版他的诗时，他在写给迪特·克洛斯－巴伦德蕾特的一封信中表露过他的绝望，而这颇能代表他与之类似的遭遇。

他想作为诗人为公众所知，他想看到他自认为应有的地位得到确认，在维也纳他很快就获得了这份认可。这才是第一位的。其他疑虑，他都置于其后。这方面最突出的例子是策兰写给恩斯特·云格尔的信。他肯定知道，这位原本是纳粹主义最激进的铺路人之一的作家有怎样的过往。可以推测，策兰研读过《在大理石悬崖上》，感兴趣的读者圈子在 1945 年之后把这部小说当作云格尔反纳粹统治的代表作。这本书中有一处具有典型意义，其中写到"暴君的骄傲宫殿"，现在却有"一帮可耻的坏蛋"趾高气扬地进驻其中："然后缪斯们沉默了，真理开始闪烁，就像是狂风暴雨中的一盏灯。这时候可以看到，软弱者等不及第一场迷雾卷来就已经退缩了。就连武士阶层也开始畏缩不前，当他们看到虫子般的歹徒从低处爬上了堡垒。"

云格尔的文本无疑可以读作对纳粹统治的影射。可是这里的用语（"就连武士阶层"！）和纳粹用语看上去却相

1　玛丽·路易丝·卡施尼茨（Marie Luise Kaschnitz，1901—1974），德国当代重要诗人。

似到难分彼此。它并没有用任何别的东西来对抗纳粹用语或者揭去后者的面具。这种语言的动机就在于，高举贵族精英来对抗低下的庶民。"武士阶层"对抗"虫子般的歹徒"：纳粹在这里显示为低下的民众，显示为群氓，而德国的精神之人则高居其上。一个令人毛骨悚然的要点是，这也正是云格尔在魏玛共和国解体时用来支持纳粹而反对低下民主派的语言。从一个自认为高人一等的位置，同等地拒绝纳粹和民主派，这是 1945 年后一种德国特有的现象。这是几乎整整一代人的特征，他们现在想把自己算作"内心流亡"的人。阿尔弗雷德·德布林在他的自传笔记里写到了他回到德国后和这些德国精神之人的初次相遇："很难在这些人面前谈论民主。他们要么微笑要么冷笑。民主小姐他们如今已经近距离认识到了。"云格尔和与他不尽相同的戈特弗里德·贝恩同为 1945 年后德国尚存的市民阶层暗中认同的对象，他作为这样一个人物，在联邦德国正待恢复的出版界很有影响力。

1951 年 6 月 11 日，保罗·策兰给恩斯特·云格尔写信："要给这几行字一个方向，让它们去您的近旁，是多么难啊！从根本上说，它们也许只能传达出这份希望：希望您翻开随信附上的手稿时，读到的部分对您的好意成全有所回报。"

这是一封言词晦涩、语义曲折的信，策兰试着在信中表达那些来回折腾他的、相互矛盾的动机。他想要谈论自己和云格尔之间的距离，但没有明说，这距离是犹太人和德国国防军 [1] 军官之间的距离。不过尽管有这样的距离，策兰还是想被对方听到："我想过从许多条去您的世界的路，试着和您相遇——但是我置于自己头顶的信号，在我看来并不真正属于那些能够吸引您的眼睛、让它们看到下面这个人的信号。"当他"探索那些必须"为自己的诗"鸣锣开道的词语"时，"每次"都会陷入"滞顿"。但是他找到了这条解决之道：他的朋友克劳斯·德穆斯——他"唯一的"朋友，策兰这么写道——是云格尔的一位崇拜者，以云格尔的语言来衡量自己的语言。克劳斯·德穆斯发挥了信使的作用，将策兰的信带给云格尔。他是"现在替我来敲您的门的那只手"。信的结尾直白了一些：策兰在信末署名称自己对云格尔"怀着感激与崇敬"。

四七社聚会的日子逐渐临近，英格博格·巴赫曼写信给策兰："一定要朗诵《死亡赋格》——不论如何——因为我觉得我对四七社还是有点了解的。"

联邦德国文学行业幅员广阔，策兰内心的分裂也来自一种不知如何应对的不安。据云格尔的秘书阿明·莫勒称，云

---

1 这里特指 1933 年至 1945 年纳粹时代的国防军。

格尔反应消极。策兰居然会向云格尔这样的人求助，表明他可能比日后在文学史上留下的形象要难捉摸得多。

几乎是时势注定，策兰肯定会在某个时候接触到汉斯·维尔纳·里希特组建的作家团体。四七社是唯一向不知名的、离经叛道的作家们开放的机构。巴赫曼信中对《死亡赋格》的提及，看起来证实了这一点。在当时的时间点上，这首诗还几乎完全不为人所知，策兰在诗中借助音乐调式和一种颇具感染力的节奏，直接而激切地描述了犹太人在德国集中营中的处境。有趣的是巴赫曼的限定语："不论如何"。这是因为在德国人面前朗诵这首诗对于策兰来说也许是过大的挑战吗？或者说，这毕竟是对昔日国防军士兵的一种挑衅？

围绕着保罗·策兰在四七社的登场，如今流传着许多传说。长久以来，人们确信聚会上的其他人对策兰持拒斥的态度，甚至异口同声地嘲笑他。仿佛是要证明这个说法似的，在阿尔特电视台[1]2016年的一档专题纪录片节目里，作为表现策兰出席聚会的唯一资料，四七社的照片被配上了摄影棚里制造的轻蔑大笑。这个逸闻被这么理所当然地层层投射，

1　阿尔特（ARTE）是法德合资公共电视台，创办于1992年，专注于欧洲多元的文艺和文化内容。电视台名字是法语 Association Relative à la Télévision Européenne（欧洲联合电视台）的缩写，也可以表示艺术。

广泛散布，让人惊讶。不仅如此，德语语文学家克劳斯·布里格勒布写了一份"战书"，附以言辞煽动的副标题《四七社有多反犹？》，增强了这套机制，结果四七社如今和"反犹主义"联系到了一起，策兰的朗诵被当作该论调的主要理由。

最近几十年里形成了一种不做区分而导致谬误的历史归因。反犹主义在联邦共和国早期阶段确实是蔓延甚广，有些具体事件也冲击到了策兰。但是这和四七社毫无关系。对他打击最大的是保守派批评家君特·布略克的一篇评论文章，这篇文章依旧搬弄德国旧有的关于犹太人的陈词滥调：策兰的诗歌不过就是"堆砌的图像"。布略克随即就——这里用这个词倒不算错——以种族主义的方式将其归类。他暗示策兰本就不是真正的德国人："面对德语，策兰比他大多数写诗的同行有更大的自由度。这大概是与他的出身相关。这个语言的交际性质对他的阻碍和负累要比其他人少。当然他恰恰也因此而常常受到引诱，在空白处徒做姿态。"

策兰显然是在写德国人对犹太人的集体屠杀，而布略克首先看到的却是他"在空白处徒做姿态"。这种同时调用了反犹主义元素加以填充的压抑能量威力强大。布略克同时也是——这对文学史上的归类至关重要——四七社的头号论敌。当《时代周报》在60年代初就这个当时已变得声名卓著的作家团体展开一场辩论时，布略克写了一篇洋洋自得又满怀愤恨的论战文章《四七社和我》。如果要说那个时代德国文学界里的反犹主义，最先说出的名字必须是君特·布略克或者汉斯·埃贡·霍尔特胡森，他们与弗里德里希·西堡并列为当时最有影响力的文学批评界代言人。他们的语言不会出现在任何一个四七社代表人物的笔下。

这个作家团体1952年在宁多夫的聚会对于英格博格·巴赫曼和保罗·策兰都是一个转折性事件。这里是两人第一次在德国亮相的地方，这是他们与联邦德国文学行业的第一次接触。对两人来说，这都是他们文学事业上的成功开端，尽管他们的前途看起来如此不同。所以准确再现这次事件的整体情况尤显重要。对于英格博格·巴赫曼来说，那几天于私也无疑有着浓烈的情感色彩：这是在巴黎尝试同居失败后第一次与策兰重逢的契机。而这次重逢离他那个粗暴而彻底的拒绝才过去几个月。这次聚会同时提供了以前所未料的方式被人认可为诗人的可能性——这也是策兰所希冀的。他们关系的核心一直由彼此的诗人自觉、爱和同类相惜交织而成——在这次四七社聚会上，他们也恰恰看到对方如此曝光于公众面前。

关于这次聚会的具体记录和报道中，没有任何内容表明，四七社后来会被人当作一个反犹团体。对此，在聚会上由所有参与者投票颁发的"四七社奖"说得很清楚：在超过二十个朗诵者中，策兰毕竟获得了第三名，这说明他不可能被普遍看低。获得第一名的，也即得奖者是伊尔莎·艾兴格尔，她也是有犹太裔背景的作家，秉持一种先锋美学——她的叙事与盛行的现实主义无关，而表现出了对应时的现代性的探索。

投票评选四七社大奖是其中一个可以查证的事实，另一个事实是，策兰通过在四七社的这次亮相获得了一份实在的出版社订单。德国出版社集团总编辑，维利·A. 科赫在聚会上就向他提出了这个建议。策兰的正式处女作《罂粟与记忆》半年之后得以出版。这对他来说绝对是这次聚会最重要的成果。他和聚会的几个参与者，其中包括海因里希·伯尔[1]，结交为好友，一直保持联络。此外，他现在也得到了杂志和广播电台的稿约，这是他多年来汲汲以求却未曾实现过的。比如，阿尔弗雷德·安德施于1955年出版了在今天看来卓越不凡的杂志《文本与符号》的首刊，旗帜鲜明地选用了阿尔诺·施密特和保罗·策兰的作品。

如果我们试着彻底追查在聚会上发生了什么，那么很快就会陷入臆测中。和往常一样，这里存在内容上的争议和美

---

1 海因里希·伯尔（Heinrich Böll，1917—1985），德国当代著名作家，1972年获诺贝尔文学奖。

为"四七社奖"投票的保罗·策兰（于背景）

学上的辩论，每次都是同一些基本立场在互相碰撞。四七社在这个时候已经发展出了"文学企业"的雏形，就像它日后展现的那样，而当时还不存在这种事物。它的讨论和公开批评的形式在当时的联邦共和国是崭新的。对于具有政治思维的记者兼作家汉斯·维尔纳·里希特和阿尔弗雷德·安德施来说，这是民主化的一个重要组成部分。在德国，人们必须先重新学会公开论辩，即不同立场间的公开讨论。但是四七社里的讨论局限于文学领地，这导致了数不尽的冲突线路和阵营分化。"民主化"和"文学"：这之间有太多摩擦面。文学作为存在之问题，交由个人和自己协商解决，同时它也是一个脱离日常空谈的领域——这不仅仅是那些执着追随古老"德意志精神"的代表们所拥护的观念，也是年轻一代的经验，他们觉得自己的生活被战争和独裁骗走了。他们中的一个杰出代表是沃尔夫冈·博尔歇特，他1947年死于前线作战造成的恶果，年方二十六岁。

起初，在四七社，公开的研讨会讨论在朗诵作品的作家之间展开。但是在1952年，参与者的范围扩大了。到场的有六个出版人和来自文学行业的许多"观战助威者"，但是几乎没有官方的媒体代表。受邀参加聚会的三个人代替他们，亲自为报纸写了报道。但是汉斯·维尔纳·里希特自认为取得了某种程度的成功，因为一个重要的保守派媒体《莱茵河水星》对这个团体做出了反馈——海因茨·贝克曼写了一则评论，它是记录同时代文化环境的一篇代表性文章。他如此批评伊尔莎·艾兴格尔获得的四七社大奖："她的书中一个年轻女子死了，在葬礼之后又起死回生，再次经历了从棺架到摇篮的人生。可以说，这是一部倒放的电影。只不过看不太明白为什么不能也采用另一种叙事顺序，如果躺在棺材里好好儿回顾自己的一生，也许就已经算是'保守复辟'了。（……）另外，你们能猜到《镜中故事》里这个年轻女孩儿是怎么死的吗？请您注意，四七社这伙人总是要写现实，他们宣扬的是一种'当下如是'的新现实主义文学。那好，女孩儿是怎么死的呢？当然是死于一次堕胎啦，还能怎么死呢。其他死法毕竟是彻头彻尾的保守复辟啊！"

汉斯·格奥尔格·布伦纳在充当四七社长臂的《文学》杂志上写了一篇具有官方色彩的聚会报道，言辞之间也完全是批判的口吻。在他的描述中，已经可以看到日后发展的征兆：有鉴于出版社代表在场，也照顾到正蓬勃发展的市场状况，聚会进行得出奇温和。"通常作品朗诵要么被予以无声的赞许"，"要么收获程式化的掌声"。依照布伦纳的看法，会上的批评显出了"有时并不恰当的宽容"，"不过当一个'新人'朗诵时，它偶尔也会恢复原有的机敏和尖锐，这些猝不及防的批评强袭或者把新人的作品压到了其水平之下，或者抬得远超其真实意义之上"。这里显示出地位稳固、经验丰富的成员和新加入的年轻成员之间的一个矛盾，它围绕已经打好的木桩，也许还就团体的形象定位发起了斗争。布伦纳以引人注目的方式突出了诗歌："诗歌此前在这个圈子里几乎从没有引发过批判性的讨论，这一次，诗歌表达的独特性和构型迫使人们发出活跃的声音。他们以卡尔·克罗洛无可挑剔的丰富意象为出发点，认同年轻的奥地利诗人英格博格·巴赫曼在诗歌上的高度克制。她的诗和奥地利人保罗·策兰的'纯诗'一样，展示了并不激切的语言力量和意象的精确性，让人惊讶。"

在斯图加特出版的周刊《德国评论》中，四七社创始人之一、汉斯·维尔纳·里希特身边的斗士海因茨·弗里德里希写道："德裔罗马尼亚人保罗·策兰继承了蒙贝尔特和埃尔泽·拉斯克 – 许勒尔 [1]，并努力创造自己特有的声调，在他朗诵诗歌之后爆发了关于一个古老问题的激烈辩论：'纯诗'与'政治参与诗'孰优孰劣？和所有此类辩论一样，这场辩论也没有形成足以服人的结果。尽管如此，四七社获奖者的评选结果已经表明，这一年参会者的组合，让现实主义小说败给了文学表达更强的作品。"

这里展示了一场"激烈辩论"。弗里德里希的词句中再次显现出了代际矛盾。围绕汉斯·维尔纳·里希特和海因茨·弗里德里希形成的创始人团体代表了一种"政治参与的"现实主义文学概念，现在却突然对上了更年轻的作家，后者正探寻与西方现代派接轨，将形式上的考量置于前列。之前的两三次聚会已经表明，拥护"砍光伐尽"概念 [2] 和一种冷静的海明威式散文风格的人已经转为守势。当海因

---

1 阿尔弗雷德·蒙贝尔特（Alfred Mombert，1872—1942）和埃尔泽·拉斯克 – 许勒尔（Else Lasker-Schüler，1869—1945），两人皆为德国 19 世纪末 20 世纪初的重要诗人，表现主义的代表人物。

2 砍光伐尽（Kahlschlag）是自 1945 年到 20 世纪 50 年代末在德国文学创作中的一种倾向，以直白、写实的手法描写战争经历，语言上要全力清除纳粹意识形态的影响，平实而无技巧。

汉斯·维尔纳·里希特和获奖者伊尔莎·艾兴格尔

茨·弗里德里希将策兰归于蒙贝尔特或者埃尔泽·拉斯克－许勒尔的传统中时，那么他们也许正是他第一时间里就能想到的表现主义创作者。他自动地将这位在朗诵方式上就已经与四七社里常见音调截然不同的策兰算入了这个流派里。

四十多年之后，瓦尔特·希尔斯贝歇回忆了宁多夫的聚会。他如此一番回忆，颇可让人感知当年的气氛。在当时朗诵的人之中，巴赫曼和策兰给他留下了"最显著的印象"，但是"策兰光是在朗诵方式上就碰壁了（他有点让人想到古典主义法国戏剧）。里希特试着挽救这场朗诵，就让我又念了一遍《死亡赋格》。对参会者而言，这也不够成为一次'突破'。我认为，策兰受到了深深的挫伤"。

海因茨·弗里德里希后来也回想了他在策兰朗诵时感到的"不理解"：这"肯定也是作者那种哀切的朗诵风格导致的结果"。由此可见，策兰在一部分老社员这里遇到了怎样的保留态度。他朗诵诗的风格源自战间期的泽诺维茨，受到了城堡剧院腔的强烈影响，那是约瑟夫·凯因茨或者亚历山大·莫伊西[1]的宣叙调子，后者的朗诵在泽诺维茨也广受推崇，因为带有意大利口音而更像是唱而不是说。策兰的朗诵做派完全能让人想到莫伊西，如果听过他的广播录音和唱片录音的话。汉斯·维尔纳·里希特、海因茨·弗里德里希或者瓦尔特·科尔本霍夫受过战争经历和反法西斯政治活动的洗礼，他们与这种传统是断绝的。但是显然他们在四七社已经渐渐式微，仅仅是少数派而已。比如，汉斯·维尔纳·里希特就不再以作家身份出现在社里，因为他的朗诵总是遭到猛烈攻击。

从今天来看，一个同代见证者的报道相当有趣，这便是

1　约瑟夫·凯因茨（Josef Kainz，1858—1910）和亚历山大·莫伊西（Alexander Moissi，1879—1935）都是奥地利著名演员。城堡剧院是维也纳城中最负盛名的剧院，原本是皇家剧院，今天也是德语区最重要的剧院之一。

托马斯·格尼尔卡的讲述。当时二十四岁的他自己也作为作者在宁多夫聚会上朗诵过，几天之后就在西柏林的《每日镜报》上对此进行了报道。报道中，代际问题成了核心主题。格尼尔卡指出作家们"滑向一个纯粹的营销社团"功能的危险："每半年就在西德某个地方举行的文学集市送上了它的果实。"他的批评与他作为不知名年轻作家的视角有关。

格尼尔卡自己在聚会上朗诵的文本极其值得关注。格尼尔卡 1965 年就已去世，书的残稿到了 2015 年才从其遗作中汇集出版。他 1945 年就开始写这部长篇小说《一个班级的历史》，此前他以十五岁的年纪随自己中学班级离开了柏林一家秉持自由派精神的文理中学，加入了国防军，被征用为空军助手，在奥斯维辛集中营附近服役。这些少年兵很清楚紧挨着他们的集中营里囚禁条件如何。格尼尔卡一生都在努力应对自己的心灵创伤。他三十六岁时死于皮肤癌——他的死与他以记者身份深入调查纳粹行凶者有着心理联系，这在他家人和同事眼中显而易见。格尼尔卡和他 50 年代末在《法兰克福评论报》上发表的一系列文章成了关键触发点，让最高检察官弗里茨·鲍尔在 60 年代初终于得以开启法兰克福的奥斯维辛大审判。

托马斯·格尼尔卡在 50 年代初将自己的经历付诸文字，这部散文体作品由大量对话和制造极端氛围的意象组成。在每一个句子中都能感到战争经历将人推到了怎样的深渊边上，没有丝毫"英雄般的"或者浪漫化的"同志情谊"。书中多次具体说明，这里讲的是奥斯维辛，是德意志帝国对欧洲犹太人施行的集体屠杀。没有回避。格尼尔卡描述了他自己经历过的事：他那个班级就这么在1945年1月踏入了德国人撤离后的奥斯维辛集中营，就在红军进驻之前不久。在为抵御红军而挖出的壕沟里层层叠叠堆积了一米高的尸体，这不是通过直接描述，而是通过当事人的反应来展示的。这一意象作为一条暗线贯穿了整个文本。稍后不久，第一人称叙事者踩着有轨电车轨道的枕木穿越柏林："每一次我感觉到脚下被压倒的一簇簇草时，我的胃里就涌出一种不适感。我必须大声说几句话，这种感觉才会消失。"这是一幅压抑的画面。"被压倒的一簇簇草"唤起了某种身体性，惊恐成了感官上的具象表现。格尼尔卡击中了当时德国刻意遗忘过程中的痛处。

他的文本中有一段随后在那份短命杂志《文学》上发表了出来，该杂志被视为四七社的自家刊物。半年之后，杂志就停刊了，汉斯·维尔纳·里希特向《明镜周刊》解释说："今天的德国缺少以前曾有过的50000个对文学感兴趣的犹太人。"格尼尔卡没有写完这部小说。因为他同时还在热情似火地调查奥斯维辛集中营里发生过但从未公开提及的事

宁多夫的深夜：伊尔莎·艾兴格尔和英格博格·巴赫曼的亲密小圈子

情，追踪党卫军罪犯的踪迹。

　　奥斯维辛的经历深深影响了格尼尔卡，他为此殚精竭虑。他在宁多夫的朗诵肯定是不容误解的。保罗·策兰当时也置身于听众中吗？没有记录可以证实。但是有一个有趣的巧合：托马斯·格尼尔卡在他写奥斯维辛的记者稿件中使用了"死亡磨坊"这个概念，同一个概念也在保罗·策兰笔下以"死亡之磨坊"[1]的形式出现。四七社的批评者和激烈的反对者汉斯·埃贡·霍尔特胡森在1964年还以"死亡之磨坊"为例抨击说，策兰"偏爱'超现实主义式'的、随意滥造而显得浮夸的第二格隐喻"。霍尔特胡森对此显然也说不出什

1　格尼尔卡将两个词合成了一个："Todesmühlen"，而策兰用了两个名词，"死亡"是作为第二格来限定"磨坊"的："Mühlen des Todes"。

么好话来。

在格尼尔卡对聚会的报道中，他引人注目地攻击了四七社创始人直述当代的"庸俗现实主义"文学。他当然对自己在社里的朗诵缄口不言，这次朗诵肯定是颇受好评的。至少海因茨·弗里德里希就以褒奖的口吻写道，格尼尔卡"无疑是有叙事天赋的，在他的小说中语言的表现力和引起共鸣的人性表述两相结合"。但是，在格尼尔卡的文章中，他也坚定地如此描述了一个反差："与作家们已经有了多年交情的批评家在对已朗诵的作品进行批判性讨论时保持克制，这被当作理所当然。另一些作家，有的真的是年轻作家（真正的'骨干'社员平均年龄是四十岁），第一次来朗诵就受到了苛责。如果比照'社员作家'的作品，这样的苛责至少是不公平的。"

格尼尔卡反感的首先是批评的礼仪和老一代人的黑幕操作。他自己的文本所得到的回应在多大程度上促成他这么做，已经无法追溯。但是他在这里说的肯定是普遍现象。在谈及保罗·策兰和英格博格·巴赫曼的一段中也写到了这个现象——尤其要考虑到，巴赫曼在四七社从一开始就得到了一致盛赞，一年之后就已经摘得大奖："对于一个想要了解四七社定位的观察者来说，非常有启发意义的是，几乎全体批评者对客人卡尔·克罗洛、住在巴黎的罗马尼亚人保罗·策兰、奥地利人英格博格·巴赫曼的诗歌朗诵都或多或少地表示了不理解。"

格尼尔卡针对的主要是一种代际矛盾，是年轻作者和成名作家之间的权力斗争。四七社的问题，所有派系都提到过，甚至汉斯·维尔纳·里希特和他最亲密的朋友都不曾讳言，那就是这里逐渐表现得像一个文学交易所，而这是它自己在文学行业中发挥作用的角色。他们召唤出的幽灵，已经没法摆脱了。格尼尔卡的文章以《1952年德国文学集市》为标题，是有讽刺意味的。这位年轻作者首先察觉到了对市场占有率的争夺。他意识到，在1947年的第一次聚会上便已在场的核心老成员是拥有地位和特权的。他批评道："门口停了许多车，证明其主人功成名就。"

在他的描述中汇合了两条线：对围绕着汉斯·维尔纳·里希特的团体所具备的局限的文学理解力予以审美批判，也对文学行业的商业化和运行机制予以批判。格尼尔卡在这里所做的批判，和在联邦共和国文化环境的权力结构中占据统治地位的老派人所做的批判，有着截然不同的背景，后者说的是高居低等事物之上的"精神"，而对格尼尔卡来说，他的批判在某种程度上出自未来。他笔下让人瞩目的还有严肃文学和可鄙的经济思维之间的对立，这一对立在50年代初是普遍的共识。格尼尔卡和其他人的不满将伴随四七社的发展史，在60年代四七社获得代表性和霸权的阶段让它从内部崩溃。

如果查阅同时代人的记述就会发现，策兰落入了走反法西斯－现实主义路线的四七社元老与后起之秀的两个对峙阵营之间，新兴一代与老一派分庭抗礼，并推举伊尔莎·艾兴格尔作为自己的一员获得了四七社大奖。可以肯定的是，策兰因为朗诵方式和语言形式惹恼了出于政治原因而要求极度简约风格的几位老成员，招致了他们的批评。如果想到策兰最终获得的成功，而且这成功让他在德国的文学行业中一夜成名，那么问题来了：怎么会出现"反犹主义"和"受到嘲笑"这样具体的诽谤之词？这些词语首次出现在——这一点很有典型意义——一份1976年才面世的证言中。也就是在二十四年之后。这是当时最具影响力的修辞学教授瓦尔特·延斯在一次采访中所说的话。他的话只能在这样一个背景下理解：策兰此时已经成为当代被阐释得最多的诗人，是一个笼罩着神话色彩而充满秘密的伟大诗人，人们对他的私人情况知之甚少。大家知道的是，策兰几年前在五十岁时自杀了，而《死亡赋格》已经收录在所有的荐书合集中，成了20世纪的一个标识。策兰由此被视为用有效的词汇展示了集中营里的集体屠杀的诗人，与之相连的是天才诗人的德意志传统：他们注定以悲剧性的失败为结局，但也得到世人满怀悲痛的敬仰。延斯说："在策兰第一次出场的时候，人们说：'这没有什么人能听得下去！'他的朗诵非常煽情。我们都笑了起来。'这家伙念得和戈培尔[1]一样！'有人说。他受到了大家的嘲笑，结果四七社的一位朗诵者，来自法兰克福的瓦尔特·希尔斯贝歇过后就只好再念了一遍他念过的诗。《死亡赋格》在社里摔了一个大跟头！这首诗是一个完全不同的世界，那些号称伴随着四七社纲领成长起来的新现实主义者们都不认同它。"

这一次采访让策兰和戈培尔的类比以及"受到嘲笑"这样的说法流传世间。可以看出，延斯在1976年的意图，是要站在这位不被世人理解的诗人这一边，让自己显得比战后年代的可鄙行为高明。在这个关联中，也许并非完全无关紧要的是，延斯在50年代仍然认为自己首先是一名作家，参加过几次四七社评奖，但都落败。在70年代，他难免会将四七社看作商业现象，将古老的文学真理应用到它头上：伟大人物总是遭人误解，中庸之辈却把持话语。延斯因此凭借着自己的文学史权威，刻意渲染了策兰当时引发的惊异不解。延斯没有说"反犹主义"，他自己也是当事人。但是"他受到嘲笑"这句重复了两次的话，在众人皆视策兰为神

---

1 保罗·约瑟夫·戈培尔（Paul Joseph Goebbels，1897—1945），在纳粹德国时期出任国民教育与宣传部长，擅长演讲。

秘的伟大诗人之际，却激起了更大的波澜。

不过，对戈培尔的指涉有着真实的基础。这是一个离奇的、让人震惊的场景，却典型地反映了早期联邦德国不知如何对待纳粹过去的困境。说出"戈培尔"的是汉斯·维尔纳·里希特，他并不是在策兰朗诵完之后紧接着的小组内部讨论这样几乎正式的环境下说出口的，而是在更小的圈子里，在非正式的午餐场合，他当时和他最紧密的盟友一起回顾了整个活动。在他过世很久之后，有人找到了一本里希特从60年代末开始记的日记。其中，他在1970年得知策兰自杀后所写的日记内容为当年的事情提供了最具体的证言——尽管里希特和他不愿承认的负疚感进行斗争而显得语调压抑："保罗·策兰结束了自己的生命。他（……）自沉在塞纳河里。在众人的悼词中很少或者根本就没提到，他是通过四七社而成名的。那是1952年5月的宁多夫。（……）那次他首获成功。他的崛起，就像英格博格·巴赫曼的崛起，像彗星一样快。虽然在那次聚会上是伊尔莎·艾兴格尔得了奖，但是真正的发现是保罗·策兰和英格博格·巴赫曼。我当时还不知道，英格博格曾经是保罗·策兰的恋人，也不知道他对她的诗歌有过重大影响。然后就出现了怪异的事件。在策兰朗诵完之后，在午餐时间，我完全无心地随口说了句，策兰的嗓音让我想起了约瑟夫·戈培尔。因为策兰的父母都被党卫军杀害，所以我这句话就引起了戏剧性的争议。保罗·策兰要求我做出解释，拼命催逼我承认自己是个昔日的纳粹。伊尔莎·艾兴格尔和英格博格·巴赫曼哭了起来，真的是泪眼婆娑地反复请求我道歉，我最后也道歉了。保罗·策兰再也没忘记我的这次失言。"

里希特坚信自己一直是一个反纳粹者，恰恰在联邦德国建立后的最初阶段，他是少数几个坚定捍卫一个民主的新德国的人之一。他将策兰的讲演方式与戈培尔的做比较，而他不愿承认这有多可怕。在日记的字里行间可以察觉到他面对此事时的为难。在这里相互碰撞的是如此不同的世界，让人感到荒诞。里希特说"戈培尔"时指的是他所排斥的语言风格：高昂的热情，情绪饱满的讲演，充满修饰语和表演性——这正是纳粹表现其张狂的一整套武器装备。但是他没有认识到，他在这里将一个九死一生、差点没逃过戈培尔的刽子手之屠戮的犹太人和这个名字联系起来，是一大丑闻。里希特在此表现出来的是一种特殊的压抑类型，这想必是因为他身为德国人和前国防军士兵的关系而发生了偏移。里希特一直在关切德国人对犹太人的大规模屠杀，这在他写的许多反法西斯作品中都有清晰的体现。但是里希特从来没有与诗打过交道，他既不知道策兰所承接的文学传统，也不知道策兰正投身其中的法国现代派。策兰的讲演方式本身在里希特心中引发了一次短路反应。

有些资料表明，策兰知道里希特的政治态度，也能将他的失言理解为他的审美局限的表现。在汉斯·维尔纳·里希特的遗物中，有人发现了策兰于十年后的 1962 年 6 月 1 日在自己翻译的亚历山大·勃洛克诗集样书上写给里希特的赠言："献给汉斯·维尔纳·里希特，以此纪念宁多夫，1952 年 5 月。法兰克福，1962 年 5 月，致以衷心问候，保罗·策兰。"他们之间的联系，在策兰于 1962 年 8 月 5 日写给他当时的菲舍尔出版社编辑克劳斯·瓦根巴赫的信中也表达得很清楚，当中提到了他和里希特的谈话："汉斯·维尔纳·里希特，因为他认同社会主义，我向他伸出手示好。"克劳斯·福斯温克尔在 60 年代撰写了以策兰为题的博士论文，他也记得策兰对里希特说过赞扬的话。福斯温克尔在巴黎拜访过几次这位诗人。有一次策兰自己说起来，他刚读了汉斯·维尔纳·里希特写的一本回忆录，并且加了一句：他喜欢里希特。福斯温克尔回忆道："他谈起汉斯·维尔纳·里希特，让人感到这个人完全就是敌人的反面。"

汉斯·维尔纳·里希特用"真的是泪眼婆娑"来描述伊尔莎·艾兴格尔和英格博格·巴赫曼，这样的用词当然是有意为之：他要表达自己的无辜和惊讶，并通过夸张来增强说服力。可是这件事的意义，远比里希特自己所能领会的更深。巴赫曼了解策兰的出身，她知道诗为他扮演了怎样的角色，他讲演的方式对他来说也有着与其人生相关的意义。有一张这次聚会的照片，很长时间以来被看作唯一的聚会存照，上面看得到巴赫曼和策兰在一起：他在说话，她绷紧身子坐在他身边，专注地看着他，几乎心怀敬畏，但也有一点儿胆怯。米洛·多尔在一旁看上去可以说像是陷入了沉思，而坐对面的赖因哈德·费德曼则相当激动地俯身向前，显然是不想错过任何策兰说的话。在这张照片上也能感觉到策兰和巴赫曼之间的气氛。看起来这也是他们在宁多夫的日子里

巴赫曼和策兰在同一张桌边，旁边是赖因哈德·费德曼（前左）和米洛·多尔（巴赫曼身边）

彼此关系的写照。关于这张照片的故事——英格博格·巴赫曼在聚会上朗诵自己的诗时破了音，没法继续往下念——似乎也非常合情合理。

还有另一张照片。照片上参加聚会的奥地利人围绕在坐着的汉斯·维尔纳·里希特周围：策兰在左手边，手持香烟，双眼闭着，像个波希米亚人。他身边的米洛·多尔用手臂搂着他的肩，就像是足球队里的一个好队友。汉斯·魏格尔（戴着领结）站在正中间，扶着汉斯·维尔纳·里希特的

四七社维也纳方阵的集体照。左起：保罗·策兰、米洛·多尔、汉斯·魏格尔、伊尔莎·艾兴格尔、赖因哈德·费德曼。前：汉斯·维尔纳·里希特、英格博格·巴赫曼

椅子，在大笑的伊尔莎·艾兴格尔旁边，看上去心情很好。英格博格·巴赫曼穿着黑衣裙，挨着汉斯·维尔纳·里希特，在前列半坐半立。她看向另一边，没有望向策兰，位于另一侧。在两张照片上策兰和巴赫曼之间都有一种张力，但是她似乎更显得孤立和迷失。

策兰自己是如何看待四七社的宁多夫聚会的，可以在他几十年之后才出版的通信集中读到。他在 5 月 28 日给自己的妻子吉赛尔就聚会所写的第一封信里，还完全沉浸于对会面的印象中："一切都是这么震慑人心，这么乱作一团，这么充满矛盾。——可是结果还是积极的：我在汉堡录制了一个二十分钟的短节目，我们在巴黎可以一起听——这让我挣到了四百马克，大概三万法郎——也许在法兰克福和斯图加特还能录另一场广播节目（……）。"

在 5 月 30 日的一封信里，他的看法仍没有发生本质变化："总的来说结果都挺好的，尽管没有多超乎寻常。"随后出现了对四七社颇为精辟的评价："我认识了德国作家中大约三分之一的人——我想到的还只是能够与之握手而良心不会感到愧疚的那些人。但是在这些人里会找到一大批没有教养的人、自我吹嘘的人和差不多已经失败了的人。他们倒是都没有放过对准我开炮的良机。"有趣的是，策兰很清楚地意识到，他在四七社里找到了那些"能够与之握手"的人，也就是没有被纳粹邪恶思想侵害的人——尽管他们在文学上有局限。在 5 月 31 日，策兰有了时间，写得更加详细："第一场械斗。朗诵会，然后是'批评界'表态。言词，其中或存在内在的视野，或没有。但是至少说得好，在这第一天。窗前，在二十米的距离外，大海，大海，一份常新的馈赠……晚上九点轮到我了。我大声念诵。我记得，越过这些脑袋——它们很少怀有好意——向外抵达了一个空间，在那里面还能听到'寂静的声音'……效果明显。汉斯·维尔纳·里希特，四七社头领——他提倡的那种现实主义甚至不属首选——奋起反对。这样的声音，在当时的情况下就是我的声音，不像其他人的声音那样从字里行间中滑过，而是常常在其上停留而进入冥思，对此我根本做不了别的，只能全身心地参与其中——这样的声音必须加以抵制，由此报纸读者的耳朵才不会保留对它的记忆……于是，那些不喜欢诗的人——他们占多数——奋起反对。在朗诵会结束的时候，在大家走去投票的时候，六个人记起了我的名字。"

里希特"奋起反对"，那些不喜欢诗的人"奋起反对"。策兰两次使用这个词来刻画他的朗诵激起的反应。在这个语境里，这是个不寻常的动词。它描述了策兰对紧接在朗诵后对所诵文本进行讨论的这个批评仪式的感知方式。他显然根本没有准备好。他习惯以一种歌吟的方式来演绎自己的诗，让它的余音在房间里回荡。弱化、归类甚至批评它的言词根本不适用。在这一点上，君特·格拉斯曾经讲述过的事情或许也能提供一些启发：他去拜访策兰，桌上放着一本诗集，他把这本书拿到手上翻看起来。策兰随即从他手上抢走了书，说："我的诗不是这样读的！"策兰对待文学的方式和四七社的做法之间存在天壤之别。

策兰的信表露出了他对诗的崇高理解。他几乎将自己这个人等同于"诗"。他首先将自己看作和里尔克一样的诗人，他引用了里尔克对瓦莱里《海滨墓园》的翻译（"大海，大海，一份常新的馈赠"）来表示他们的一致。同时他尤其针对"报纸读者"，坦言自己反对汉斯·维尔纳·里希特的现实主义概念和指涉当下时事的争辩。他视"报纸读者"为自己的敌对面，视其为威胁。策兰对里希特的反感明显不在于后者的政治态度，而是在于里希特对文学的理解。

策兰后来也多次受邀参加四七社聚会。1955 年春天，他抱歉地拒绝了去罗马的邀请，但是立刻表达了秋天来参会的愿望。涉及对四七社的评价时，他在自己妻子面前显得相对克制和谨慎，也许是顾惜她。在给她的信中，他首先强调，他认识了出版商并收到了高得让人欣喜的广播酬劳，就像在 5 月 28 日的那封信里写的那样。在给他的维也纳朋友克劳斯·德穆斯的一封信里，他也谈到了宁多夫聚会，但突出了他真正感兴趣的东西："我的好克劳斯，要说出我对这一切有什么看法，是多么难啊——这活动是激动人心，但也几乎完全没什么水准。英格又一次让我大失所望。因为她再次否定了我，甚至到了让别人捧她而贬低我的地步：她的诗而不是我的诗，才是成功的诗。她带着幸福的微笑，沾沾自喜地听别人跟她搭话时称她为女诗人……而这份成功绝非出于纯粹的文学原因。然后她走过来，问我想不想娶她，走过来请我给她的一首现在已经发表在四七社的官方杂志《文学》上的诗起个标题。我找到了这个标题——我从她的诗句中挑了一句出来——而人们都为了这标题向她祝贺。她接受了祝贺，满心欢喜。在我启程离开前，她还到我的房间待了一小会儿，扮演了一个被彻底摧毁的人，乞求得到一点儿未来。我把它给了她。我在那儿还受到了侮辱：将英格带到汉堡的 H. W. 里希特说，他之所以那么厌恶我的诗，是因为我用'戈培尔的语调'朗诵了那些诗。在我朗诵了《死亡赋格》之后！我居然要经受这样的事！对于这样的言论，英格沉默了，是她拉着别人劝我做这次旅行的啊！"

在面对他朋友的时候，策兰明确地把他和自己昔日的恋人英格博格·巴赫曼的文学竞争摆在了前面——他觉得不公平的事实是，她比他更成功。他在评奖投票中位居第三，而她只是在低位"陪跑"，这个事实并没有改善他的感受。"而这份成功绝非出于纯粹的文学原因"：策兰看到了她对在场男士们施加的影响，感觉到了她即将迎来作为女诗人的巨大声誉。比如，米洛·多尔就曾讲到过，汉斯·维尔纳·里希特一定也向英格博格·巴赫曼表露过追求之意。

但是还有一个隐含的要素。策兰为巴赫曼"挑出来"的"诗句"是他自己写的。这其中包含了一个信号。表面波涛汹涌，而在这一切之下，还有一样东西藏于深处。因为这些话传递出了四七社参会者无法解开的秘密。这句诗是"诉说黑暗之语"。这是巴赫曼对他的《花冠》中的诗句的改写，而它现在成了她的一首诗的标题，这首诗和他形成了呼应。她肯定清楚，他已经察觉到了，当她在宁多夫朗诵这首诗的时候——也许在她声音失常的时候跳出来帮她的同行也意识到了。策兰对这个场景的解释也不言自明。她失去了声音，因为她说的是"黑暗之语"。"我们互诉黑暗之语"，他的《花冠》中的诗句，被她以另一种更苦涩的方式续写。

宁多夫聚会上的这样一种两人对话，策兰在此前就已经开始了。他刚一登台就朗诵了那首他在维也纳就着他们初次相遇的印象为英格博格·巴赫曼所写的诗，以此表达一种几乎无法实现的渴望——《在埃及》。偏偏选的是这首诗，这首写犹太人远古时代在埃及流亡的诗包含了《旧约》中的女性名字，而他让这些名字与"异邦女子"这一基督教教徒对峙！只有英格博格·巴赫曼知道，"异邦女子"是对她的指称。策兰在与她重逢之际朗诵了这首诗。在宁多夫这个完全不一样的环境下，对着所有陌生人，他朗诵的第一首诗就是这首诗。这是一个信号。这个信号含义暧昧，因为那个时候他所追求的"异邦女子"现在成了一个完全不一样的陌异者的一部分，也即德国的文学行业的一部分。当策兰说出犹太女人的名字路得、拿俄米和米利暗的时候，用的还是在场听众并不习惯的、近乎吟唱的声调，这种陌生感便在两边都蔓延开来。不难猜到，这个情景对实际上身处两者之间的英格博格·巴赫曼来说，肯定是令她为难的窘境。

不过，策兰给维也纳朋友克劳斯·德穆斯的信之所以重要，还因为其内容的另外一个方面。他从自己和英格博格·巴赫曼的关系——那个他赠送给她的暧昧不明的"一点儿未来"——毫无过渡地切换到了汉斯·维尔纳·里希特所做的可怕的戈培尔类比。但是策兰随即又把这个比较带回到了他和英格博格·巴赫曼的关系上。他抱怨说，她对此报以"沉默"——可是汉斯·维尔纳·里希特记得的是一个"泪眼婆娑"地做出央求之姿的巴赫曼，两个说法截然相反。对于策兰来说，至少在他给克劳斯·德穆斯写信的时候，这位肯定被他视为自己学生的巴赫曼过分以诗人自居，也是同样严重的惊骇之事。另一方面，他认为自己太少被人认作诗人，太少被人当作诗人来尊敬了。

如此看来，他仅仅几天之后写给德穆斯的明信片就更让人吃惊了。策兰在美因河畔的法兰克福的一个单间小画廊里刚完成了一次成功的朗诵，他又感觉到自己是诗人而英格博格·巴赫曼是情人了："小克劳斯，我写上封信时情绪激动了些，有的地方写得不公正，写得蠢。英格有着这么美丽的银铃嗓音。另外，她身上那件新大衣真衬她！"

IX
在德国的原始森林里
巴赫曼、汉斯·维尔纳·亨策和新的艺术探索

在宁多夫的四七社聚会之后，英格博格·巴赫曼和保罗·策兰的通信几乎突然中断了。7月10日，差不多六个星期之后，英格博格·巴赫曼又寄出了一封信，信是这么开头的："亲爱的保罗，现在我不想再等你的来信了。"两个星期之后，7月24日，她的下一封信开头写道："亲爱的保罗，你要知道，等信来是多么煎熬。"在这之后五年多的时间里，策兰一次都没有回应过，除了1953年3月在他的诗集《罂粟与记忆》中有这样一段献词："献给英格博格，一小罐蓝色"。这里引用了他的诗《玛丽安娜》："一小罐蓝色，你就这么轻盈地跃过了我们"。这是对曾经有过的轻盈瞬间的一次苦涩回望。

巴赫曼在7月10日发出的信是对两人在宁多夫交锋的直接反应。策兰在给克劳斯·德穆斯的信中对巴赫曼所做的谴责，肯定也曾当面向她提出过。巴赫曼尝试着与身为诗人

的他对话，为他没有出席一场计划好的、由德国出版社集团
在斯图加特举办的活动而感到担忧，向他发誓说会让该出版
社按计划出版他的诗集。但是她信中主要还是在说罗沃尔特
出版社[1]所计划的一个项目，这个项目涉及他们两人。她告
诉他，她不会寄手稿过去："因为我不想让人再一次对我们
'捧一个而贬低另一个'，不想宁多夫事故重演。那次不是我
的错，你却指责我——如果这次再来一遍，你又会怎么裁决
我呢？"

　　"裁决"：这是一个法官做的事情。这样的选词让人再次
注意到，巴赫曼面对策兰时是多么自觉地准备好认领罪责，
又是如何将自己和他共同视作诗人。这封信再一次显示了巴
赫曼在四七社聚会前夕所怀的希望。在聚会上她是自巴黎之
行后第一次重新见到他，在此期间她所感受到的他们的共同
点又在她心中占据了首要位置。她越来越多地察觉到，她在
日渐空转的文学行业，尤其是媒体行业中是多么煎熬，她希
望拥有一个和策兰共处的未来——她把他看作与那一切对抗
的平衡力量。她在宁多夫朗诵《诉说黑暗之语》主要也是在
向他发出一个隐秘的信号。她还希望四七社主事者们能正好
将这首诗与策兰的诗一起发表在《文学》杂志上。关于巴赫

---

1 德国著名文学出版社，创办于 1908 年。

曼在四七社亮相的这番描述——说她虽然有种种诗歌光环和不同于一般小女生的女性知识分子气质，却依然表露出不自信、羞怯和紧张——在她和策兰的关系背景下，则显现得更为清晰。

策兰在宁多夫显然粗暴地回绝了她。他以鄙夷的口气向克劳斯·德穆斯说起她，甚至轻蔑地说到了她的求婚，这表明他们是带着多么相异的情感奔赴宁多夫的。当巴赫曼写这封 7 月 10 日寄出的信时，她肯定还在为策兰如今在巴黎已经有了固定情人甚至在考虑结婚——和另一个人——这个状况而愁肠百结。这封信试着概述两人在宁多夫的相逢，写信人显然还心存余悸："我自己还是没明白，为什么会出现那种种龃龉。我仅仅看清了，我们在那儿的第一次交谈就摧毁了我过去这一年里所有的希望，所有的努力。你对我能造成如此大的伤害，胜过了我对你的伤害。我不知道，如今你有没有意识到你对我说了什么，就在我下定了决心要走向你，重新赢回你，与你进入'原始森林'，不论是以何种形式的那一刻。我只是不明白，你为什么在几个小时或几天之后，在我已经知道你去找了另一个人之后，还能责备我，说我没有在这座德国的'原始森林'里陪伴你。"

策兰在宁多夫聚会前，在 2 月份就已经粗暴地拒绝过巴赫曼，仅仅给他俩的关系安排了一个"友情"的未来。可是直到两人面对面相见，她才不得不认清他那些话是动真格的。在此情况下他却仍然期待着她在德国的"原始森林"里，在那些"报纸读者"对文学采取的那种他认为野蛮不化的态度前，与他团结一致，这对他自己来说并不是自相矛盾。当她作为年轻女诗人在某种程度上于稍微年长的男士之中比他更受欢迎时，他的猜疑更加有增无减。相比之下，策兰似乎并没太注意到，她立刻就意识到了里希特的"戈培尔"类比是一大丑闻并催促这位自信的文学头目道歉。

英格博格·巴赫曼对这一切有多耿耿于怀，从她 1953 年 12 月，即一年半之后，在自己的诗集《延宕的时光》里写给他的献词中就可以看到："致保罗——已交换，为了得到安慰"。

这个"交换"首先指涉策兰的诗集《罂粟与记忆》，这是他在半年前献给她的诗集，两位诗人几乎同时发表了自己的处女作。但是这也是一句具体的引文，出自策兰这本诗集中的一首诗《出自心和脑》："我们的目光，/ 已交换，为了得到安慰，/ 向前试探，/ 于黑暗中朝我们招手。"

这里再次闪现出了"黑暗"一词，这是他们的诗歌对话中频频出现的核心主题。不过，写 1953 年 12 月的献词时，英格博格·巴赫曼很可能已经身在罗马，进入一个新的人生阶段，渐渐看到新的视野浮现于眼前了。

英格博格·巴赫曼在《延宕的时光》中写给保罗·策兰的献词

　　意大利是巴赫曼早年向往之地。她在克恩滕－斯洛文尼亚－弗留利三地交界处长大。意大利，正是撕开边界的一个概念，所以当她在1952年秋天首次获得机会时，她就和妹妹一起去了意大利度假。这次度假催生了一首诗《秋日演习》，诗中写道："逃往南方的路对于我们，/ 正如对鸟儿一样，无济于事。在黄昏，/ 捕鱼船和贡多拉驶过身边，有时候 / 充满梦的大理石会有块碎片在 / 我容易受伤时，经由美，击中我的眼睛。"

　　这第一次意大利之行，依照她就此说过的话来看，是场幻灭。但是意大利在她心中的形象并没有因此被摧毁。一个新的意大利吉兆出现了，英格博格·巴赫曼在下一次四七社聚会，也即1952年秋天于哥廷根附近的贝尔莱普施城堡的聚会上认识了汉斯·维尔纳·亨策。

　　这位作曲家之所以闯入四七社的作家群中，是因为他和沃尔夫冈·希尔德斯海默合作了广播歌剧《一个世界的终结》。这个剧本作为阿尔弗雷德·安德施出版的图书系列《法兰克福工作室》中的第十一册发表。而第十二册就是英格博格·巴赫曼的《延宕的时光》。亨策后来回忆道，他心中顿时想："这是多么棒的一个人啊！这到底是谁？我就开始和她攀谈起来。"当他问她在这里做什么的时候，她回答说，她是一个观察者。她写故乡小说，反对街头文学。可以

"逃往南方的路"：1953 年英格博格·巴赫曼在启程前往意大利之前

想象，她说这番话时又回到了她以前在维也纳一直都扮演得
分外精彩的角色，重拾了挑逗的谈话语调，而这语调立刻就
让亨策心醉神迷。聚会还未结束，他就给英格博格·巴赫曼
写了张纸条，纸条上的话奇妙地将那个年代常见的交往形式
和出逃幻想结合了起来："亲爱的巴赫曼小姐——我再也见
不到您了吗？明天一大早我就要乘车去科隆，如果您愿意，
我就带您一起去。我还会打电话的。您的诗歌美，哀伤，但
是笨蛋们，就连那些装作'懂了'的人，都不懂它们。再会

了，您的 hw[1] 策亨。"

亨策对联邦德国令人窒息的氛围进行了严肃的攻击。仿佛是要与之对抗，他在 1953 年初夏从慕尼黑出发，远行到了伊斯基亚岛[2]。他首先是想与德国的日常，与德国的文化行业拉开距离。由于他的同性恋倾向，他对强压，对隐晦而又往往清晰可感的纳粹意识形态遗毒体验得更为清楚。他逃往南方，一开始只想逗留几个月，结果却久留不归——一种波希米亚式的艺术家生存形态，以新的方式，延续了德国人对意大利的旧有渴慕。亨策刚到伊斯基亚，就开始劝说英格博格·巴赫曼到他身边来。居于南方让他感到的振奋，在他信中的字里行间处处流溢。他从一开始就采用了将"纯洁"与"艺术"相连的语调。他的同性恋倾向不会成为密切的合作关系的障碍："受惠于幸运与过多的好感，当然是危险的。但是些许幸运（它们并非从智识排水沟里溢出、也不会落入智识深渊），些许温柔的喜乐与爱（也许它们在全然冰冷的土地上显得格外陌生而贞洁），以及美与纯洁的小奇迹——只要我们愿意工作，它们都只会是好的：这都属于我们必然要用未来的时光造就之物。哦，希望您能真正明白。但愿您知道，我这儿是多么美好！"

1　hw 是汉斯·维尔纳（Hans Werner）的首字母缩写。
2　第勒尼安海中岛屿，属意大利，位于那不勒斯湾西北部。

这腔调肯定能刺激英格博格·巴赫曼。"逃往南方的路"——也许它还是"有济于事",像鸟儿一样轻盈,就像她在诗中所表达的,以毫无预料的方式让人如愿?亨策用如火的热情捍卫自己的艺术,就像保罗·策兰一样。在亨策这里,一切其他事物看似也都被推入了背景之中。他准确地找到了正确的词汇,在巴赫曼这里激起了回音。当她向他发出信号,表示她愿意来的时候,他欣喜若狂地写道:"别带太多书,不要专门做准备,等着看吧,等着看吧,伟大的潘神已在此潜伏。"

在伊斯基亚岛上的这几个月,从1953年8月到10月,肯定让他们真正获得了心醉神怡的幸福时刻。这期间他们也创作出了共同的作品:巴赫曼根据对这段时光的印象,写出了广播剧《蝉》,亨策为之作曲。这部广播剧讲述了一座南方的岛屿,一个存在主义式的命运之地,一种无望的渴求所求索的目的地。这其中有20世纪50年代的孤独——德语中的一种孤独,以及解除这种孤独的尝试。巴赫曼和亨策在伊斯基亚岛上试着结成具体的生活与艺术共同体,而这在剧中得到了审美升华,演化为超出时间之外的奇境。两人从一开始就在为一个恰当的亲疏关系组合而努力,并在艺术上为对方着迷。对于英格博格·巴赫曼来说,亨策的吸引力也许也在于,他的靠近许诺了别样的事物。其同性恋身份似乎让他成了她与男人的关系中一个奇妙的反差点。她的组诗《关于一座岛的歌》对此有所展示，诗中拨弄着感官和肉欲与艺术之间的关系。汉斯·维尔纳·亨策也为这组诗谱了曲，这作品便有了匠心独运而臻于极致的亲密关系形式："在俊美男童的拥抱中／海岸安睡，／你的肉思索着我的，／它已让我倾心，／当那些船／脱离了陆地而十字架／带着我们将死的罪孽／尽桅杆之职。"

这一为艺术而共享的生活，对于英格博格·巴赫曼来说，现在又纳入了另一种与男人的关系。亨策虽然也是一位满怀激情、自信主动的男士，但是他因为自己的同性恋倾向而与汉斯·魏格尔或者保罗·策兰这些和巴赫曼有过旧情、对她而言最重要的男人有着根本的差别。在艺术的标志下，就连策兰与亨策之间也可能发展出一种和谐的结合。今天作为翻译家闻名的莫舍·卡恩很晚才结识英格博格·巴赫曼，那是 60 年代末的罗马，他比她小十六岁，是一个格外英俊的青年，同样也是同性恋者。据他说，她喜欢得到他的陪伴，当他俩穿行在罗马城里，她一路挽着他的胳膊时，她表现出了幸福的模样——他还说，他常常观察到这一现象。在男同性恋者身边，她更觉得受到庇护。她后来还如此向马克斯·弗里施说起亨策：你是我的恋人，而他是我的王子！

在这座意大利岛上度过的岁月，从蝉之须臾到时间之外，甚至让巴赫曼和亨策在心神飞扬之际有了结婚的念头——这也与广播剧中的认识相契："总有罹受海难者""在岛上寻找庇护之处"。不过亨策在巴赫曼动真格地着手操办必要的手续时，还是受到了惊吓。在巴赫曼的遗物中找到了一封她写给亨策的信件草稿，她在信中对此做了回应，让整个事态又稍稍回到了正轨。她这么做是想"让我们的友情和我们的工作以及我们之间的可能性在未来有最好的结局。（……）你在写作上如此才华天纵。只是要为之有所付出而已，我们的天使是黑暗的。请感到自由。等我们再次相见，我们就能为这羞怯而可笑但无害的日子喝喝新酒了。"

亨策后来回顾他与巴赫曼的这段交往时，认为它几近理想。在他们的关系得到"澄清"之后，她还是一再地被他吸引到意大利来。"也许我人生中最美的时光"，亨策说，就是他从1954年到1956年在那不勒斯度过的岁月，那时他们两人一起"过着小市民的家庭生活，有雇佣的家政工、糟糕的暖气、穿堂风，却没有付房租的钱"。这是一段多次被打断，也曾长时间中断的时光，"但是有非常多的愉悦"，至少对他而言同等重要的是，也有"绝妙的创作"。她每天都写自己的诗，而他则作曲，"一种分外美丽又纯粹的生活"。

因为亨策的缘故，音乐之于英格博格·巴赫曼有了她此前从未预想到的意义。她受他委托创作了许多作品，在

"些许温柔的喜乐与爱"：汉斯·维尔纳·亨策和英格博格·巴赫曼
1958 年 5 月出席"音乐万岁"庆典

他们同居时光结束后也没有中止，其中包括歌剧剧本《少
主》和《洪堡亲王》。但是更具决定性意义的是，音乐开始
对她自己的文本和美学造成影响。一次关键性的经历是她在
1956 年 1 月和亨策一起观看了威尔第的《茶花女》在米兰
斯卡拉歌剧院的总彩排。担任主演的是玛丽亚·卡拉斯。与
这位 20 世纪最杰出的音乐家的相遇，在巴赫曼生命中留下
了多重痕迹。卡拉斯成为她身为艺术家和女人的一个宏大的

投射屏。在一份巴赫曼生前并未发表的题为《向玛丽亚·卡拉斯致敬》的文章残片中，出现了新的音调，女性气质在其中得到了自信的强调："她并不是演唱角色，从来都不是，她是在刀刃上生活（……）。这是位艺术家[1]，她是在这个年代里唯一一个合法地走上舞台，而让台下冰封、痛苦、颤抖的人。她一直就是艺术，啊，就是艺术。她一直是那样一个人，一直是最贫穷的、遭受最残酷的厄运的人，一直是茶花女。（……）她是杠杆，将一个世界倒转过来，向着倾听者。突然之间我们的听觉穿透了几个世纪。她是最后的童话。认可伟大是很难的，也是很容易的。卡拉斯——啊，她何时活着，何时死去？——是伟大的，是一个人，在一个平庸而讲求完美的世界里并不为人熟知。"

毋庸置疑，她将卡拉斯认作同类。一个平庸世界中的伟大——巴赫曼自己在这段时间里也为此费神。她作为女作家必然会遇到这样的问题。她在初次面对媒体时就体验到，这个"平庸"世界也可能要"讲求完美"。

与亨策共度的时光，对巴赫曼来说，恰与她在艺术上取得突破的时期重合。她在联邦德国的文学行业中一飞冲天，成了明星级新秀。1952 年春天在宁多夫的四七社聚会和该

---

1 原文为意大利语。

年秋天在贝尔莱普施城堡的四七社聚会只是在为之后铺垫：
英格博格·巴赫曼于 1953 年春天在美因茨摘取了四七社大
奖——而保罗·策兰的预感也由此得到验证。他以阿耳戈
斯[1]之眼在宁多夫所观察到的状况——年轻女诗人颇能影响
文学行业里的年长男士们——也得到了其他在场者的见证。
1953 年，巴赫曼的同行沃尔夫冈·魏劳赫被她在四七社前
朗诵作品的姿态深深打动，写道："一个漂亮的女孩，因写
作年资尚浅而闪现些微谦虚。"而偏偏是君特·布略克，这
个几年之后会对保罗·策兰穷追猛打的保守又傲慢的批评
家，对巴赫曼做了如下总结评价："1953/1954 年这个诗歌之
年极有希望载入文学史。它给我们赠送了德语诗人天空上的
一颗新星。"这为两人关系预先投下了一片偌大的阴影。

现在就只差与布略克作风相近且同样威权在握的汉
斯·埃贡·霍尔特胡森了。后者直截了当地将巴赫曼 1956
年发表的诗集《大熊座的呼唤》抬高到了德国精神的高度，
尽管当时围绕着这一举动出现了众多非议："表达上更为高
级的简朴，标志着诗人有幸进入了更高一阶的世界经验模
式，这个模式不再那么强烈地受当代场景之偶然性的扰动，
而是被必然性、恒久存在者、原型真理所推动。"

---

1 希腊神话中有着一百只眼睛的巨人，即使睡着时也有部分眼睛睁着。

男士们竞相写出溢美之词。但是巴赫曼绝没有把自己视为追求保守复辟、永恒存在和"原型真理"的诗人。她显然是在描述从历史中演化出的绝境末路，以及在战后飞速发展的资本主义的异化。她很早就给亨策写道："我是这么疲惫、空虚而受伤，就如同森林里的一头兽，寻找荫蔽，隐藏自己，直到伤口痊愈。"

巴赫曼在第一次亮相四七社之后的几年里一直四处漂泊。除了亨策位于伊斯基亚和那不勒斯的庇护所之外，这段时间里顶多就只有她家人在克拉根福的住宅可看作她的固定居所了。但是她从 1954 年年初开始也在罗马租住了不同的公寓房间。也是在罗马诞生了《明镜周刊》那张著名的封面，这封面让她成了第一个德语文学少女奇迹[1]：涂成暗色的嘴、一位二十八岁女子若有所思的忧愁目光。这让人有足够空间浮想联翩，猜测万端。同一时期的存在主义在这里已经是直观可见，但是也能看到正盛行一时的时尚语汇"无家之人"在此化为了图像。《明镜周刊》的作者克劳斯·瓦格纳也满怀感激地将这个概念放入自己的封面故事中。这个故事的标题是《在无处为家的漂泊与疏离中写诗》，当中一共

---

1 少女奇迹（Fräuleinwunder）是 20 世纪 50 年代受美国影响在德国出现的一个概念，通常指年轻时尚、自信大方的女性。到了 90 年代，这个概念延伸到了文学领域。

"无处为家"：《明镜周刊》封面上的
英格博格·巴赫曼，1954 年

写了三位德语"年轻诗人"。在海因茨·皮翁特克、英格博格·巴赫曼和瓦尔特·赫勒雷尔的照片下面是配文：《哀伤的新生力量》。

英格博格·巴赫曼的封面照很快就自成话题，风行一时。这张封面照体现了在当时的联邦德国极不寻常的美学，其活力也来自并未明确标示却弥漫其间的雌雄同体的魅力。这是艺术家赫伯特·利斯特拍摄的一张照片，利斯特在那个年代以拍摄富于感官刺激的南国风光和美丽的男性身体而独树一帜。在那几年里，巴赫曼的照片让人瞩目之处在于，她真的一直都在留短发，空前绝后地短，而且有意展示一种男孩子气。赫伯特·利斯特在他拍摄的这张引发热潮的照片中，就成名早期的英格博格·巴赫曼，传达了比乍看之下要多得多的信息。意大利南部、亨策，以及赫伯特·利斯特消除性别差异的古典身体美学，在照片中互相联系。

汉斯·维尔纳·亨策显然对此有所助推。他有一次从伦敦寄给利斯特一幅乔瓦尼·贝利尼[1]画的男童肖像画，在画的背面写道："时间有限，我寄给你这张卡片附加一张巴赫曼的照片。他们是不是惊人地相似？"他特别在他面前挑弄她的情爱吸引力。这其中有着此前从未有人开发过的可能性，即强化巴赫曼的雌雄同体风格，以此在继当前的性别研究这一学术门类之后丰富之前种种女性主义视角。但是或许也不该在这点上夸大其词。始终要把英格博格·巴赫曼放在当时形势的背景下来看待，她与亨策的关系虽然非比寻常，令人十分好奇，但是这段关系首先要符合她在这个时期的需求，而这些需求显然只是一个过渡期所特有的。

不过，维也纳甜妞的姿态随着巴赫曼在德国亮相四七社而在她身上消失殆尽。她在广播剧里那种直接、逗乐、蠢笨的语言被她诗歌中另一种截然不同的语言所取代。她也立刻努力剔除她之前脚踏实地又充满媒体意识的生活所留下来的所有痕迹。从她在四七社羞怯的最初亮相中看出算计，看出一场全部设计好的表演，将她看作操纵全局的牵线者——这种时常被人提出的怀疑从一开始就误判了她当时陷入的处

---

1 乔瓦尼·贝利尼（Giovanni Bellini，1430—1516），文艺复兴时期的重要画家，威尼斯画派创始人之一。

境。被人视作女诗人的这种可能性让她不知所措，鉴于她出入的多变环境，这是可以理解的。保罗·策兰在她第一次亮相的时候也在场，这更加剧了她的窘迫。

对巴赫曼亮相四七社的解读分歧丛生、摇摆不定，因而很快发展成了自成一体的门类，几乎可以与她的诗歌得到的解读等量齐观。对她的踟蹰不安，对她同时展露出的意在引人注目的优雅仪态，有着数目众多却彼此矛盾的描述。其中形成的一个话题是，她总是有什么东西滑落到了地上，要么是一块手帕，要么是一张纸。杰出的批评家约阿希姆·凯泽在 2012 年还以嘲讽的口吻总结了巴赫曼的形象："你们见过她，就会知道：这是一位女诗人！她朗诵起作品来，总会自然而然地开始长吁短叹，边朗诵边洒下眼泪，真的每一次手上的稿纸都会落下来，每一次那些男士都会冲上前救助这可怜的胆怯的小鹿，而那些女士，包括我夫人，则会说：我的上帝啊，她有必要总是上演这种戏码吗！"

她向世人亮出的姿态肯定是非同一般的。与同样年轻而魅力绝伦的伊尔莎·艾兴格尔不同的是，她自身散发出迷惘的气息，也在别人身上催生出迷惘。她比这位坦诚而直爽的女友显得更让人捉摸不透，而且后者很快就嫁给了已成名的四七社诗人君特·艾希。这种行为对巴赫曼来说是不可设想的。但是她和伊尔莎·艾兴格尔的紧密友谊却得以保持。在维也纳时期，她俩都住第三区，格外地亲密。艾兴格尔组建了一个家庭，不久就有了两个孩子，这似乎在巴赫曼这里激发出了一种混乱的渴求感。在某些灰色地带里，她无法接受艾兴格尔为人妻为人母的角色，因而为自己索要更多的自由——可她又渴望固定关系，受人托举，这也是她反复在文学作品中表述的主题，她由此产生了某种矛盾事物身上最为迥异的各个方面。1954 年，当艾兴格尔和艾希的儿子克莱门斯降生时，巴赫曼从罗马写信说道："有时候我对这个满地爬的小子的渴望超过了对你们的思慕，希望你们也能理解——我渴望拽他小手指，听他哭喊，渴望一切粉色的东西。我想狠狠地又轻轻地抱着他，就这么看着他。有时候我也会哭嚎，因为我觉得我永远不会有这样一个小家伙，因为在地平线上没有出现丝毫希望的光亮可让这孤独和孤独造就的灾厄有所改变。但是我这都不过是发发牢骚，你们不用太在意。因为我知道，你们也会对我说，每天都有可能时来运转，只是要能等待而已。"

在宁多夫聚会的照片上看到的伊尔莎·艾兴格尔，几乎都是一脸笑容。她的女友英格博格·巴赫曼则相反，她总和她挤在一起，看上去——尽管她同一时期在维也纳也留下过神情欢乐的照片——总是无比严肃和拘谨。在四七社被人以嘲谑和敬畏的语气称为"电椅"的朗诵者座位，绝对不是天生为她所备的位子。她第一次出场的时候，只能让别人代为朗诵她的作品，因为她自己似乎再也做不到，这状况留痕绵长。也许并非偶然，她和保罗·策兰在这一点上又呈现出结构性的一致，虽然前提截然不同：在1952年的宁多夫聚会上，保罗·策兰的诗也被另一个人重新朗诵了一次，因为他自己的诵读方式不同寻常，让人容易走神而错过"内容"。

当时处境下，几乎无人意识到这种窘况包含了何等巨大的象征意义：英格博格·巴赫曼和保罗·策兰这两位战后最重要的诗人在四七社亮相之际，面对着这样一个规范性的公共机构，不是以自己的声音被人听到，而是由一个循规蹈矩的代言人以职业化的声音来转述。这也是非常具体的意义上的两个特例。除此之外几乎从未出现过由另一个人代替作者在四七社前朗诵其作品的情况。

不论如何，英格博格·巴赫曼以玛丽亚·卡拉斯为例来定义公众光环之外的艺术家品质，自有其原因。当她在卡拉斯的核心看到的是"人"，这个人"在一个平庸而讲求完美的世界里并不为人熟知"的时候，那么这已经是她对自己作为女诗人登上媒体舞台的经历做出的最初反应。她早年为广播电台所做的诗歌朗诵，没有半点儿她在以后的岁月里在公共的诗歌朗诵中已经挥洒自如的那种沉着自信的表演性。她看似在往内倾听自己的心声。她一边犹犹豫豫地朝麦克风说话，一边追问自己说出的词句，让人误以为可以听到作为异化工具的麦克风在说话。

而在她早年寥寥几次电视录像中，气氛变得异常浓郁。显得混乱的黑白色调，影像镜头效果的不安闪烁，当然都与其搭配得恰如其分。但最重要的是某种技术上具有攻击性的东西和一个脆弱易伤的、几乎无助的人在此相遇，这个人仿佛为了保护自己而在展示这种脆弱易伤时显得咄咄逼人。摄像机的镜头严格地直接对准了脸。仅仅几个音节就已经传递出了极大的张力。模糊难辨的元音，带有喉音的克恩滕音调似乎被她费尽力气地从贫瘠的环境里拯救出来，进入了人造日光下。巴赫曼羞怯地看了看摄像机，垂下眼帘，然后又看向摄像机。这个机器此时就变成了一个闯入者，是某种陌生的东西，而被拍摄者极不情愿地容忍它靠近自己。

英格博格·巴赫曼成了四七社的一种膜拜对象。她总是触不可及，常常躲到意大利去，仿佛在从外打量联邦德国文学行业的日常，这倒增强了她的吸引力。1954年春，这种崇拜来到了第一个高峰：汉斯·维尔纳·里希特顶不住巴赫曼的诱惑，在意大利举办了一次四七社聚会。一开始她说服他将罗马选作会议地点，但是等她可以自行在意大利发展人脉的时候，她又将会议举办地往南推移了大约一百公里。这完全都是她的一次小计谋，因为奇尔切奥海角看起来与她完美契合。因为荷马的《奥德赛》中那位奇幻人物喀耳刻正是在这里，用她的迷人魅力"引诱"了水手，把他们变成了猪。选址奇尔切奥海角，是四七社成员英格博格·巴赫曼的一次大胆的自我演示，其中的自嘲基调多半是她从一开始就设想好的。显而易见，她对于社中不少男性成员来说正是一种喀耳刻幻影的化身。

英格博格·巴赫曼在四七社中向来扮演的角色，在喀耳刻这个人物形象里得到了影射式的映照，对此不需要过于具体地指称——这一文学游戏，只有极少参会者才能意识到。保罗·策兰虽然再次受到邀请，但是他这个时候在巴黎事务缠身，既不想再次面对英格博格·巴赫曼，也不想再次面对德国的"报纸读者"。

罗马成了英格博格·巴赫曼的向往之地，正因为她已经在那里小住了些时日。她如今在一首诗中将意大利描述为了她"最先出生的国度"。但是她是一位单身的自由作家，首先必须在财政上坚持下来。她的早年盛名和持续的经济困境之间的不对等一目了然。身在那不勒斯的汉斯·维尔纳·亨策在她这段寻寻觅觅的动荡时光里始终都是一只坚实的锚。过了一段时间，亨策甚至又开始酝酿结婚计划，抛开了其中一切性内涵：他所关心的首先是，为了对抗让他们感到敌意的德国文化行业，他们需要彼此支持。巴赫曼虽然成了《明镜周刊》的封面女郎，又凭借第二本诗集《大熊座的呼唤》成了时下受人热捧的当红女诗人，但是她觉得这热闹中有不少误解。虽然亨策创作的歌剧《鹿王》1956年在柏林首演获得了巨大成功，但他也觉得自己遭受着尖锐的攻击和阴谋陷害。亨策一再抱怨德国的寒冷，憧憬两人一起在意大利过上受庇护的生活。当巴赫曼认真考虑长期移居慕尼黑以解决钱的问题时，他如此反应："你不是为了巴伐利亚广播电台二等候演厅而生，那里你会被一群该死的白痴知识精英包围。你不是为了路易波德咖啡馆[1]而生的。你必须在石板路上骑着戴笼头的骡子，在蜥蜴和野菜采摘者的冰冷目光之间挥舞着鞭子，朝晨星而去。你必须这样驶向未曾预料者。"

巴赫曼和亨策之间内容广博的通信到2004年才得以公开发表。印刷出来的书信文本中，大约有一半是用其他语言写成的：首先当然是意大利语，代表对南方之向往的语言。但是随着心情和事由变换，也会出现大段的英语和法语。通信双方在努力克服德语的狭隘性。这种国际化游戏同时也是彼此亲密信赖的标志。在那不勒斯的共同起居，有时候会成为特殊的艺术喜剧[2]场景，将巴赫曼仪式化的自我演示提升

1　慕尼黑市中心一家始建于1888年的历史悠久的咖啡馆，一度是上流社会的社交场所。

2　16世纪产生于意大利的戏剧形式，演员戴着面具扮演类型化角色，进行即兴表演。

到一个新层次：她时常乐于出演一个意大利媳妇。她在一次朗诵旅行中，于 1956 年 3 月从不来梅写信道："亲爱的，方便的时候（最好今天）请把我的伞送到制伞匠那儿去，让他给自己做一身黑色丝绸西装吧。（2）你需要钱吗，以及施维茨克的钱到了吗。（3）看在老天份上请人擦下窗户吧。（4）安杰利娜不仅要洗其他衣服，还要洗我的睡袍。（5）你找到一个男仆 [1] 了吗？（6）别吃大蒜。（7）省钱！（8）不要把钱扔到窗外去！（9）你过得怎么样？我拥抱你！英格博格。"

日常生活看起来已步入正轨。亨策总是在结交同性恋朋友，他们偶尔也会在他的信末尾问候英格博格·巴赫曼，并向她许诺他们尊重她。她被接受为一个潜在的妻子。亨策爱的是身为女诗人的她。她对他而言就是那种无条件的、绝对的艺术家品格的化身，那也是他所追求的品格。他写的信比英格博格·巴赫曼的要更加亢奋、热烈。她虽然表现得更加不设防，但大多数情况下都语调淡然。心神契合的迷醉瞬间反复出现，但都不能持久。他们在那不勒斯的同居生活失败了，因为脾性的差异，特别是亨策总是颇多苛求的大男子主义——当然也因为巴赫曼最终还是没能接受这种形式的婚姻。

1　原文为意大利语。

当英格博格·巴赫曼毫不顾忌地高调转向其他男人的时候，就引出了一场真实的情感净化。亨策写了一封绝望的信，虽然情感爆发剧烈，但还是在文字上谱写了一首语言与美学的曲子。这是两组平行的句子，像诗歌一样排列。其中一组用了蓝色的打字机色带，写的是意大利语。另一组一开始用的德语，然后当语气严峻起来，就转为了英语："我一想到你仅因为我是同性恋而做出了这些疯狂举动，我就真心感到愤怒。这就是关键所在。"

亨策在这一年里一次又一次地抱怨巴赫曼的悲伤情绪，她的郁郁寡欢，她的饱受煎熬。当他要求艺术占有绝对优先地位时，他也要求巴赫曼不仅服务于艺术，也要听从他关于艺术的种种观念。他想要用坚持不懈的艺术创作来使自己免疫于他在巴赫曼身上感受到的沮丧状态。1956 年 7 月，他在给她的信中写道："我不能看到你受苦。这让我极其难过，让我愤怒，尤其对我自己愤怒。所以我还没法做任何决定，仅仅下了决心，在我回来之后立刻就要和你谈一谈。(……)我也考虑过你的客人（我不知道他名字），他公然对我表现出敌意，行为古怪，却在你面前摆出一副保护者姿态。但是他看上去是个亲切的家伙，如果我没看错的话，也还算得上聪明。他当着我的面抚摸你，往你耳朵里说悄悄话，我不知道这算不算得上有范儿。但是这又有什么关系呢。当然了，我是绝不会当着你的面和别人眉来眼去的。"

英格博格·巴赫曼在这之后离开了那不勒斯，好几个星期都音讯全无。然后，她8月在威尼斯给亨策写了一封信："你如果认为我是要逃脱你要求我做的那些事，那就误解了我。只是过去这一段时间，也许是过去这一整年，对我来说都很艰难。那不勒斯的所有美好日子，我都记得格外清楚。但是我没办法清除内心的另一面，那是失败的一面，任凭你再怎么好心我再怎么好心都无济于事——这一面总是存在，你必须相信这一点。"

不用说，她违逆亨策的意图，目标明确地在德国培养自己的人脉。她很长一段时间里都用笔名为不来梅广播和《西德汇报》撰写文艺评论文章。她为巴伐利亚广播电台写了许多长篇散文，调动起自己的文学和哲学爱好而付诸文字。穆齐尔和普鲁斯特都是她的话题，也包括维特根斯坦或者西蒙娜·薇依[1]。与此同时，这些文章自然也成了意涵极其丰富的切入点，可以由此推演出英格博格·巴赫曼的诗学观，但是这些毕竟首先还是谋生之作。她也充分利用了她与四七社的关系。在这方面，在私交中，她可以在自己超凡脱俗的女诗人形象和偶尔允许自己犯犯傻的个人趣味之间搭起一座桥

1　西蒙娜·薇依（Simone Weil，1909—1943），法国宗教思想家，犹太人，死于二战，对二战后的欧洲思潮产生过重要影响。

来——当然这样的傻气也能产生强大的诱惑。

在英格博格·巴赫曼充当封面人物的那一期《明镜周刊》，封面故事讲的是联邦德国的年轻诗人在物质上的烦扰。尽管其中另一张照片展示了身处罗马鲜花广场的繁忙市景中的巴赫曼，但罗马仅仅是个引子。其他诗人则在联邦德国的狭隘之省艰难度日，比如瓦尔特·赫勒雷尔，这个例子从今天来看出乎意料，赫勒雷尔在大家的记忆中首先是个官员形象。《明镜周刊》这篇文章却将巴赫曼和赫勒雷尔联系起来，只因为他们都"无处为家"，就像文首导入词所写："就连住进了带家具的房子的女孩（也即身处罗马的英格博格·巴赫曼——作者注）也表现出这种病症——年轻诗人赫勒雷尔作为编制外的大学讲师与之相似，在几无宁日的二手房客生活中忍受煎熬。今天的诗人依旧栖居在阁楼，即使门上的硬纸名牌给了他一个学位头衔，而且他依旧是只书中蠹虫。"

瓦尔特·赫勒雷尔在1954年秋天搬了家，当时英格博格·巴赫曼写信给他道："祝贺你有了浴室与电梯！一种安然居家的诗歌所需的前提就这样慢慢实现了。这也许是一个转折点。"

瓦尔特·赫勒雷尔在罗马常与英格博格·巴赫曼见面，第一次是在1954年4月。他当然是想住进密涅瓦旅馆的。在他的诗集《另一位客人》中有一首诗，标题是《贝尔尼尼的大象，密涅瓦广场》。大象一般是赫勒雷尔的个人标签，他收藏了海量的大象照片，也许英格博格·巴赫曼是第一个开玩笑地将他与"大象"画上等号的。在她写给赫勒雷尔的信中，这个主题一次次地变换着方式出现。在 1954 年 11 月 25 日，她写道："您什么时候再来罗马？大象已经有点冻着了，但是驴背上披着暖被。"

瓦尔特·赫勒雷尔引起轰动的诗歌选集《过境》，即"世纪中叶的诗集"，与巴赫曼的《大熊座的呼唤》同时发表，其中也收录了巴赫曼的七首诗。她也挪用了几次"过境"这一被赫勒雷尔视为与时代对应的诗学概念，来描述自己的个人状况：在罗马的生活，在美国大学居留的两个月，在克拉根福的生活，在那不勒斯与汉斯·维尔纳·亨策度过的几次较长的同居时光，在巴黎度过的两个不幸的、让人绝望的秋天——显然并没有保罗·策兰在身边——她看到自己的生活确确实实在"过境"状态。这期间，关于"大象"这个词语的游戏成为她在写给赫勒雷尔的信中所用的形象化语言的持久特征。而她自己则扮演起与大象对立的"大熊"，这也呼应了她的诗集。在那不勒斯待了半年之后，她在周游罗马的时候给赫勒雷尔寄了一张明信片，上面是耸立着万神殿的罗通达广场，地点选错了，不过有贝尔尼尼大象的密涅瓦广场就紧挨着它。"可惜大象不再在画上。但是我和它小小地交谈了一下。它要我问候您。这么周游也挺美的。我坐在伊西斯方尖碑旁边的咖啡馆里，离密涅瓦就几步远。又一次带着所有行李被冲到岸边，带着一切。致以多重美好的问候。回头见！[1] 您的英格博格·B。"

这轻佻的少女口吻在英格博格·巴赫曼这一时期的几封信中都有留存。其中有一封写给沃尔夫冈·希尔德斯海默的信，玩了类似的游戏，上演了混淆人物角色的喜剧。当她写信给赫勒雷尔——他毕竟还是颇有影响力的《重音》杂志主编，我们可以猜测，她是知道自己这些话的魅力的："2月份，大熊会打滚滚到法兰克福来，就在这个冰冷月份的中间或结尾。大象会在此之前搜集一点儿蜂蜜，然后和大熊共饮葡萄酒吗？跳舞就不必了。它已经非常期盼见面啦，并非常衷心地送出爪子，您的英格博格·巴赫曼。"

写于1955年至1957年但未完成的短篇小说《安娜·玛丽亚的肖像》是一个有趣的见证，透露了英格博格·巴赫曼当时如何在不同的自我形象间来回穿梭。仿佛是一次试验规划：如果一个人对自己来说都是个谜，那他如何来演示自己呢？较为平庸无奇的女叙事者"我"遇上了女画家安娜·玛丽亚。小说一开始，这位艺术家的身上就被赋予了不同意

1　原文为意大利语。

义：她的一个朋友嫉妒和她有私情的村里牙医，去年她的情人是一个渔夫——尽管如此，他还是牢牢跟定了她，因为她是个"人物"。我们读到，这位安娜·玛丽亚给人感觉女人味儿不强，不是特别吸引人，但是她显然习惯了作为女人来被人追求——她对男人的作用"非常强大，不容否定且让人诧异"。在餐车上坐"我"对面的先生也认识安娜·玛丽亚，当听到别人说女画家性子刚硬，其魅力都流于形式并且是后天习得，他就反驳说："可是对她自己来说，世间只有她的艺术！"

英格博格·巴赫曼在这则短篇小说里再一次为自己铺展开了她在公共领域里所持有的形象——仿佛就是为了搞清楚，到底这形象有怎样的固定轮廓。但是要认清这轮廓，恰恰就要将多义性作为审美核心演绎出来。这其中当然也包括以下这几乎玩闹般的、带有自传意味的描写，安娜·玛丽亚尤其对男同性恋者具有吸引力，一个比她年轻许多的富家子弟甚至想和她结婚以掩人耳目。英格博格·巴赫曼享受自己的猜谜游戏。她还捎带嘲讽地影射了关于她近视的流言，仿佛她真的有意让眼睛变坏，好能显出恍惚迷离的神态。这位无名的第一人称叙事者有一次在罗马的鲜花广场偶然遇上了神采飞扬的安娜·玛丽亚。"她吃惊地看着我，因为我知道她这双眼睛好得很，所以我肯定她已经认出了我，却并不想认出我来。"

没有人对安娜·玛丽亚有深入了解，但是有许多故事在流传，首先当然是她与那些彼此迥异的情人们的故事。在安娜·玛丽亚死后，叙事者"我"还与一个朋友争论，某张照片上的人是不是真的是她。到最后，就连她父母在帕维亚附近的家宅后面的那棵樱桃树都变得模棱两可。她有一次向叙事者"我"讲述道，这棵树是她的自尊心和艺术追求的转折点和支点。安娜·玛丽亚的母亲却说这棵树早就被砍掉了，而且它本来就不是什么漂亮的树，"连花都没开过"。仅剩的希望就是，至少关于它的故事能够开出花来。但是《安娜·玛丽亚的肖像》只是一个短暂的尝试而已。

英格博格·巴赫曼很早就已经在小心翼翼地将自己的不同生活分离开来。在她和汉斯·维尔纳·亨策的所有通信中，保罗·策兰的名字一次都没出现过。让她内心深处波澜翻涌之事，与她在 50 年代中期这段时间的多次旅行途中所经历之事，仿佛属于迥然不同的两个世界。1955 年夏天，她参加了哈佛大学文理学院和教育学院暑假学校的一个国际研讨班，居住在美国。在那里她认识了德国出身的亨利·基辛格。基辛格在周末仍然还会关注自己家乡的菲尔特足球俱乐部的比赛成绩，后来他成了美国的外交部长。尽管基辛格身上这种组合看起来别有风趣，但是对巴赫曼的社会政治取向来说，与汉斯·维尔纳·亨策的讨论当然起到了重要得多的作用。不过，她在哈佛结交的另一个人对她日后影响极为深远：法国记者皮埃尔·埃夫拉尔和她，在这次相识之后，直到她过世之前，维持了一段断断续续跨越多年却秘而不宣的地下恋情。巴赫曼在 1955 年秋天就赶往巴黎去与埃夫拉尔相会，但是早于预期地提前离开了——因为"圣诞节的凄苦无助感"，她在一封信中这么解释说。1956 年年初，她在罗马觉得自己又陷入"一种新的不确定"之中，从 2 月到 8 月都待在那不勒斯亨策身边，虽然在这之后又想奔赴巴黎，却因为久病不愈而被迫推迟出发。12 月，她在巴黎和平旅馆写下了一首神秘的、没有收入任何诗集的诗，就以《和平旅馆》为题，这首诗标志着她精简的晚期诗歌创作的开端。这与保罗·策兰没有直接关联——巴赫曼这边显然再没有任何重建联系的举动，他的严厉回绝太过决绝。但是她到了巴黎，也就是说她置身于策兰的生活环境里。和平旅馆紧挨着护城广场。巴赫曼住在大学区正中间，这是策兰最喜欢游走的街区。彼时策兰的儿子埃里克刚出生，他们一同度过了第一段幸福的家庭时光，也是在这段时间，策兰频频在巴黎街头漫步。也许缘分就在空气中，说不定巴赫曼会在街上遇见策兰，她肯定对此有过期待。策兰选择小小的护城广场作为自己钟爱的地方，并非随意而为，这里有他最爱的咖啡馆。

在广场中央立着泡桐树——含有他名字的树——维也纳城市公园里的树！德语中这种树被俗称为"蓝钟树"，她看到这些树的时候，肯定回忆起了什么。她与居住在巴黎、先后在《巴黎竞赛画报》和《观点》杂志社工作的皮埃尔·埃夫拉尔的恋爱关系并不包含义务，不会承诺她一个坚实的未来，这多半也是她从一开始就心知肚明的。

她的旅馆房间给这次巴黎之行烙上了印记。她三十岁了，没有固定伴侣，尽管如今闻名遐迩，但依然在经济上捉襟见肘。巴赫曼常常"在咖啡馆写作（尽管我并不太喜欢这么做），因为今天暖气坏掉了。平时的话旅馆还挺不错的，斜楼梯上地毯铺到了二楼[1]，然后就是直楼梯，但是没有地毯了。我住在五楼。这个房间比预料中的还要小一点，墙纸上有玫瑰花丛，地毯上有三丛红色的，被套上还有另外两丛。佩齐熊[2]惊愕地坐在床上方的中央暖气片上。身着施蒂里亚套装的男孩子装饰着一个装不进书的书架。书架一侧雪花飞舞。这里是这么灰暗，很多灰色，几乎没有白日来到。拉丁区的这个角落看上去就像是在一个村子里，但是这是个极为混融的村子。第一天傍晚我在一家满是阿尔及利亚人的咖啡馆里，晚饭则是在街角处一家安德烈斯群岛[3]餐馆解决，餐

1　欧洲习以建筑地面上的第二层起计，其所称的二楼实为建筑的三楼。

2　威尔海姆·汉森和卡拉·汉森夫妇于1951年创作的漫画形象，风靡欧洲。

3　加勒比海中的群岛，除巴哈马群岛之外西印度群岛的所有岛群。

馆很狭窄也很寂寥，但是有一些克里奥尔人[1]在厨房里唱歌。许多人在这里用被遗弃的处境来换取自由。没有解脱之道。"

这首以《和平旅馆》为题的诗就是一张被浓缩成瞬间的快照，是一束聚射的光，投向英格博格·巴赫曼在这个时间点上的生活感受：

> 玫瑰沉沉，无声无息从墙上坠落，
>
> 透过地毯闪现出大地和地板。
>
> 光之心破灯而出。
>
> 黑暗。脚步。
>
> 在死亡面前门闩已推上。

在几个星期之后，她搬到了另一家旅馆，"几乎没法说出什么，因为一切都开始滑落——最开始的孤独算是最好的了。我不再相信我了解巴黎了——它越是向我伸手，我受到越多惊吓。我想回家，回到罗马，走上几百米坚实的路，在一切于我眼中变模糊之前。（……）只要想到在那里的许多时日中一切熟悉的细节，想到一切曾经让我感到幸福的事物，这里的挫败对我而言就无所谓了。我需要四个肩膀，可是我只有两个。"

---

1 原本指出生在拉丁美洲的西班牙殖民地的西班牙白种人后代，后来泛指拉丁美洲出生的欧洲移民后代。

她在几年之后以《三十岁》为题发表的那些短篇小说与这段漂泊的人生，这看似毫无目的的来回游荡，这浮于表面或未曾投入过的恋情都有关系。它们按照各自的方式围绕着英格博格·巴赫曼三十岁生日左右的人生阶段。她在这个时段写的一首诗，名字叫《爱情，黑暗的大洲》。

在1957年年初，她做了一个决定。汉斯·维尔纳·亨策是她过去这几年里最重要的牵系之点，但是现在彻底清楚了，她无法在与他的棘手关系上建造自己的人生。当她完全解开了与他的纠葛，当他们决定此后以兄妹而非夫妻关系相处，她给他写了一封信。她首先也是为了自己，思考了她与男人们的关系，也思考了一种也许具有毁灭性的独身。她似乎已经预感到了接下来她即将面对的许多事。但是她对自己宣告，她准备好了，戴上战斗手套："当你拿到这封信——这是许多自杀遗书的开头，但是我的信不属于这一类，也许甚至是开启新生的一封信。有某种预感告诉我，你会理解我，你会理解这个将我带到不知多少公里之外的不同寻常的决定。那会是很多，很多公里。那会是世界的另一头。推动我做出这个决定的，并不只是激情，而是更多的东西，如果你愿意，可以说它是更甚于激情的东西。而就其本身来说，这就是，我懂得了我所承受的、正拖累我的艺术的空虚。当我今天离去，我只求你一件事，如果我回来，什么都别问，为我留在原地就好，要问就问我是想马上喝茶还是稍后再喝。替我保存仙客来花儿的颜色。我还爱你，我会一直爱你，但是这是另一种爱，一种不会因怀疑而操心的、纯洁的、兄妹间的爱——还有另一类事物，它摧毁人，它有摧毁性，它会用尽它所有的一切或者全然无动于衷，以此在将来让我知道，我有什么价值，我不具有什么价值。是我，汉斯，都是我在把所有事物推向极端，因为男人们都是懦夫。真奇怪，我不久前刚写了这样一片黑暗的大洲，如今居然真的要去那里了。我感到了早年那份强大的勇气。"

X
面纱下的赤裸女人们
策兰与他的情人们

在宁多夫的四七社聚会后，策兰与许多新结交的人都保持了联系。比如和海因里希·伯尔就发展出了小规模的通信往来。二十七岁的赫尔伯特·艾森赖希在他们于四七社相识一个月之后就到巴黎来看望他，但是却带来了一个未曾预料的副作用。这位出身于一个笃信天主教的旧奥地利市民家庭，在战争中受过重伤的作家，向策兰介绍了小自己三岁的妹妹布丽吉塔。她从奥地利的逼仄中挣脱出来，在1951年11月以互惠家政工[1]的身份留在了巴黎。

他们三人一起共度了傍晚和上半夜，在拉丁区的核心地带，策兰得以展示自己对当地有多熟识。布丽吉塔·艾森赖希在她写于2010年的回忆录《策兰的粉笔星》里记述道，他是"一个诗人，但毫无疑问，在任何时候也都是个引

---

[1] 指居住在国外某个家庭中，以家政和保姆服务来换取食宿的青少年。

诱者，有着固定的一套魔术剧目"。当中也包括，在"穷人圣朱利安教堂周围的狭窄小巷里"漫步，带人游览巴黎最深处最古老的中世纪教堂——策兰的其他年轻女伴也都有此说法。位于西岱岛尖端、靠近巴黎新桥的绿雅园，也同样是这样一个地点，它之所以有这个名称，是因为法王亨利四世喜欢到此地的绿荫下"享受风雅的幽会"。布丽吉塔·艾森赖希也描述了让人着魔的细节，其中包括往下走到塞纳河岸边，听"他们敲击码头墙时""铁环发出的奇特非凡的声响"。这些铁环是以前用来固定船舶的。她还记得，策兰在他们沿着码头阶梯重又往上走的时候把手递给了她，记得她穿着一条绿色的裙子，裙子"在风中飘舞"。特别能体现这位在几十年后追忆往昔的奥地利女士的个性特征的是，她格外冷静地说明了这条绿裙子的来历。它来自富有的美国淑女当时寄往欧洲的一个爱心包裹，包裹中部分是纽约时装秀上的奇装异服，并不怎么符合礼包寄送对象，那些贫困女子的需求。但是有时候，在不同寻常的场合里，这样的衣装似乎正合适。

这位无拘无束的年轻女子决定在巴黎生活，她的生活方式极度贴合当时盛行的关于个人自由的存在主义观念。她已经在索邦上起了大学，很快就被这位魅力十足而不同寻常的人所吸引，她哥哥之前就告诉她这是位"真正出类拔萃的诗人"。策兰已经在学院路上的一个旅馆房间里住了四年，所以她时不时便就近从索邦大学去登门拜访。有一次，她和一群奥地利艺术家一起在这个房间里遇见了他和吉赛尔·莱特朗奇，他向他们介绍这是他的未婚妻。"结果我当然就中止了我的随机拜访"，她在回顾这段往事时简明扼要地写道。但是这并不是最终结局。

在1953年秋天，布丽吉塔·艾森赖希搬到了克勒贝尔大道拐角处的一座住宅楼里。她知道策兰的新地址，离此地非常近。她往他家送了个口信，用了某个文学事宜的借口。随后，据她自己所述，发生了如下事情："我没有得到回音，但却在某天傍晚听到有人在楼下的街上用口哨声吹起了舒伯特《第八交响曲》，也就是所谓的舒伯特《未完成》的著名主调，我立刻就认出这是向我发出的信号。策兰来到了我家，走进了我这间高楼顶上的小房间。一场几乎持续了九年的恋爱关系就这么开始了。"

更年轻的情人就在与妻子共同生活的自家居所附近——这像是经典法国电影里的一个安排。但是不止于此：1953年10月，策兰的第一个孩子弗朗索瓦在出生之后没几个小时就夭折了。艾森赖希的住处，在策兰本就常做的穿城漫游中，"某种程度上成了途中休憩与获取安慰之处"。

布丽吉塔·艾森赖希透露道，她本没有主动写到策兰。

她以为所有能证明他们恋情的通信和物件都已经丢失了。在马尔巴赫的文学档案馆所收录的策兰遗物中却有人发现了一卷书稿，其中有她写的诗。她自己都不记得写过这些诗了。这些诗明显受了策兰的影响，艾森赖希开始用他的音调写诗。比起英格博格·巴赫曼，她更算得上是一个学徒——尽管两者之间有些有趣的交点。

八十二岁的布丽吉塔·艾森赖希追忆自己早年情事时，语气淡然，但有时也会表露出些许惊诧。她后来作为民族学家在学术上颇有成就。从她疏离而客观的措辞中也能稍微感觉到她在努力与旧日的自己，那个她如今已经无法理喻的年轻女子划清界限。她当时一心要从奥地利的境况中脱离出来，描述这个心愿时她非常平静。她在二十三岁初到巴黎时便想靠自己站稳脚跟，这契合了那时候流行的一种情绪，日后它应该会被称为"自我实现"。我们甚至会有这样的印象：策兰结了婚这件事，倒也正合她意。

尽管如此，字里行间还是传达出了一种引人注目的紧张状态。她常常不耐烦地等待策兰到访，在自己的日历中做标记，如果他晚了几日没来，就会记下她的失望。她也明确无误地指出，她是在和策兰的恋情于 1962 年左右彻底结束后，才重又进入了固定关系中，并结了婚。不过，"一切都遵循保密原则"，她随时注意抹除他们关系的一切痕迹。对她而言，她要保存"我们相遇之初的那种悬而未决的性质"，她在意的是瞬间的刺激与美。在这个意义上，她发明了彼此共享的种种标记。为了表明她在家，她会在窗前挂一条白色毛巾，作为"信号旗"。她搬了家之后，就在新居门口固定了一块黑石板，附以一小截粉笔。如果策兰来了而她不在，他就会在黑板上留下一小颗星星作为讯号——在他的诗《在锋利的尖点上》就出现了这样一个"粉笔星"。布丽吉塔·艾森赖希指出了两者间的关联。这些小星星是一个个不可读的签名，是"彼此意会的沉默符号"。在她早年唯一留存下来的信中，她没有署名，而是在落款处留下了三个打字机打出的星号。这是一种"密码文字"的一部分，也被策兰收录进了自己书中献给艾森赖希的"扉页献词密码"中。

她几乎表现为策兰的一个完美情人。最初那几年，她不是用常见的"你可好？"这样的问候语来和他打招呼，而是偏爱用法语的"你的爱还在？"——"很长一段时间里我们也真的在问对方这个问题"。这句话里当然也与阿波利奈尔的诗《米拉波桥》中那句著名的"我们的爱"遥相呼应，诗中问道，是否该追怀已逝的爱情。这首诗对策兰而言，颇有深意。布丽吉塔·艾森赖希出入于当时流行的爵士乐吧，也会去被她自己称为"秘方"的所在。她在这里如鱼得水，再自然不过了。她和策兰的妻子吉赛尔完全不同，代表了与酷酷的爵士乐和塞得过满的烟灰缸相关联的生活体验。而且她会唱的歌也和策兰青年时代所唱的革命歌曲有一定的交集。她列出了具体歌名，如《华沙工人曲》《红军游击队歌》或者《团结之歌》。她为了和策兰过波希米亚式的生活，甚至甘愿堕了一次胎，为此不得不奔赴柏林。她对此情况的简短描述成了鲜明亮眼的时代记录。在布丽吉塔·艾森赖希这里获得的共鸣，截然不同于策兰在和法国贵族之女的婚姻中所体验到的。不过，这位奥地利女郎还有另一层迥然相异的意味：她无疑接过了曾经指派给英格博格·巴赫曼的"异邦女子"的角色。

这位"异邦女子"是非犹太族德裔，但是她和策兰有着共同的母语。布丽吉塔·艾森赖希说的是奥地利方言，这能让他联想到哈布斯堡王朝和他自己的故乡，他当年也是为此才奔赴维也纳的。她是在他因为吉赛尔而断绝了与英格博格·巴赫曼的关系，并最终和这位法国女子结婚的时候走入他的生活的——她填补了此时敞露出的一个空位。德语是他的创痛点。许多同代见证人都描述过，他难以启程去联邦德国，尽管对他来说德国对其文学的认可是如此重要。虽然他在巴黎，在罗曼语界域里，以一种于他相宜的流动性活动，但是他在这里毕竟一直都缺少作为口语、作为日常语言的德语——布丽吉塔·艾森赖希事后确认道："他之所以来到我身边，其中一个原因，甚至可说是首要的原因，是他要为这种缺失寻找补偿。"

与英格博格·巴赫曼不同，她更贴近他的情人设想。她不会对他做出暗含自己的文学野心的反抗，她不论在恋情中还是在诗歌创作中都不构成竞争。但是极其独立的布丽吉塔·艾森赖希首先是一种超越"典雅爱慕"[1]之原则的捍卫者。策兰的妻子吉赛尔正代表了这种典雅爱慕，它会让人想到中古德语中的骑士爱情观，这也是他在诗中常常唤起的印象，但是对他而言，也还存在其他形式的爱恋。布丽吉塔·艾森赖希比英格博格·巴赫曼更明确地体现了其中一种别样形式的爱恋。她构成了一个对立面，由此吸引着他。这是一个特殊现象。策兰认识自己的妻子还没有多久，他才刚刚与她结婚，而同时他又与布丽吉塔·艾森赖希保持了有着强烈性爱意涵的长久关系。此外，她也不是唯一一个——随着时间推移，策兰的许多类似情事——曝露，特劳特·奥格里斯、莫妮克·克普克、希尔德加德·巴尔特等名字都浮出水面。那哼唱舒伯特《未完成》的旋律、出现在门前的独特口哨声，埃迪特·霍罗威茨－西尔伯曼就已经提到过，莫妮克·克普克也向克劳斯·福斯温克尔讲述过。后者与策兰

1　典雅爱慕（Hohe Minne）出自中世纪爱情观念，指的是骑士对地位高于他的贵族女主人的爱慕，往往排除了肉体欲望。

的情人关系在巴黎从 1951 年年初持续到 1952 年年中，这关系之所以最终消散，是因为她不太能读懂策兰的诗。

在策兰身上，诗歌和人生也总是以一种极具感官刺激的方式结合在一起。有些人描述了他和其他人在咖啡馆坐到夜深时会如何活跃起来。有一次邻桌大学生引用了"亨利"·海涅[1]的诗句，他喜不自禁，克劳斯·福斯温克尔记得，策兰随即也开始念诵海涅的诗句，然后念起了自己的诗。桌上是四散的面包屑，白色纸巾上到处都看得到葡萄酒渍："诗中浓缩了浩繁的世界历史！"策兰兴奋地说。也许并非无关紧要的，是福斯温克尔所记述的他与策兰的谈话中以四七社为主题的那些内容。策兰以某种方式暗示说他当时觉得那些事件"怪异"，"但是我完全不知道他是不是觉得它们很恶劣。不管怎样，他一说到这个主题，就会立刻提到英格博格·巴赫曼。"宁多夫聚会结束后，几位作家直接赴汉堡的西北德电台录制广播节目，这之后其中几人还去游览了圣保利街区。游览的高潮是赫伯特街，这是条特意用特殊路障作为标记的花柳街。对此策兰着重说，"这个活动的策动力"是英格博格·巴赫曼。福斯温克尔强调，对于策兰这一批年轻人来说，策兰在 60 年代早期之所以变得如此重要，是因

---

1 也即海因里希·海涅（Heinrich Heine, 1797—1856），德国犹太诗人，后半生都在巴黎生活。

为他在自己的诗中也以情爱和性为主题。这种有情欲色彩的语言形式在当时非同寻常，令人耳目一新。

策兰绝对也是弗洛伊德所定义的"情欲和温柔之流发生分离"的现象之一例。一边是妻子吉赛尔，因为仪态庄重而受他敬慕，另一边则是更迭变换的情人。在新婚阶段，策兰给他妻子写了多封美妙的信，但是那些发端于泽诺维茨的情欲与诗的关联却在婚外延续。所有对策兰其人的描述都少不了魅惑、诗意、游戏的品质。情欲和语言上的情色与他作为诗人的自我体认水乳交融。"典雅爱慕"只是其中一部分。婚姻所提供的依靠却不受影响。

布丽吉塔·艾森赖希常常会翻来覆去地描绘她所称的"策兰那仅仅貌似矛盾的态度"：既对吉赛尔忠诚，又"旁逸斜出，与其他女人私会偷欢"。和许多可与之类比的心理历程一样，其中种种并不能清楚地分割开来，有时也会暴露出裂口。布丽吉塔·艾森赖希在文中某处以引人注目的直白写道："我意识到，策兰在我这里感受到的强大的生理吸引力，让他觉得不安。"她将自己描述成一个有着金色泛红长发、暗绿色眼睛的年轻女子，背总是微驼。她说策兰曾将她比作老卢卡斯·克拉纳赫[1]画作中那些戴面纱的裸体女人们。

---

1 老卢卡斯·克拉纳赫（Lucas Cranach der Älteren，约 1472—1553），德国文艺复兴时期的重要画家。他儿子与他同名，也是极有影响力的画家。

在艾森赖希的回忆中总能一再感受到策兰的启发作用。这作用绝不可与诗性生存对他的极高意义分离，后者释放出了一种强大的吸引力。在她和策兰及自己的哥哥共度的第一个夜晚，在巴黎这座城市展示出丰沛的魔力时，他在她眼中就已经是"极其令人心生爱意"的。她随之追加的话一开始像是否定，而这也颇有她的风格："但是从这一时刻开始，我就注意到，他的生活和他的诗歌创作是多么合为一体。"

策兰的情话风格高雅，有呼告的格调。这也许是让诗性与先知气质协调共振的最激越的形式了。这种话语始于泽诺维茨，对象是他最早的女朋友埃迪特·霍罗威茨和最重要的情人露特·克拉夫特，随后在布加勒斯特得到延续，比如为迪特·克洛斯 - 巴伦德蕾特而叙说。诗，高举自我，消溶而醉倒：对布丽吉塔·艾森赖希而言很有代表性的一个场景是，策兰"整个儿欢呼雀跃地"向她讲述他刚刚完成的翻译——兰波的《醉舟》。"对他来说这就如同一场胜利；他让我参与这场胜利。他在感官亢奋之际，会脱口而出'女王'这个词——这一天也是如此。奇怪的是，我当时就觉得这个呼喊并不是对我个人的称呼，而是某种具有仪式感的东西。"

布丽吉塔·艾森赖希的另一个观察在这个语境里显得很重要："在朗诵诗的时候，他的嗓音往往比他本来的中音要高一个音区。"策兰那具有仪式感的东西就是诗。他朗诵的方式在联邦德国早期往往显得怪异，但却精确地表达了这一点。旧奥地利的舞台腔和他作为被迫害的犹太人的个人命运汇合为一，他认同霍夫曼斯塔尔的观念——诗存在于"此生的坠落"——这绝非偶然。

在艾森赖希的回忆中时不时会闪现出一种痛苦，这与策兰的不可接近相关。她提出了具有代表性的问题："他是备受爱慕的人，这毋庸置疑。但是心中怀有对'自由'和'真理'之梦的他，会是全心去爱、反复去爱的爱恋者吗？"他们之间从来就不是平等关系。艾森赖希随机应变地做了多种尝试，即使在对她来说更为难堪的时刻，也会设身处地地考虑策兰的立场。"每当对他的要求和渴求过多时"，她就会看到"他人生中的一个常态；要分担他人的痛苦，将其增添到自己的负荷上来，他难以做到，这并不令人意外"。他自己的负荷当然也就是在集体屠杀中幸存的那种负疚感——对此他不得不预感到，这份负疚感如果要让一个甚或唯一一个情感支持者来抗衡，会成为太过沉重的负担。他与吉赛尔的婚姻可能也以此为特点。

艾森赖希将他们关系的第一个阶段，也是无负累的阶段划到了 1957 年。这首先有着私人原因，但那年也是策兰在联邦德国的文学行业中大获成功的一年，而且针对他的敌意和阴谋还未引起注意。这是策兰最美好的巴黎时光。一切仍以他的文学起步为标志：他自己认可出版的第一部诗集《罂粟与记忆》在 1952 年圣诞节就已经印刷出了一部分，作为礼物送给出版社的朋友，随后 1953 年春季正式出版发行，持续引发巨大反响。针对策兰的批评声音在很长时间里都销声匿迹了。虽然有零星几个褊狭的恶评，但是占主导地位的评论明显是赞扬。他成了德语文学中一个重要的声音，他的第二部诗集《从门槛到门槛》在 1955 年再次证明了这一点。他的作品发表在了最重要的文学杂志上，此外他很快作为现代文学译者声名鹊起，也挣到了钱，甚至还驾轻就熟地顺便把西默农 [1] 的两部梅格雷小说翻成了德语。他一路高升，进入了法国贵族的社交圈，对此他格外自豪。1955 年他的儿子埃里克也出生了：许多事情看来都走上了可全局把握的轨道。当位于斯图加特的南德广播电台在 1954 年 6 月 15 日播放策兰诗歌朗诵的一期节目时，编辑卡尔·施韦德黑尔姆非常顺理成章地用这样的话来做开场白："保罗·策兰这个名字对于所有乐于读德语诗歌的人来说，都是个固定的概念了。"

　　这期节目之所以意义非凡，是因为除了作者本人的作品朗诵，施韦德黑尔姆和策兰还做了一次简短的对谈。这是

1　乔治·西默农（Georges Simenon，1903—1989），比利时著名侦探小说家，一生发表了八十多部以巴黎探长梅格雷为主人公的探案小说。

策兰在广播或电视台接受过的唯一一次采访，也是唯一一份能听到他谈话声音的资料。策兰在这样一个他肯定感到相当曝露的境况下，在联邦德国的一家重要广播机构里，在文学行业的一个展示舞台上，如何言谈举止，这会给我们许多启发。第二次世界大战还没有过去很久，德国人对犹太人的集体屠杀在联邦德国的公众舆论中还几乎无人关注，在一般人的意识中则是一个巨大的空白。因此，策兰出身何处，他有过怎样的命运，这些信息都必须立即提升到一个更高的存在空间里去。一个典例是施韦德黑尔姆最开始勾勒策兰的经历背景的方式："如今您当然在许多语言中穿行过，因为您出生在罗马尼亚，尽管是在一个说德语的环境中。您肯定从一开始就吸纳了其他语言世界里的各式刺激和多种印象。您战后在维也纳生活过，在沉重的命运夺走您父母之后。随后您迁居到了巴黎，现在在那里与您的法国妻子为伴，那么德语自然仅仅成为您日常语言一部分了。对于诗歌创作来说，这难道不会造成某种困难吗？"

策兰的回答相对较短，似乎要用一种自信的日常化语调来回应施韦德黑尔姆的庄重语调："至于当下法语造成的危险，我也许可以这么说，只要我还用德语做梦，我就知道这些危险都会被驱除。"

"做梦"这个词引入了一个新的谈话维度，采访者卡尔·施韦德黑尔姆迅速将这个维度转移到了策兰的诗上：他发现这些诗很多都回溯到了梦。策兰肯定了这个发现，随后就开始谈论他的"切身命运"。但是有趣的是，他这么说并不是在公开挑明他的犹太出身和对侥幸免于一死的自知。他指的是自己的德语母语和它遭受的威胁："我要说，我的诗，也许，的确有朝向梦幻特质的倾向，这在别处也和我的切身命运相连。就像您之前说过的，我生活在一种语言的流亡中，也即被其他我根本从来没有了解过的语言包围，虽然我在另一个层面上也感受到它们的某些刺激。罗马尼亚语从始至终对我来说都是一门陌生的语言，我不需要和它打交道，虽然我不得不在罗马尼亚学校走一遭。它也许只是一件小外套，在我离校的时候很容易就能脱掉。所以对我来说这并没有构成什么危险。而现在法语带来的危险当然就更大了。我在巴黎观察到了一种特定的语言清洁现象，这就是说，我置身于另一个语言的对立面中。我举个具体的例子，当我遇到一个在德语中不常见、不是转瞬就能想到的法语习惯用语，我当然就必须立刻跑到字典那儿去，重新保存并护卫我自己的语言遗产。我的情况就是这样。但是这两种语域的对峙，另一方面也加深了对语言的感觉。"

"语言清洁"这个词接下来又出现了一次，那是在谈到策兰作为译者的工作的时候，翻译工作"让他熟悉了自己的语言"。对于策兰来说，具有决定意义的是，德语对他和对一个在一般的德语区长大的人来说都同样是母语。他很看重自己的德语，并在这个背景下使用了"语言清洁"这个引人注目的概念，不然这个词会引发让人不适的联想。[1] 施韦德黑尔姆用这样一句话结束了翻译这个话题，他不想"略过"策兰的"主要工作"，也就是"作为诗人的创作成就"，对此策兰则简短地确认道："但是我认为这是更本质的事。"

我们可以感觉到策兰在此过程中的紧张。在他父母遇害之后没过几年，他就坐在一个德国的广播电台演播室里，他显然每分每秒都意识到了这境况的诡异。纳粹对犹太的集体屠杀对策兰的写作有怎样的影响，一次都没有被提及。一年多之前出版的诗集《罂粟与记忆》中收录的《死亡赋格》不是这次对谈的主题。当对谈围绕诗展开的时候，施韦德黑尔姆的提问一如这个时期在西德的惯常做法：问题涉及的是更高层次的、迷离梦幻的事物。值得注意的是，策兰在接下来的广播进程中开始以惊人的方式发笑，甚至窃窃偷笑——在他的诗中见识不到他这副模样。这也不符合日后人们通常为他构造出的形象。策兰以这样的笑来应对他所承受的压力——一方面是人为营造的媒体情境，另一方面是对他个

---

1 纳粹德国从种族主义角度强调德语的纯洁性，经常使用类似的用语。

人的考验。这也显示出了一种心理倾向，在往后的岁月里它会变得越来越不稳定。

接下来，当策兰朗诵他的诗《旅伴》的时候，气氛变得几乎鬼气森森——这首诗明确地展示了他那位在乌克兰纳粹集中营里遇害的母亲的死。它也展示了这首诗的作者如何面对母亲的死。但是关于这首诗的最为具体的起源，对谈的两人都未置一词。施韦德黑尔姆没有提，更加显得不真实的是，策兰自己也没提。他迂回地说起了童话作家安徒生，语带暗示。策兰是在施韦德黑尔姆请他从《罂粟与记忆》中选些内容来介绍的时候说到这首诗的："您难道不想从这本诗集里挑些诗来试读一下吗，这样也能稍微展示其中的主题。您作为诗人在现实和超现实之中想要诉说的内容，您的表达所指向的内容。"

策兰是如此引入这首诗的："我想这么来回答这个问题，我认为所有真实的、真正的艺术品都会超出自身而向外界延展。我努力向外延展的一个空间，就是童话。但是随着岁月流逝，经验增长，又有新的空间添加进来。我今天当然还没法把这些空间归纳成一个简短的定式。但是通过童话、通过魔咒的空间而得以呈现的那个过渡阶段，也许能给听众和读者提供一种尽览全局的可能性。请允许我朗诵诗集《罂粟与记忆》中的一首小诗，对我来说，这首诗与之前所写的、目前还未发表的诗歌保持着关联。在我为这首诗寻找标题的时候，我也借由这首诗捕捉到了我自己，这里又是一段童年记忆，实际上是我在一句一句地写这首诗时根本没有记起的一则安徒生童话。但是这童话稍后却自己显露出来。所以我就将这则安徒生童话的标题用作了诗的标题，虽然这首诗的内容和那则童话毫无共同之处。也许我可以说，这首诗自己从这则童话里走了出来，在自己的路上继续前行。"

接着策兰就朗诵了这首诗：

旅伴

你母亲的灵魂飘浮在前

你母亲的灵魂助人环行黑夜，绕过一礁又一礁

你母亲的灵魂鞭策鲨鱼们往前

这个词是你母亲的受监护人

你母亲的受监护人分占你的床榻，占去一石又一石

你母亲的受监护人俯身去拾光的碎屑

从今天的视角来看，这首诗的意思相当明确。但是有迹象表明，策兰在施韦德黑尔姆问他的表达有何指向之后引述这首诗，并不是为了提起他现实中的母亲，不是有意指涉具体的历史事件。在这期以庄重姿态致敬抒情诗的节目里，那样做

不仅仅看起来像挑衅，而且肯定还会让策兰在各个角度上都感到力不从心：他找不到合适的词语来做出那样的指涉。对这首诗进行阐释，将其放入合适的框架里，就成了施韦德黑尔姆的任务。而他看似已经做出了相当大胆的试探，他在策兰朗诵完之后小心翼翼地问道："在这首诗里，六行诗句也形成了童话般的世界，梦幻世界，除此而外，这也是一种渗透了极强的现实刺激的表达方式。这首诗不仅仅是梦幻世界，我的印象是，它在一种高度升华的意义上也具有现代感。如果我们对其进行细致的研究，就会发现其中包含了这样一些层次，它们在我们脑海里仅仅简单呈现出 20 世纪中叶左右的面貌。还是说您觉得这首诗已经脱离出了那个时代？"

在 1954 年，奥斯维辛悲剧才过去没几年，类似的影射大约也就只能做到这个程度了。策兰这时顺着施韦德黑尔姆的腔调，含糊其词地说道："我觉得它根本没有脱离那个时代，也不觉得它有多么怪异，虽然在有些耳朵听来它会显得怪异。我也并不认为它远离现实，正相反。但是正如您之前所说，我们这个现实是包含许多层次的构造，不同层次都想通过这首诗得到呈现。在这个意义上，我认为这首诗完全是当代的，是贴近现实的。"

不同层次想要得到呈现，而这有待读者或者听众来实现。他们要探入埋藏得更深的层次，获取可能在那里呈现出的联想。对此的言说都是暗示，用一个新近的流行词来说，是"窃窃私语"。这样的言说给了策兰机会，他说出的话语能以此方式让人听到。"完全是当代的，是贴近现实的"：在沉浸于一种模糊暧昧的德意志"精神"的文化环境里，这样的表述几乎已经像是一种威胁了。策兰是在施韦德黑尔姆将"现实"这个维度引入谈话的这一刻才言及这个"现实"的——几年前他在给恩斯特·云格尔写信时就已经如此，同样地小心翼翼，并对自己的主观经验一语带过。策兰本来不必给云格尔写信。但他还是写了，因为对他来说，在他的母语区作为一个诗人被人倾听，这样的愿景大概比他对云格尔这样的人所抱有的疑虑更重要。但是对于广播电台的采访节目，而且还是与卡尔·施韦德黑尔姆这样一位好心男士对谈，他毫不反对。这本就是他想要的，是他的心愿。但是这么做，意味着也要承担相应的条件——仅仅收录在这个节目录音中的策兰的笑声，正反映了这一点。

在策兰的一生中，这是相对幸福的一段时光。然而这次广播电台采访已经显示出，他被迫陷入了多么分裂的境地。他在这个时间节点上还绝不会主动出击地谈论自己的犹太出身。也有证据表明，他此时还未开始广泛了解犹太教，还未潜心感受其特殊的神秘主义传统。布丽吉塔·艾森赖希写道，策兰"远离任何教派意义上的犹太人归属"。他与妻子在蒙得维的亚大街上住过挺长一段时间，他向艾森赖希表露过，"虔诚的犹太教信徒太过显眼地出现在附近的犹太教堂四周，他感到遗憾，也对其心生厌烦。"

策兰在经历个人灾难之后所写的诗当然遍布着受纳粹迫害经验的印记。尽管他受超现实主义和象征主义影响，但是这个时代维度决定了他所写下的一切。他用德语表达自己的方式根本无法与这一点分离：这是凶手的语言。犹太元素也一直存在于他的诗歌中，例如在《黑暗》这首诗里与基督教形成了典型的对峙。我们可以相当确定地指出策兰以极其认同的方式开始积极了解犹太传统的时刻：1957年5月他在塞纳河边一个旧书商那里买到了奥西普·曼德尔斯塔姆的俄语原版作品——他前不久还在这些旧书商这里发现了收录在库尔特·沃尔夫出版社《末日审判》系列中的卡夫卡首版作品。他立刻受到电击般的触动。他在曼德尔施塔姆身上发现了一位精神亲属，一个"兄弟"，就像他不久之后所写的，一个东欧犹太人的自我分身。曼德尔施塔姆和策兰一样饱受苦难，前者在40年代初死于劳改营。策兰立刻就计划翻译这位诗人的作品，并且总是将这位诗人的名字"Mandelstam"写成"Mandelstamm"，最后一个"m"重复两次，为的是强调这个名字的犹太属性，也即强调这枚"杏仁"（Mandel）来自的"族系主干"（Stamm）。曼德尔施塔姆为策兰提供了一个可用来对抗联邦德国文学行业的身份。

在接下来几年里，策兰的诗中常常可以找到直指犹太传统的词汇，卡巴拉[1]开始扮演更为重要的角色，偶尔也会有神秘主义的时刻受到召唤。比如，他关注格尔肖姆·肖勒姆[2]在卡巴拉流传史研究中论及的"从无中创生"，这是卡巴拉宗师伊萨克·鲁里亚（1534—1572）根据"Zimzum"（收缩）所描述的概念。它说的是上帝收缩回自身，才好为创世腾出空间来。上帝"退回到自己的深渊"，成为"无"，对此格尔肖姆·肖勒姆在书中进行了深入讨论。策兰和弗莱堡的德语文学学者格哈特·鲍曼谈到过"从无中创生"，目前也有不少德语文学专业的研究论著以策兰对犹太教神秘主义概念的探究为题。"Schechina"（同在）尤其让他心仪，这个概念和他自己的美学观念有颇多有趣的交汇点，它指的是"撒播"于世间的上帝分身，也便是陪伴流亡途中的犹太人的神性火花——这些火花代表的不是对世界的背弃，而是对受难者的关照。不过，他1960年5月底在苏黎世遇到奈莉·萨

---

1 卡巴拉（Kabbala）在希伯来语中是"接受"的意思。卡巴拉学说是犹太教的一个神秘主义分支。

2 格尔肖姆·肖勒姆（Gershom Scholem，1897—1982），出生于德国的以色列著名哲学家和历史学家，犹太教神秘主义专家，当代卡巴拉学说的重要奠基人。

克斯[1]后就此所做的笔记也挺有趣，其中记录了他与她的一段对话。奈莉·萨克斯承认道："我确实信神。"而策兰则回答说，他希望，自己"能渎神到底"。在此暴露出了他与奈莉·萨克斯之间一个不容忽视的对立。她表达的是一种和解的愿望，而他则要对现实和伤痛追究到底。对此，不存在更高一级的权威，也没有最终的统一形式。对他来说，位于中心的是具体的个体。在写给奈莉·萨克斯的女友人英格·韦恩的一封信——由伊雷妮·凡塔皮耶公布——中，策兰写道："诗，真正的诗——而不是这种或那种'抒情诗'——总是具有某种命运属性：它们指称一些事物，那些事物便存在于世间，便会到来，便在路上。在这个意义上，真正的诗也一直都是开放的。写诗的那个人知道这种开放状态意味着什么：他必须用尽一生将其穿透，不论他愿意还是不愿意。"

可供认同的宗教人物在策兰这里并没有引起重视，他在一位诗人身上找到了自己的认同对象。策兰写于1963年的诗集《无人玫瑰》就是"纪念奥西普·曼德尔施塔姆"的，其中也能找到许多与曼德尔施塔姆遥相呼应之处。在这个意义上，《带着来自塔鲁萨的书》这首诗里就出现了一个主旨句，它浓缩了俄罗斯女诗人玛丽娜·茨维塔耶娃的诗

---

1 奈莉·萨克斯（Nelly Sachs，1891—1970），出生于德国柏林的犹太女诗人，1940年流亡瑞典，后加入瑞典国籍。1966年获诺贝尔文学奖。

句（"在基督教气息最浓重的这一个世界里，诗人们都是犹太人"）："所有诗人都是犹太人。"诗人的存在和犹太人的命运，在此被设想成了不可分离的结合体。在整个 60 年代，在策兰笔下都可以看到许多对这一认知的指涉。"所有的诗人都是犹太人"，这也成了他的人生主旨句。

让·博拉克记录过一个可将这句诗召唤出来的典型情景。策兰曾在 1964 年 8 月底和彼特·松迪一起到多尔多涅省拜访他。三人在当地的谈话主要是围绕汉斯·埃贡·霍尔特胡森对策兰所做的批评展开的，霍尔特胡森在评论中将策兰的意象"死亡之磨坊"称为"随意滥造而显得浮夸的第二格隐喻"。艾希曼也说过，要让"磨坊在奥斯维辛工作起来"，"磨坊"是指涉奥斯维辛的一个惯用词语，对此霍尔特胡森毫无察觉。彼特·松迪向《法兰克福汇报》写了一封读者来信，攻击了这位评论者的政治态度，报纸则在发表这封信的同时也附上了霍尔特胡森的反驳："如果我头上还长着眼睛的话，那么这首诗与奥斯维辛和纳粹罪行就毫无关联。在策兰对犹太人的大规模屠杀有过明确表达的地方，也就是在他那首著名的《死亡赋格》里，没有出现过'死亡之磨坊'。"让·博拉克在他的描述中也提到了他妻子马约特的一则日记，它勾勒的画面可让人看到这段时间里策兰的面貌："一天傍晚，在多尔多涅，他沉浸于荷尔德林构造的形象和对荷尔德林的回忆中，这个时候他说'我就是诗'。那个傍晚他兴致勃发（平时他都紧闭心扉，回避他人）。我们静静地听他念出那些情感热烈的诗句。"

在策兰发现奥西普·曼德尔施塔姆，重拾尘封传统并钻研此前并不熟知的诗人的同时，还发生了另一件事。布丽吉塔·艾森赖希的日记本里记录了一个重要的中断。1957年10月14日左右，她开始等待策兰的下一次来访，但每天都只能记下"无事发生"："星期一——无事发生"，"星期二——无事发生"，"星期三——无事发生"，"星期四——无事发生"等等。这是意味深长的空无。因为最初的那位"异邦女子"，忽然再次降临，重归其位。

XI
爱之律法何其严！[1]
爱之狂喜

这肯定是一次震惊体验。那埋藏在深层、外壳长时间被坚韧而黏稠的日常生活所覆盖的东西，忽然之间被翻掘了出来。1957年10月11日到13日，"伍珀塔尔协会"邀请相关人士参加了一次题为"审思文学批评"的会议。在这个会议上，英格博格·巴赫曼和保罗·策兰时隔五年半之后首次重逢——毫无预备。他们之前并不知道会遇到对方。这场相遇引动之事，有其见证，这便是巴赫曼和策兰写在会议日程单背面并传递给对方的讯息："你什么时候走？什么时候回来？"（巴赫曼）"我今天八点去杜塞尔多夫。我明天早上回来。"（策兰）接着他又追加了信息，话说得暧昧不明，却能透露他心中已有微澜："我平时偶尔也会去。我可以想见：你能常常回来。"

---

1 原文为意大利语，引自意大利诗人彼特拉克。

保罗·策兰在伍珀塔尔巴赫曼下榻的旅馆里留下了一个信封,信封得以留存至今,但里面的内容却遗失了。已得到证实的是,策兰在会议结束一天后便与巴赫曼在科隆的一家旅馆相会了,旅馆地址紧挨着大教堂,在"宫殿街"上,日期是 10 月 14 日。在这里发生的事情,肯定远不止一次单纯的一见倾心 [1]。这是一个超凡绝伦的时刻,显然让策兰体验到了天翻地覆的感觉,这是看似天生一对的两个人真的走向彼此的时刻。刚一回到巴黎,策兰就向巴赫曼倾倒滔滔不绝的信件和诗。他几乎没有一天不给她发出一封新邮件。她此时已经在巴伐利亚广播电台有了一个固定职位,为此住在了慕尼黑。策兰在 10 月 20 日写下并立即寄给她的诗,直接表达了在科隆所发生的情事:

科隆,宫殿街

心之时光,伫立
被梦见之人,代表
午夜数字。

一些人往静谧中诉说,一些人沉默,

---

1 原文为法语。

一些人走他自己的路。
遭放逐与被遗失的人
得归家中。

你们大教堂。

你们大教堂未被看见，
你们河流未被聆听，
你们钟在我们体内深处。

这首诗的第一个词"心之时光"，有一个特别的意义指向。它似乎让惯常的时间失去了效用，它代表了一种新的、独特的时间，一种内核时间。心，它是具体的也是想象的，作为永不知疲倦的人之中心，代表了一切与爱情相伴的联想。"心之时光"是爱恋者的时光，因而也与第二行出现的"被梦见之人"相符，这正是西格蒙德·弗洛伊德对梦的定义：梦是一种"欲念的实现"。

"午夜数字"在"12"与"0"之间，在终结与开端之间，或者就像策兰曾在另一首诗中所写，"在恒久与从不"之间来回摆动。时间在这里静止了片刻，留出了空间给某类事物，该事物超越了对时间节拍的寻常感知。策兰有意与心醉神迷的过往建立起了一种关联，那过往便是他的诗《花冠》，在维也纳短短几个星期里献给英格博格·巴赫曼的秘密结盟诗。当前这首诗也在召唤一种时间，也在自身中融合了矛盾之物，也以不同的事物对抗单纯的时序流动。"心之时光""午夜数字"都是《花冠》中所呈现的那个"时间"在语言上的具象化。这两个短语完全可以读作对《花冠》那句结语"是时候了，要让时间到来"的一种可能回应。

位于这首诗中间的正是该诗的核心表述。它抓住了特殊的一刻。这一刻之所以如此特殊，是因为矛盾之物在这里交汇并融合为一——"宫殿街"是它们的乌托邦所在："遭放逐与被遗失的人／得归家中。"

"遭放逐"和"被遗失"都是第二分词，又被用作了名词，[1]这是人的存在形式。它们被拟人化，因此在此相遇，找到了一个共同家乡的是两个人。如此写法的出发点当是保罗·策兰和英格博格·巴赫曼两人的具体命运，虽然诗本身对此不着笔墨，但是作为个人经验这一点却明确无误。策兰"遭放逐"而出离了他最初的环境，那个不可重复的、语言与民族混杂的布科维纳。而英格博格·巴赫曼不仅仅在他这里，也在自己的文本中被赋予了"被遗失"的属性，这是

---

1 德语中的第二分词一般表示过去时态或者被动态，这里应该是被动态。动词第二分词可转化为名词，此时首字母大写。

根据她生平经验的自我归类。策兰在伍珀塔尔会议和科隆一夜之后，一回到巴黎就首先给她寄了一首诗《白与轻》，附有赠词"给你，英格博格，给你——"。他还随诗写道："在我写《白与轻》的时候——写了一天又一天——到了最后，'被遗失者'这个词进入了诗中。我立刻就明白，这就是你，我试着抗拒我自己。"这里涉及的段落如下："在背风面，千重的：你。/你和手臂，/我以这手臂赤裸地向你生长，/被遗失者。"

"遭放逐"和"被遗失"：这是"为了鬼魅般的原因"——就像英格博格几年前领会到的——而彼此排斥的两位诗人，两位离群独行者能被想象成两相结合的愿景。这其中也包括一种新形式的从容淡定：可以言说，可以沉默，"一些人走他自己的路"，不受烦扰。策兰的这首诗有一种颂歌的音调，见证了瞬间的幸福。如此不同却又如此共通的命运将两个被击溃的人连结在了一起。

单独成段的一句诗发出了呼唤，"你们大教堂"。科隆的旅馆置身于科隆大教堂的阴影下，但是策兰在给英格博格·巴赫曼誊抄这首诗的时候，在最后说出了他写这首诗时的位置："巴黎，波旁堤道"，这并非无关紧要。也就是说，他在圣路易岛，塞纳河右岸，在那里能眺望西岱岛、圣母院、巴黎的大教堂。这里与最核心的巴黎，与西岱岛上的圣礼拜堂，也即基督教文化在建筑上的古老见证相连，而这正是策兰心头最挂念而一再去探访的所在："你们大教堂"是向着神圣者的呼唤，超越了人但又赠予人，是一种预言。随后是细致刻画这"大教堂"的三重确认。这是一份对未来的希望。还有事物未曾穷尽，但可以预感到许多事情可能发生："你们大教堂未被看见，/ 你们河流未被聆听，/ 你们钟在我们体内深处。"大教堂和河流，科隆和巴黎，莱茵河和塞纳河——矛盾可以克服，"异邦女子"可以被带回家中，"在我们体内深处"的钟又接受了"午夜数字"，宣告有一种时间，只属于恋人们，只能被他们定义。《花冠》中的最后一句"是时候了"现在过渡为"钟在我们体内深处"。《科隆，宫殿街》是一首情诗，却又远不止是一首情诗，这是一份关于存在和社会的预设方案。"宫殿"（Hof）作为相会之地，也是一个天体的边缘地带和前沿地带[1]，就如同"花冠"（Corona）也是环绕太阳的光环，这正是策兰不久之后在毕希纳奖获奖致辞中说到的一种"乌托邦之光"向未来抛去的事物。

策兰深受他与巴赫曼的这次意外重逢触动。过后的最初几日他的信与诗如洪流奔涌，足可为鉴证。这是平常在他

---

1 "Hof" 这个词在德语中是多义词，也可以指天体周围环绕的晕圈。

这里见不到的一种姿态。在伍珀塔尔和科隆相见之后，策兰仿佛变了个人。他成了毫无保留的情人，承认自己的行为过失和误判，认可秉持独特个性的英格博格·巴赫曼，并和她攀谈。但是引人注目的是，巴赫曼一开始并没有回复。直到 10 月 28 日，在策兰已经写过几封信之后，她才发了封电报："我今天会写信这是难事见谅。"她难于应对自己引发的这场变化，在经历了策兰那次严酷的拒绝之后她不曾预料过这番情景。她正在写广播剧《曼哈顿的好上帝》，看待爱情和男女关系时持有激进的女性视角。她也刚刚写完了她的《三十岁》，书中满是幻灭，那是她在面对这一人生分界点时所意识到的。

但是也许恰恰是这些，让巴赫曼不同于策兰之前所认识的那个在 1950 年秋天尝试过与之在巴黎同居，并觉得自己高她一等的巴赫曼。如今巴赫曼已经是一位知名女诗人，她广受赞誉的诗集、1956 年出版的《大熊座的呼唤》策兰也读过。他由此猛然发现，她虽然对他进行了种种援引，但却实现了如此强大的独立发展。她现在作为诗人可与他平视了。他也注意到了驱动她写作的材料。在她 1953 年的处女作《延宕的时光》中，他的影响还格外清晰，现在这份影响却以全新的方式发生了转变。她和策兰在更高的层面展开了一场对话。

她早年的诗，和策兰相会于维也纳之后所写的诗，亦步亦趋地吸收了他的音调。但是后来，策兰的意象对巴赫曼来说所起的作用截然不同。例如，在他的诗《睡与食》中写到过一种"幽暗"："她作为玫瑰的前身，影子与水，她为你斟上。"巴赫曼收录在1956年《大熊座的呼唤》中的诗《影子玫瑰影子》却是这样的：

> 在一片陌生天空下
>
> 影子玫瑰
>
> 影子
>
> 在一片陌生大地上
>
> 在玫瑰与影子之间
>
> 在一片陌生的水中
>
> 我的影子

这首诗取用了策兰那首诗中的"你"，与他融合为一，偷偷地将文学对话带回到了人生经历的基础。英格博格·巴赫曼一步一步地将自己与保罗·策兰的私人故事转换为了文学：与诗人的对话，最初指向个人的相遇，随后逐渐转变为指涉诗歌本身的交锋。在认可地接受了富于暗示性且陌生的意象世界之后，巴赫曼越来越激烈地用倒转的引文对抗诗人对诗和爱情所做的美化。她在此采用了一个完全属于自己的新语调，以进攻之势彰显出女性视角。1956 年的诗集中最后一组诗《逃亡途中的歌》坦然化用了她在那不勒斯汉斯·维尔纳·亨策身边度过的最后时光。在这组诗里，巴赫曼从地中海岸边经历过的冬季写起，将这经历转化为普遍经验：教人爱情的火山景象，恋人们的彷徨失落。《逃亡途中的歌》展示了一个正在写作的"我"的运动，这个"我"显然出自巴赫曼自己的人生处境。最后一个片段肯定深深打动了策兰，这里呈现了一种诗学观，正与他本人的相通。奇异的是，巴赫曼在这里已经展露了策兰后来在 20 世纪 60 年代诉诸言词的念头，"还有歌 / 会在人的彼岸 / 唱起"，这是他在 1963 年年底所写的诗《线太阳》中的诗句。巴赫曼所写，宛如其前身："爱情有一场胜利而死亡有一场胜利，/ 时间和之后的时间。/ 我们没有任何胜利。/ 只有天体在我们周围坠落。余晖和沉默。/ 可是吟唱那之后的尘埃的歌 / 会升起凌越我们。"

对巴赫曼来说，这是一个新的诗歌音调，体现了一种新的自信。她 1957 年年初写给汉斯·维尔纳·亨策的那封告别信，从多个方面看信息量都属丰富，但并未寄出，其中也表达出了这种自信。这封信首先是一种自我确认："还有另一类事物，它摧毁人，它有摧毁性，它会用尽它所有的一切或者全然无动于衷，以此在将来让我知道，我有什么价值，我不具有什么价值。是我，汉斯，都是我在把所有事物推向极端，因为男人们都是懦夫。真奇怪，我不久前刚写了这样一片黑暗的大洲，如今居然真的要去那里了。我感到了早年那份强大的勇气。"她当时有什么具体的想法吗，她现在"真的要去"的那片"黑暗的大洲"在这一刻是有明确定义的吗？她写这些句子的时候不可能想到策兰，但是她在真实地理空间里的去向，首先被清楚勾勒出来：这就是慕尼黑，是巴伐利亚广播电台的工作岗位。但是让她出类拔萃的，策兰在伍珀塔尔时不可避免地在她身上留意到的，正是"早年那份强大的勇气"。

她以这种姿态走向策兰，肯定让他为之倾倒。在他从巴黎寄出的最早几封狂热情书中，有一封透露了激荡他的具体事物："在我遇到你的时候，你对我来说是双重的：是感性的，**也是精神性的**。这两者永远不会分割开来，英格博格。"值得注意的是，他是多么强调这个论断：对他来说，"感性"和"精神性"同时可以在她身上感受到。这一认识肯定动摇了他心中某些陈见。之前那些年里，这两个维度分别对应于他和妻子的关系与他同时和布丽吉塔·艾森赖希维系的私情，两者格外显眼地彼此分离。他自己曾经对此有过记述。他现在对英格博格·巴赫曼的感知，却让某种分离机制失效了。

10 月 16 日，他回到巴黎后立刻给她写了第一封信，如此说道："我向吉赛尔说出了一切。一切。她哭了。她没法理解。我对她说，你肯定也哭过，这么多年里，为了我。"在这次重逢之际，他终于说出了口，他曾经多深地伤害了她，巴赫曼，而这让他内心受到了打击。他对她的感受突然变得迥异于以往。但是有依据表明，巴赫曼在伍珀塔尔和科隆就已经谈到了他在特定情境下无力思索之事：他与吉赛尔的婚姻。英格博格·巴赫曼能设身处地去体会吉赛尔的心情，对此确实有充分的理由，她也自然而然地这么做了。在科隆一夜之后过了两个星期，针对与策兰爱火重燃这件事，她的第一反应将策兰的妻子放在了核心位置。巴赫曼立刻就说出了关键点，即便对自己也毫无顾惜："当我不由自主地想到她和孩子——我肯定会一直想到他们——我就没法拥抱你。"

她恳求策兰："你不可以离开她和你们的孩子。"显然，策兰向她暗示过，他什么都能做出来，而她却对可能的后果感到本能畏惧。策兰心念已动，他恨不得立刻去与巴赫曼相会。但是他在 10 月 17 日又追加了一封急匆匆写就的信："吉赛尔现在平静了，镇定了。她不光接受了，也理解了。

她也和你结了婚[1]：这话只有吉赛尔这样的人才说得出来。"

"她也和你结了婚"：吉赛尔·策兰－莱特朗奇和英格博格·巴赫曼之间从一开始就有了一种投合相契，这是这个故事的惊人反转之一。两个女人很快也有了直接接触。英格博格·巴赫曼在策兰反应热烈地给她连连发信之后，需要一些时间来好好应对这场让人猝不及防的意外。她给策兰踩了刹车，提醒他想想他对吉赛尔的爱。想到策兰有可能切断身后所有的桥而将她视为自己的妻子，她就感到为难。现在恰恰是她代表了现实原则，而策兰已完全心醉神迷，想以他们的恋情来融合诗与生活。"前天夜里最后一吻：别忘了，它指向何方"，这是他从巴黎发出的第一封情书的结尾。几天之后他又追加了一句："那句'你知道，它指向何方'必须这么来补充：指向生活，英格博格，指向生活。"

自1948年以来以不同形态让巴赫曼心神激荡，也让巴赫曼长年持守不弃的，便是与策兰在一起生活的愿景，策兰特色鲜明，有别于她，但却以无可比拟的方式让她看到了诗人本质——如今这愿景仿佛已触手可及。但是在两人疏远的间隔期里发生过一些事，她获得了另外一些经验，也正因此她才有了力量，突然就扮演起了冷静克制、深思熟虑的角

---

1 原文为法语。

色。他们共同的"童话",正如她之前描述过的,现在对她来说有了和他眼中不一样的形式。他们的爱情之诗与童话之诗如此绝对,与具体事件构成了对立。她越来越铺张地,也越来越绝望地尝试调和两者。他们两人的角色颠倒了,而这并非她所愿。她写道:"你对我说过,你会永远与我妥协,我永远都忘不了你这句话。"横亘在他们之间的"陌异性",策兰作为被迫害的犹太人的命运,以及这一命运导致的他的诗的发展,看来都已退居次位了。但是她现在也能如此写道:"补充,你说,必须是'指向生活'。这适用于被梦见之人。可是我们只是被梦见之人吗?补充难道不是一直都在进行吗,我们不是已经在生活中绝望了吗,即使是现在,当我们以为关键就在于那一步,走出去、走过去、与彼此在一起,不也是如此吗?"

她再也不会相信,梦可以成真。她经历过几次后幡然醒悟。策兰在自己的诗《科隆,宫殿街》中以颂歌的姿态为两人所铸造的词"被梦见之人",最初出自巴赫曼之手。这一点也可以在他们的通信集中了解到。她在这个意象中融合了生活与诗——在几天之后却又改变了角度:"但是我们仅仅只是被梦见之人吗?"她想让自己,也让吉赛尔避免重蹈她与策兰走过的覆辙。她与策兰正相反,极少谈起自己的诗。所以她在期盼了如此久的重逢得以实现之后,在她这封语气来回徘徊不定的信的末尾所写的话，就更有分量了：“我在科隆就想对你说，请你再读一遍《逃亡途中的歌》。在两年前那个冬天，我曾穷途末路，接受了对我的控诉。我再也不抱希望能获释而解脱。解脱又有何用呢？”

“获释而解脱”：巴赫曼在策兰这里遭受着一种束缚，这便是无法让他满意的负疚感。她在这封信里明确地将她刚写成并发表在自己诗集中的《逃亡途中的歌》与策兰相连，称其是从两人恋情演化而成。这也呼应了策兰回到巴黎之后写给她的第二封信中的一段话。策兰在信中讴歌着两人失而复得的爱，引用了她在《逃亡途中的歌》中用作题词的彼特拉克的诗句，并让其独立成段：“爱之律法何其严！”[1]策兰将这种“严苛”视作挑战，视作富于诗意的激励。然而，巴赫曼在提起这种“严苛”时敲出了另一个音符，那是存在的幽深之音，是某种终极的笃定。

策兰在接下来几周层出不穷地翻新着情话，期间也再次说起了《在埃及》中的“异邦女子”，也就是他指派给巴赫曼的角色，及其对他的意义：“我想起了《在埃及》。我每次读它，都会看到你走进这首诗：你是生命之根基，这也因为你是，始终是对我的言说的辩护。（我那时候在汉堡也对此

---

1 原文为意大利语。

有过暗示，但没有真正意识到我说了怎样的真相。）"这当然也是他施加给她的一个巨大负担，一个只有她才感觉得到的负担。

策兰恣意激荡的热恋感持续了较长的时间。值得注意的是，他们正是在这个时期里就近在原来的生活区域里搬了个家：策兰在 11 月 19 日与家人迁入了隆尚街上一套更大的公寓房里，巴赫曼则等着最终从旅馆搬进施瓦本区弗朗茨 - 约瑟夫大街上一栋背街住宅楼里，并在 12 月得偿所愿。尽管策兰恨不得立刻撒腿赶往慕尼黑，但是直到 12 月 7 日至 9 日，两人才在慕尼黑重逢。这次重聚必定是两情相悦、极为和谐。这之后不论是他写的信还是她写的信，都坦诚而轻松，充满非同寻常的亲密，充满因达成这般亲密而感到的喜乐。策兰如今更频繁地去联邦德国做朗诵旅行，每次都想借机绕道慕尼黑去见英格博格·巴赫曼。这是他们的约定，要与他在巴黎的日常生活隔开，她怀着矛盾的心情说服了他不要扰乱巴黎的生活。策兰与巴赫曼的多次相会发生在一个自由空间里，他 12 月到访慕尼黑时赠送她的《罂粟与记忆》题词版也说明了这一点。他给这本诗集中的二十三首诗歌都补加了一个缩写 "f.D."，"为你而作"（für Dich），让这些标记出的诗歌都明显地指向了她。另一首诗则因加上了一个激情洋溢的 "u.f.D."（尤其为你而作）而更显突出：《她梳她的头发》。就像策兰不久之前明确无误地将一个"被遗失的人"的形象与英格博格·巴赫曼相连那样，现在他早期诗歌里那个想象中的女性对象也被具体化为了她，"异邦女子"有了清晰的面貌，在维也纳共处的时光被普遍化了，转化成了诗中的一种连通。

策兰不仅将巴赫曼追认为一位缪斯，他在她身上看到的远不止于此。他现在在一切触及他内心最深处的话题中都将她认作平等的对话伙伴。她有一次在他到访慕尼黑后不久去维也纳朗诵，在 1958 年 1 月 11 日约瑟夫城区的小剧院，策兰从巴黎给她写了一封信，信中只说道："星期六 / 现在你在朗诵 / 我在想念你的声音。"

策兰在 1 月 28、29 日又到了慕尼黑，他不久前刚刚领取了不来梅文学奖。在与英格博格·巴赫曼重新相处的这段幸福时光里，他也翻译了保尔·艾吕雅的一首诗《我们做成了那个夜晚》。他在 2 月份送给她一份标有日期的誊写稿，这首译作完成于 1957 年 12 月 24 日：

> 夜晚已经做成，我握住你的手，
>
> 我醒着，我支撑你
>
> 用我所有的力气。
>
> 我挖，深深的犁沟，将你的力量

之星，挖进石头里：你的身体的

美好——在此

应该萌芽和生长。

我教自己摹仿

你的声音，两个声音，隐秘的

和所有人都听到了的。

后来，两人又不约而同地将意大利的朱塞培·翁加雷蒂的诗翻成了德语——这也是人生和诗歌中的一个默契。让这默契更具分量的是，两人所译的翁加雷蒂的诗没有一首重复。

在 1957/1958 年之交，策兰的妻子陷入了一场危机。吉赛尔在 10 月科隆之夜以及策兰的解释之后，立刻接受英格博格·巴赫曼为某种同样受难的人，而且用了如此一句豪言壮语来表明态度：她和自己一样是和策兰结了婚的。但是策兰的状态却无法瞒过她。他犹疑不决，摇摆不定，尽管他和巴赫曼已经达成一致，他不会离开吉赛尔。虽然策兰和巴赫曼的通信口吻显示出一种超脱于时间和日常规划之外的享受当下[1]，但是吉赛尔不可能一直都不受影响。在策兰 1 月底再次出发去德国的时候，吉赛尔记下的一则日记透露出了危机

1　原文为拉丁语。

的迹象。她 1958 年 1 月 11 日的日记写道："你今天凌晨真可怕。哪一部分是酒后胡言，哪一部分是你的真实想法？你对我来说不是'凑合之选'。这是我没法接受的。我周围已经环绕了这种种阴暗，我难道还非得相信，你从一开始就对我的爱有所怀疑吗？我这么多天都看不真切。今天凌晨里你对我说了过分可怕的错误的东西——今天醒来以后，你还会抱着同样的信念相信你讲过的那些话吗？"

这里不仅仅关系到英格博格·巴赫曼。在这些天里爆发出的是更为根本的冲突。策兰在一种已经可以预见后势不妙的状态下，对吉赛尔说出了他越来越无法承受的事。当他指责吉赛尔，称他对她来说只不过是"凑合之选"的时候，他肯定是再次被他在结婚之前就常常说起的那种深邃的根本性孤独感所侵袭。策兰出发去了德国，他在德国还会再去找英格博格·巴赫曼，这时候在吉赛尔的日记里却出现了这些感人的语句："昨天我读英格博格的诗读到了深夜。它们震撼了我。我忍不住哭了。多么可怕的命运。她那么爱你，她受了那么多苦。你怎么能对她那么残忍。现在我离她更近了，我接受了你再去见她，我保持着冷静。你欠她的，可怜的女孩儿，她的六年沉默是可敬的，勇敢的。"

在 1958 年 1 月的危机之中，吉赛尔甚至开始将巴赫曼的诗《生平经历》翻译成法语。她将自己与巴赫曼视为一体，还在后者的诗中辨认出她自己与策兰有过的经历。英格博格·巴赫曼从一开始就知道她与策兰的关系终会落空。可正是这徒劳带来了情爱的强度，这份情爱在1957/1958年的秋冬以如此的强度再次燃烧起来。在1958年3月，巴赫曼将自己的诗集《大熊座的呼唤》赠送给吉赛尔，附上了这样的献词："献给吉赛尔——影子之下：玫瑰"。这是在指涉她自己的诗《影子玫瑰影子》。

在策兰1月底的拜访之后，他们暂时没有再见面。直到5月7日，他才再次到访。在此期间，他们之间的语调也有了少许变化，他们发给对方的消息和通信的间隔也变长了。2月初，英格博格·巴赫曼再次说到了吉赛尔："我最终的恐惧不是关于我们，而是吉赛尔和你，担心你会错失她美丽而沉重的心。但是你现在又能看见了，也能够为她驱散眼前的黑暗了。我只想最后再说一次……"

英格博格·巴赫曼在1958年年初常常生病，她觉得自己在慕尼黑从一开始就选位不当。在巴伐利亚广播电台的工作也根本不符合她的设想，她身陷官僚主义和体制的碾磨，而且还有一段时间担心她的居留许可证无法延期。从她在维也纳的红-白-红电台工作的时光到当前在慕尼黑的工作，中间隔着不同的世界——在意大利度过的那些岁月，作为自由作家生活的决心，还加上她作为女诗人取得的突破。策兰在 5 月 7 日到访时，时局显然已经大不相同。再没有瞬间狂喜，再没有超脱于时间之外的感觉。巴赫曼显然对联邦德国政治局势的发展感到震惊，她积极参与反对德国重建国防军的行动，4 月份在一份反对德国军队装配核武器的呼吁书上签字。在当月的一次抗议集会之后，当局以站不住脚的理由，在毫无通知的情况下出动刑事警察对汉斯·维尔纳·里希特的家进行了搜查。英格博格·巴赫曼展示了明确的立场，与这位四七社的意见领袖保持团结一致，引发了她的旧情人汉斯·魏格尔的恶意评论，魏格尔在 6 月对她进行了公开攻击。

1958 年 6 月底 7 月初，英格博格·巴赫曼在巴黎。她从自己下榻的旅馆里给策兰写了一封信，信的语调显得焦急："保罗，我在巴黎（没有人知道）——可是你也在这儿吗——还是在德国？我必须和你谈谈。"两人的首次见面是在 6 月 25 日，之后她又去他在隆尚街的住处拜访了他，在那里见到了吉赛尔。巴赫曼和策兰在去年 10 月重逢时的狂热看似已经消散，各自的日常生活冲到了首要位置。7 月初，他俩的情人关系结束于几次分手谈话——最后一次是在圣路易岛上！——它应当转化为另一种关系。

另一种关系来得比他们想的更具体、更快。瑞士的名作家马克斯·弗里施此时也暂居巴黎，苏黎世剧院受邀在此上演他写的《毕德曼和纵火犯》和《菲利普·霍茨的盛怒》。他之前在还不相识的情况下写信给英格博格·巴赫曼，因为他读到了她的广播剧《曼哈顿的好上帝》，对之印象深刻。她在这部广播剧里将自己对爱情、对"黑暗的大洲"的体验推高到了极致。接近尾声，当剧中女主人公珍妮弗在纽约的"57层高楼的房间里"向她的恋人扬预告最后的越界之举时，巴赫曼制造了她无法预知其后果的激荡余音："我想要的，前所未有：永无终结的结局。要留下一张床，在床的一端会有冰山撞上来，在床底边沿会有人放火。"当时正要挣脱他最后的瑞士羁绊的弗里施想要见见巴赫曼。他自己在《蒙托克》里回忆起了他就这部广播剧对她说过的话："另半边，也即女性表达自己，这是多么好，多么重要。"当在巴黎听说了他的客场表演之后，巴赫曼在她与保罗·策兰和吉赛尔·策兰进行的意在澄清却彼此折磨的谈话的间隙中，出现在了他的旅馆里。她"穿着去剧院包厢的盛装"，弗里施记得。很多年以后，他还带着惊奇的心情讲述，当他们在国家剧院前喝潘诺茴香酒的时候，他说她真的不用看这部戏了，他更愿意和她去一家餐馆吃饭。之后："在公共场地的一条长凳上有了最初的几次亲吻，然后走进大厅里喝第一杯咖啡，邻桌是穿着沾血围裙的屠夫——这是一个太过粗笨的警告。"

　　前一天，在 7 月 2 日，策兰和她彻底将两人的恋爱关系归档封存了。7 月 3 日，她就开始了和马克斯·弗里施的恋情。从 1958 年 7 月 2 日到 3 日的跳跃，从与保罗·策兰这个不可能的恋人做耗尽心力的分手谈话，到半是有所算计半是心血来潮地与马克斯·弗里施开启进展神速的恋爱：这是环绕英格博格·巴赫曼的一个谜，也是属于她的游戏。但是她的游戏方式也包括，她不需要去了解任何规则，如有疑问还会改变规则。"她的熟人们互相见面让她感到十分恐惧。"马克斯·弗里施写道。巴赫曼和弗里施没有留下任何合照，尽管两人做了几乎四年之久的情侣。弗里施回顾往事时，一次又一次地问自己，他在交往的是谁，具体发生了什么事："在苏黎世做了一星期的恋人，由于见识明白了，第一次分手。原来'寒毛直竖'的现象确实存在，我在她身上看到了。我看明白了，恋情再怎样也活不过四个星期。"

　　就像英格博格·巴赫曼与汉斯·维尔纳·亨策的大量通信中一次也没有公开提到过保罗·策兰的存在，她在弗里施这里也试着隐藏起她生活中的另一些侧面。他有一次去苏黎世火车站，而她则结束了她的"法兰克福讲座"[1]归来。

1　法兰克福大学自 1959 年开始每学期邀请一位著名作家进行诗学讲座，阐述自己的创作理念和美学思想，该讲座先后得到菲舍尔和苏尔坎普出版社资助。巴赫曼是第一任主讲人。

"在我接她的时候，她站着不动，看着我，整个人都陷入了困惑。"就仿佛她忘了她在苏黎世正和谁一起生活。她直到10 月 5 日才第一次给策兰写了几个拐弯抹角、佶屈聱牙的句子，提到了弗里施。此时距这段恋情开始已经有了三个月——她随自己的新恋人去利古里亚[1]的一次颠沛旅行已过去了很久，她将从慕尼黑移居苏黎世的事情也已经明确了。但是在 10 月 26 日她就已经满怀预感地追加了一封信："可是你还没告诉我，你什么时候来，我们什么时候能见面。你没有寄诗来！不要把你的手抽离我，保罗，别那么做。"

1　意大利西北部的临海大区。

XII
"让故事在你心中沉没……"
现实袭来

　　英格博格·巴赫曼的预感确实应验了。她在拖延了几个月后才向策兰报告了她和马克斯·弗里施的新恋情,策兰的来信从此变得稀疏。在策兰这里占据首要位置的,是一段时间以来就已经牵扯着他,而现在冲击程度不断加剧的事态。在巴赫曼有了新恋人之后,他写给她的第一批信中有一封提到了 1958 年 11 月 17 日在波恩的一次朗诵会途中发生的事。一个不久之后写了第一篇关于他的博士论文的好心大学生,颇不明智地向他转述了一些听众的反应。策兰的"诗名报幕"在一些人看来,"很有些海因茨·埃哈特[1]的喜剧效果"。这位学生让·菲尔格斯立刻又在括号里补充道:"我不赞同这个意见。"但是他又写到了四处流传的一张漫画,画的是一个被捆绑的奴隶弯着腰,下面写着"这里开始显露出恶意

1　海因茨·埃哈特(Heinz Erhardt,1909—1979),德国著名喜剧演员。

了"，菲尔格斯写道："和撒那，大卫之子！"[1]

联邦德国的复辟气氛变得日益压抑，反犹言论日益增多，在这个背景下，上述事件并不只是每天都会发生的一个普通的大学生恶作剧或者犯傻之举。对于策兰来说，这预示了远超于此的威胁。他在1958年12月2日给巴赫曼寄去了这位大学生的报告摘录，附上了一则对事件的简短说明并提出了一个请求，这个请求在这一段时期开始频繁在他写给友人和同行的信中出现："请告诉我，你怎么看。"

在策兰和巴赫曼此前的通信中，几乎不会提到这样具体的文学行业中的攻击。不过在两人情到浓时，巴赫曼写于1958年2月2日的信中已经对策兰遭受的烦扰有所指涉。巴赫曼对此的态度已经在策兰心里埋下了猜忌的种子，在接下来的日子里它还会日益生长。信中提到了策兰获得的一份盛大荣誉。埃哈特·克斯特纳在给策兰颁发不来梅文学奖时致辞，其中也提到伊万·戈尔和克莱尔·戈尔对获奖者有决定性影响。1月31日的《法兰克福汇报》刊发了这一颂词的一部分，但是没有按照之前对克斯特纳承诺的那样删去这句话。"戈尔"这个名字代表了一段给策兰带来创痛的经历。他在这位阿尔萨斯诗人伊万·戈尔去世前不久才结识他，戈

尔作为母语是法德双语的犹太人，在表现主义和象征主义之间变换诗风，以位于边界者之名享有盛誉。他的遗孀克莱尔·戈尔在不久之后就推动了一场险恶的阴谋及名誉谋杀行动，这行动是如此根系广延，以至于被声讨者很快就陷入了被迫辩解的困境：他们为了纠正谬误，必须进行复杂的解释，而这些解释对于文学行业逐日更新的臆测流言来说往往太过复杂。策兰曾经将自己早年那本因为印刷错误和其他疏漏而销毁、至今已经完全无人知晓的诗集《瓮中沙》送给伊万·戈尔。克莱尔·戈尔在她丈夫死后整理他的诗稿，其中有几首尚未完成，它们采用了策兰的词汇、意象和语调。当策兰以诗集《罂粟与记忆》一举成名时，克莱尔·戈尔则背信弃义地指控策兰抄袭了伊万·戈尔的晚期诗作——相似之处确实昭然可见。

策兰是通过自己的诗歌来确认自己特有的、艰难的、受威胁的身份认同的，他必定会将这场指控行动视为存在意义上的威胁。克莱尔·戈尔在1953年就已经开始攻击他，她关于抄袭的责难零零星星地发挥着作用。策兰仔细地记录了哪些出版物对此有所援引。在他眼中，克莱尔·戈尔的诽谤造成的影响和对他的负面批评相互渗透。在部分以颂歌语调写成的评论，以及朗诵、翻译、广播节目的邀约与一流文学奖所体现的巨大认可之外，也出现了部分迟钝、无知或由时代精神所致的反应。直接受到克莱尔·戈尔影响的是库尔特·霍霍夫写的一篇文章，文中提到多部诗集，包括保罗·策兰以《虚无背后的笛声》为标题的诗集："这样的诗的外衣，它的法式剪裁、印花质料、表现主义针脚和超现实主义花样，都不可与其内容混淆，实际情况正相反。"霍霍夫在他的恶毒评论里还直接将这些现象联系到策兰是犹太人这一事实。尽管策兰取得了那么多成功，尽管他的好友都多次安抚他，不用太和霍霍夫这样一篇文章较真，然而有些东西一直萦绕心头。一些德语文学学者，比如美国的理查德·埃克斯纳，也跳上了克莱尔·戈尔在 1956 年春天用"大师级抄袭犯"这样的词再次开动的中伤列车。

策兰一次又一次地遇到如此情景，表明克莱尔·戈尔的诽谤已显成效。埃尔哈特·克斯特纳的不来梅文学奖颁奖词就是一个例子。英格博格·巴赫曼在读了克斯特纳发表在《法兰克福汇报》上的颁奖词文稿之后，写信给策兰说："关于这场新的戈尔事故：我求你了，让这样的故事在你心中沉没，这样，我认为，它们也会在外界沉没。我常常感到，迫害只有在我们准备着遭人迫害的时候才能够伤及我们。要成就真相，你就要站得比它们高。也只有这样你才能从高处把它们抹除。"

巴赫曼知道，这样的经历会在策兰心中滋生出什么来。

从她的语气中可以发觉，她想要向策兰保证，她自然会站在他这边，这一切都不会对他造成丝毫损害。她想让他远离这一类泥沼，爱护他，向他示范如何应对这种状况。她试着用"真相"来安慰他，恳请他"站得比它们高"——但是已有迹象表明，这样做将是多么艰难。她在"迫害能够伤及我们"前插入了"只有在我们准备着遭人迫害的时候"，这指向了更深层次的东西。这句话透露出巴赫曼深知策兰受到怎样的威胁。

他所渴求的，总会同时造成深深的伤害。他在巴黎像患了狂躁症一样买德语报纸，他想知道报上都写了什么，尤其是关于他的内容——当他读到让他感到不适之处，这又推动着他去了解更多相关信息。君特·格拉斯从 1956 年到 1959 年生活在巴黎，因此对策兰有了更深的认识。"每次赴联邦德国旅行，策兰都负伤而回"，格拉斯回忆道。他还描述了，策兰的妻子吉赛尔有一次来找他，请他一起到策兰的住所去——"保罗情况很糟"——然后格拉斯见到策兰坐在沙发上，头上裹着绷带，手中拿着《时代周报》，报纸从沙发边沿垂下来。策兰只说了句："你读！"

"大概是胡纳菲尔德又在上面写了什么。"格拉斯评论道。《时代周报》当时的这位文艺副刊主编属于面对策兰的美学不知所措，对其中的政治维度视而不见，遁逃到暧昧不明的排斥态度中去的那一类人。格拉斯尤其强调了策兰对和他的诗有关的一切都格外敏感——他在朗诵自己的诗时会制造排场，就着蜡烛的光，沉浸在"神圣庄严的气氛"中。策兰将诗人理解为先知，也如此表现着自己。只有他翻译的曼德尔施塔姆的诗，他才会用不同的方式朗诵。"这时候你就会感觉到，他暂别了自己的生存，得到了休憩。"格拉斯解释道。

对于克莱尔·戈尔再次加大指控力度的这个阶段，布丽吉塔·艾森赖希是如此讲述的："在这段时间里，他常常抱着许多德国报纸来找我，在我这儿寻求新的表态或者新的背叛。"英格博格·巴赫曼对此也深有体会，她熟悉策兰的敏感和伤口所在，知道文学批评会平滑过渡到反犹言论。当她认为问题在于"我们准备着遭人迫害"的时候，她用的这个第一人称复数，也将自己包括了进去。这一个劝告以一种全新的形式表达出了策兰和巴赫曼之间的共通之处。其原因或许就在于，这个劝告暗地里也包含了防御、犹疑的意味。这仿佛是在说，他们不得不去对抗某些无法真正把捉，却正因如此始终盘踞不去的事物。

在1959年这一年里，策兰越来越绝望。他一边祝贺巴赫曼获得"战中失明者广播剧奖"[1]，一边写道："我每天都要经历几次卑鄙的事情，其供给过于丰富，出现在每个街角。最近一个懂得给我（和吉赛尔）送上虚情假意的'朋友'名叫勒内·夏尔。为什么不可能呢？我还翻译过他的作品（可惜！），他的感谢，即便剂量极小，我之前也已经体验过，没有缺漏。谎言和卑劣，几乎到处都是。"此中详情如何，已经难以查实。通信集的主编注释称，策兰在1月27日见过夏尔，这封给巴赫曼的信写于3月12日。夏尔最早是一位受过超现实主义影响的诗人，但他很快又远离了超现实主义，发展出了独立的、凝缩的、简练又闪亮的词汇意象，他参加了法国的抵抗运动，从1940年起从事地下斗争。夏尔是一位左翼活动分子，同时作为作家在美学上也开拓出全新的境地。他反抗德国占领的经验进入了一部散文诗《许普诺斯之页》中，副标题是《出自游击队的笔记（1943—1944）》。策兰不久之前刚翻译了这部作品。策兰怎么会认定夏尔有"虚情假意""谎言和卑劣"，对此的解释几乎不可能在政治或美学的论辩中找到。肯定是两人间发生了关乎策兰的诗以及他在德国文学行业的遭遇的误会。可以推测，策兰觉得夏尔有所回避或者反应冷漠。

---

1 德语广播剧业界最重要的奖项，于1950年创立，目的是让战争中的伤残人士以听的方式得到文化享受。

策兰的语气变得越来越尖刻，他觉得自己明显受到迫害。恰恰在这个时间点，他出版了一部诗集《语言之栅》。在这部诗集中，他不仅在语言上坚定地自我发展，而且还努力背离预定的接受惯式，如"美"或者"音乐性"，这是他在之前两部诗集中觉得很成问题的评价。在《语言之栅》中也能看出一种与英格博格·巴赫曼的隐幽对话——有些段落可以读作对巴赫曼《大熊座的呼唤》中相应段落的回应。而巴赫曼在1959/1960年的"法兰克福讲座"上也对此有所指涉，并以间接的方式延续了对话。在10月11日出现了对策兰来说恶劣至极的批评：君特·布略克在西柏林的《每日镜报》上写道，"语言的交际性质"对策兰的"阻碍和负累要比其他人少"："这大概是与他的出身相关。"在面对《窄入口》或者《声音》这样以高度审美自觉的方式来展示德国在最近的时代所犯罪行的诗歌时，这篇批评文章流露出嘲讽的口吻："策兰的成堆隐喻根本就不是从现实中提炼出来的，也根本没有服务于现实。"

策兰立刻向巴赫曼寄去了布略克文章的一份副本，并且附上了短短几句话，用词和那封以波恩朗诵会期间发生的事为原由的信几乎一模一样："随信附上的评论是今天早上收到的——请你读一读，告诉我，你怎么看。"

可以感觉到，在这句"告诉我，你怎么看"中那屏住的呼吸、艰难的克制。这是一个呼救，但是英格博格·巴赫曼肯定在这呼救中感受到了给她施加压力、让她无法应对之物——让她觉得，自己说出的每个词可能都会传出错误的言外之意。她几乎一个月之后才回信。但这也只能是错误的。她用"严重的流感头痛"来解释，而另一个理由是，她"在德国待了短短几日"——策兰飞快地回应道："我在报纸上看到，你去参加了四七社的聚会，带去了一篇名为《一切》的短篇小说，收获了大片掌声。"在这话里潜伏着的，是他在他们 1952 年 5 月共同参加四七社活动时便已滋生的恼意：她作为女作家大获成功，同时他却必须面对宿怨。

但是巴赫曼在写这封回信时最感为难的是，策兰也向马克斯·弗里施求助过，而后者已经给前者寄出了一封信。她因此陷入了一场深深的忠诚矛盾中，给策兰写信时也写到了"我因此而产生的恐惧和手足无措"。她本来可以阻止弗里施真的把信寄出去，但是她认为自己没有权力这么做。马克斯·弗里施在此期间已经短暂地见过几次策兰了。在瑞士的锡尔斯，他们甚至散了一小时的步，聊得很投机——所以弗里施才觉得自己可以给策兰几个同行的建议。弗里施将布略克的批评看作多少还算正常的文学行业次生现象，作为作家必须与其共存，但他绝口不提策兰身上的特殊组合，这也是策兰越来越自觉地意识到的：他身为诗人和犹太人的两种自我分量对等，不分伯仲。英格博格·巴赫曼读到这封信的时候，只可能陷入两难，因为她觉得弗里施说得既对又不对。他所言之事，确实没错。但是对于策兰并不适用。在这段时间里与策兰打交道的人都要直面这解不开的悖论，只有极少数人能感受到其中的分裂。

弗里施想要坦诚直言，作为友人，作为一个不违心伪装的人。他直截了当地说出了心中想法："您的信给了我机会检验我自己，在我对布略克的批评也做出和您一样的反应时要经受住考验。"这封信，弗里施改了好几个版本，改到第五版也没寄出去。直到第六版他才出手，这一版里仅仅保留了他在此期间由心头涌至笔头而又没被丢弃的表述："在我写这封信写失败了这么多次之后，我想写的只有：您是对的，您是对的。我想放弃。亲爱的保罗·策兰，要放弃对我来说却是这么难。"他回想起在锡尔斯的相遇，甚至如此写道："我当时害怕您，现在我又感到这份害怕了。"追求友谊的意志，在这一刻对于弗里施来说，就是追求坦白的意志，也是宁可让人不快的意志。但是最艰难的部分还在后头：信中论及了作家的野心与虚荣。他深思熟虑地，但也带有一种颇为强势的自信，说起了"我们的可能性所面临的正日益清晰的普遍边界"，这也就是作家在批评家那里承受的最大痛苦：即虚荣这个伤口被触碰时。弗里施是从普遍意义

上说的，他绝不想以此为批评家君特·布略克辩护，他是在
思考自我评价的困难，也是在思考批评家能够造成什么恶
果——"公众舆论的误解有多么伤人"。接下去的一段话，
英格博格·巴赫曼在向策兰说起自己的恐惧和手足无措时必
然首先在眼前浮现过。策兰也给弗里施寄去了他写给《每日
镜报》的读者来信，其中是对布略克批评的激烈抗议，对此
弗里施写道，策兰的回击迫使他"毫无疑问地相信，您，亲
爱的保罗·策兰，完全没有我和其他人所遭受到的，那由虚
荣和受伤的野心带来的情绪激荡。因为在您的愤怒里哪怕有
一丁点这种情绪的火苗，那么对死亡集中营的控诉，在我看
来，就会是极为不当的、令人悚然的"。

　　作为瑞士人，马克斯·弗里施不论怎么看都不是局内
人，所以他相信面对策兰也能以客观姿态来提及"死亡集中
营"。而策兰在自己的日记里就弗里施的信如此写道："怯
懦、虚伪、无耻。"他给英格博格·巴赫曼写信："我现在
必须**求求**你，不要给我写信，不要给我打电话，不要给我寄
书；现在不要，在接下来的几个月不要——很长时间里都不
要这么做。"

　　这个请求，他虽然很快又中途收回，重又试图恢复对
话，但是在接下来的时间里，他俩的关系还出现过几次骤然
转折。英格博格·巴赫曼与马克斯·弗里施组建的困难重重

的生活共同体对之起了重大作用，对此策兰并不知道。巴赫曼和弗里施之间的关系从来就不是一帆风顺的，他们已经度过几个危难时刻了。巴赫曼经历了与策兰那边完全不一样的危机。但是他也目睹自己被越来越多地扔进一场他无法承受的公共舆论中。策兰在 1960 年获得了当时就已经被视为联邦德国最高文学奖项之一的毕希纳奖，这是一次声望卓著且高度官方的表彰。而此时克莱尔·戈尔重新开始大肆鼓动媒体，发起毁谤中伤和抄袭指控的攻势。对于策兰来说，毕希纳奖从一开始就和对他的攻击联系在一起。一再有人表达对他的支持，他的朋友还有许多有名望的同行都为他挺身而出，但是他还是一直对杂音和所谓的误解非常敏感，巴赫曼的举荐也一次次遭到他的拒斥。

　　和策兰的呼救显得同样绝望的，是巴赫曼在马克斯·弗里施淡化略克的批评之际写给策兰的话："保罗，我常常担心，你根本没感觉到，你的诗是多么受人钦佩，它们的反响是多么大，只是因为你有这样的盛誉（这一次就让我使用这个词，不要拒绝），才会有人一再尝试贬损它，用尽手段。这些到最后只会沦为毫无动机的攻击，仿佛卓尔不凡者让人无法承受、无法容忍似的。"她看穿了事态，又感到自己无法抵御，无能为力。日后还会证明，她的言语都有洞察秋毫的见识。在 1959 年 11 月 18 日，在收到策兰下一封来信——尽管说了要暂时断联，但他又重建与她的联系以发出"落难叫喊"——之后，她给他写道："你和我不可以再一次错过彼此——不然我会毁灭的。"只有后来得知了她的个人处境，知道了她和马克斯·弗里施的问题，以及她在公共形象上的麻烦，我们才能看清楚，她说这些话时是多么认真。

XIII
大转轮与旋转木马
渴望在文学中续存

在 1958 年夏天之后，巴赫曼和策兰之间的对话在另一个层面上得到延续。他们暗度陈仓，用隐秘的引用和自引传达情意，确认彼此心思切近。这个做法的一个巅峰是英格博格·巴赫曼在 1959/1960 年以客座讲师身份举办的"法兰克福讲座"。在第二次讲座结束的时候，她说她带来了保罗·策兰的最新诗集："隐喻完全消失了，词语脱去了一切伪装和包裹，没有词再会飞向另一个，让另一个沉迷。通过一次痛苦的转折，一次极其严苛的对词语与世界之关联的检验，形成了新的定义。这些诗名为《布列塔尼之物》或者《堤坝、路沿、荒地、废墟》或者《一片风景的草稿》或者《垃圾船》。它们让人不适，发出试探，可靠——在命名上是如此可靠，以至于必须以此为名，到此为止，不再往前。"

英格博格·巴赫曼所说的，仅此而已。不过她在此暗示了极为私密的联系。因为在《堤坝、路沿、荒地、废墟》这首诗里，策兰援引了英格博格·巴赫曼的一首诗，认同巴赫曼在诗歌上的危机。他们的诗内对话第一次出现了角色交换。显而易见，这是两人共度的维也纳时光中的一个核心主题。

英格博格·巴赫曼在自己的诗《维也纳郊外的巨大风景》中，意气壮阔地引入了这个主题。当她1953年获得四七社大奖，突然站到聚光灯下时，这首诗就是她当时朗诵的四首诗之一。这首诗是垒叠长句连缀而成的一次呼唤，是交汇了历史、地理和诗歌语言的一幅全景图。对时世的批判和诗的召唤相接并置。"巨大风景"刻画出了能抓住时光的乌托邦。在诗的展开过程中一直用远征博收的新词语来表达的败落和无常，与保存单个瞬间的诗相对。"打开原野！"这是诗开端处的祈使句，它呼唤着维也纳的多瑙河河谷地带的"平原的幽灵，上涨河流的幽灵"。之后没多久就出现了这样的诗句：

> 轮子静止。穿过灰尘和云之糠壳
> 遮盖我们的爱的大衣，在大转轮下
> 打磨。

策兰收入1959年诗集《语言之栅》中的诗《堤坝、路沿、荒地、废墟》也有着和这景象遥相呼应的描写，这一组诗句位于这首分成三节的诗的正中间，在第二节诗的括号内：

> （那些
>
> 奥花园，当年，那
>
> 微笑过的词
>
> 来自马希费尔德，来自
>
> 那里的荒原野草。
>
> 死了的旋转木马，在响。
>
> 我们
>
> 自己继续旋转。）

光是这个风景堆积、残址独立的标题，便已经收回了巴赫曼特有的辽阔：从"巨大的风景"中只留下了"堤坝、路沿、荒地、废墟"。"马希费尔德"是维也纳东郊的大平原，位于多瑙河和马希河[1]之间。巴赫曼后来还会直接以这个名字来呼唤它。"打开原野！"这个诉求，在巴赫曼这里预示着一个突破，而在策兰这里则被撤回到单纯的陈述，退为对马希费尔德上荒原野草的指称。带有"大衣"和"爱"的"大

1　多瑙河的一条支流，流经捷克、斯洛伐克和奥地利，在捷克语和斯洛伐克语中名为摩拉瓦河。

转轮"在巴赫曼与策兰的后续对话中是一个核心联结,而它在策兰的诗行中仅仅留下了这样的余音:"死了的旋转木马,在响。"

策兰在这里重复了巴赫曼在读策兰的诗时所采取的撤回姿态。"奥花园"坐落于维也纳,呼应"城市公园",那个被两人视为他们爱情起源地的魔力之所。两人对诗的反思相互交叠,都源自他们共同体验过的具体场地。在两人笔下,未曾相互影响却以神秘方式彼此呼应地平行呈现了一种幻灭。在巴赫曼这里,爱而不得这个主题与寄托于诗的另一个主题相连:乌托邦希望的终结。策兰将词语化为喀斯特地貌,让图像变粗糙,让音乐性的形式越来越趋于无调式,这主要出自这个意愿:作为犹太人他坚决反对自己的诗在德国遭到征收滥用式的误读。他不愿意再朗诵《死亡赋格》也是出于同样的理由。他发现,这首诗有变成悔过追偿的标牌产品的危险:他后来称,"被说得太多的《死亡赋格》简直成了口水歌"。

在《瓮中沙》和《罂粟与记忆》之后出版的诗集中,他的语言变得越来越简约,里尔克的余韵、浪漫派和超现实主义的意象世界后撤得越来越远。阿多诺在他的《美学理论》中断定,没有艺术会毫无"拥护的痕迹"——策兰的抒情诗似乎对这一认知进行了日益强烈的辩驳。1955年出版的诗集

《从门槛到门槛》中有一首诗写道：

> 不论你说出词中的哪一个——
> 你感谢
> 腐坏。

这诗句可以视为《堤坝、路沿、荒地、废墟》一诗中对奥花园、对巴赫曼重现的回忆的衬底，也即其诗学背景。策兰以另一种方式追述了爱的幻灭。他的"奥花园"回忆首先是一种对诗的反思，对词语乌托邦的反思。但是他和英格博格·巴赫曼的相通之处是他们都表达了一种不可能。他们不曾影响彼此，却以惊人的一致发现地质学和地质学概念可用于表达自己。引人注目的是，随着时间推移，策兰笔下的诗承载了如此丰富的具体科学术语。1963 年年底的诗《被腐蚀掉》，其活力正来自"忏悔者之雪"、"冰川之屋与冰川之桌"或者"蜂房之冰"这样的词，这都是策兰在西格蒙德·金特的《物理地理学》中发现的。罗兰·布林克曼的《地质学概要》也提供了"裂隙玫瑰"、"褶皱轴"或者"擦痕面条纹"这些词的原型。这样的词还是自由的，还没有遭到文学史和意识形态占用的损耗。策兰钻研和运用这些概念，在很多方面都契合英格博格·巴赫曼的早期草稿，它们属于其计划撰写的散文体作品《死亡方式》的一卷《弗兰扎之书》："但是我就像所有岩石一样，常常处于岩浆状态。我那时什么都不是，只是这危险的洗涤液，它能够重新结晶为花岗岩，能转变成石灰岩，重演地球演变史。关于这一洗涤液，尚无定论。我探索地质学，我在人类历史中寻找地球演变的兄弟史，在社会理论中寻找阿尔卑斯山理论。(……)我满怀激情地寻找，因为我只剩下了这份激情，要拆除遮盖我们历史的这一切文学。我将诉说它的岩石和情感，诉说它的山崩和自杀，就像是混淆了学科的一个疯子，可又过于清醒，而无法再相信自身有此能力。"

大约是在巴赫曼做"法兰克福讲座"的这个时期，她和策兰的通信谈及了哲学家马丁·海德格尔。不过，信中也触及了他们内心最深处的秘密，因为两人与这位有争议的思想家的关系都颇为麻烦。海德格尔到底在何种程度上将纳粹分子引为同道，在很长时间里对所有人来说都模糊不清。他1933年出任弗莱堡大学校长的就职演说稿已难找到。但是他有过亲纳粹的过往，这已经通过法国占领军政府对他发布的教学禁令得到了形式上的证明。然而，巴赫曼和策兰一样，出于相似的理由，有违合理认知地——在此情况下，具体而言，也就是有违他们的具体生活经验——深受这位植根于黑森林的存在阐释家吸引。这与一种超越时代更迭而久存的语言相关，与他们认定诗具有的崇高地位有关。

英格博格·巴赫曼的博士论文写的就是海德格尔。在她这里可以观察到一个有趣的转移：从一开始毫无批判的研读，转变成了一种疏离，这种疏离主要是路德维希·维特根斯坦所引发的。巴赫曼的博士论文具有两面性。她对《存在与时间》和海德格尔 1929 年的教授就任演说《什么是形而上学？》的阅读不仅仅体现了智识－哲学上的兴趣。她对自己身为诗人的自我理解也在其中反复闪现。尤其是海德格尔的"抛入死亡状态"很早就引起她关注。在第二次世界大战之后，在她有了从熟悉的关联中脱离出来的经历之后，海德格尔对深深影响此在（Dasein）的基本情感"畏"（Angst）的论述让她深受触动。对自身存在的这一极端化定义，正是她直接在同一时代所体验到的。海德格尔描述了极端个体化，也即人类"迷失"的后果，这便是认识到死亡对人类来说是"最本真的可能性"。在此处，此在走向它自身："在热情的、解脱了常人的幻想的、实际的、确知它自己而又畏着的**向死的自由**之中。"[1] 海德格尔在《存在与时间》中喜欢用疏排字体[2]来强调这样的关键语句，这一种格式操作在联

---

[1] 本书相关译文参照陈嘉映、王庆节译本（《存在与时间》中文修订第 2 版，北京：商务印书馆，2017 年）。

[2] 在本书中以黑体来代替疏排格式。

邦德国 20 世纪 50 年代很快扩展到了其他学术领域里。尽管海德格尔是在 20 年代以德国当时让人忧虑的政治局势为背景，构思出这些存在主义的基本观点的，但是这些观点在第二次世界大战之后切中了一种普遍状况。英格博格·巴赫曼在写作博士论文的那段时间里写下的早期诗《在墙背后》以这一独立成行的诗句作结："我是时时刻刻 - 对死亡的 - 想念"——她在这里试着将海德格尔式的基本思想立场转化为诗。词语之间的连字符也在形式上强调了其引文性质。以这样的方式构成概念来积累强化一种内部关联（"在 - 世 - 之 - 在"），这是海德格尔的一项专长。

在她的博士论文中，英格博格·巴赫曼长篇大段地追随她的博士导师维克托·克拉夫特的先例，在克拉夫特所信从的"维也纳学派"[1]的逻辑实证主义范畴来展示"对海德格尔的存在哲学的批判性接受"。巴赫曼在她大段的论文主体部分援引了这些立场，表明海德格尔的语言并不符合科学性的严格标准。但是这些论述看起来主要是在单纯地履行义务，驱使她写作的显然是其他动机。她怀着极大兴趣，要证明海德格尔的哲学基于一种美学取径。在论文的一个核心位置，她引用了阿诺尔德·格伦的话："当海德格尔讲述'周

---

[1] 20 世纪 20 年代在维也纳兴起的一个哲学流派，成员主要是物理学家、数学家和逻辑学家。其哲学立场为逻辑经验主义、逻辑实证主义。

围世界之周围性''上手事物的用具特性''敞亮的此在'的时候，'这就是对以极细腻的感觉所体会到的直接性的描述，而对直接性的描述在全世界都被称为艺术'。"

她在论文结尾处的"总结"归结于一种对艺术的热情告白。对于一篇哲学论文来说，这是极不寻常的，尤其是她还全文引用了波德莱尔的诗《深渊》。这种对艺术的神化之所以可能，是因为她明确将科学领域与其区分开来。在海德格尔这里，她认为巨大的危险就在于他没有遵守这一区分。她在哲学上绝不容忍他的"危险的半理性化"，所以当海德格尔暗示性地召唤"诗"作为一股造就存在的力量时，这在她看来是内部分裂的。这是她在感到自己矛盾地被海德格尔吸引时采取的临时应对方案。巴赫曼声称："但是今天是不是可以证明'次级科学'，也即试图理性地把握人类的情感－活跃领域中那不可言说、不可固定的直接性——正如海德格尔所做的——的科学的合理性呢？结果总免不了是对一个领域的危险的半理性化，该领域可以用维特根斯坦的一句话来指代：'无法言说之事，就该对之沉默。'"

巴赫曼找到了一种让人惊讶的辩证法招数，用来探明自己最本真的原初动机。她几乎是以呼喊结束了自己的论文：要表达"无法言说之事"，哲学无能为力，只有艺术能做到。艺术负责不可言说之事。而一种在概念上精确的形而上学，在巴赫曼看来甚至是压迫性的。在 50 年代，她越来越清晰地在她所写的论路德维希·维特根斯坦的文章中强调了这一点。在此，政治动机也起了作用：这种变化趋势，肯定和远离德国本土，以及与激进的汉斯·维尔纳·亨策共同生活有关。海德格尔的存在主义立足于存在的超越时间性中，如今在巴赫曼眼中，这和他转向德国纳粹主义之间有了清晰可辨的交点。1953 年，她在自己所写的广播散文中让两个发言人之一说出了这些关于维特根斯坦的话："他的沉默完全可以理解成抗议，抗议这个时代特有的反理性主义，抗议被形而上学污染的西方思想，尤其是这样一种德国思想，它在抱怨意义缺失，呼吁沉思，诊断西方没落、转型和重振中自娱自乐，并调动起了仇视理性的诸多思潮来反对'危险'的实证科学和'脱缰'的技术，好让人类停滞在一种原始的思考状态。"

1959 年 8 月，巴赫曼为她遇到的一个难题给策兰写信。位于普富林根、当时在文学出版上颇有抱负的内斯克出版社要在海德格尔的七十岁生日为他出版一部纪念文集。海德格尔直接表达了想让巴赫曼为该文集献诗的愿望。汉斯·埃贡·霍尔特胡森试图证明巴赫曼所作具有"更高一阶的世界经验模式"，具有"原型真理"，而这些也没有逃脱海德格尔的观察。巴赫曼向策兰描述其态度的方式颇有启发意义：

"他的政治过失对我来说始终是不可讨论的，我也一如既往地在他的思考、他的作品中看到因此而形成的坍塌点。同时我因为真的熟知他的作品，所以也知道这些作品的意义和地位，我永不会以批判之外的态度来面对它们。"

这种分裂具有症候式的典型意义。海德格尔的思想中有一个核心对巴赫曼来说有着非同一般的吸引力，这个核心与海德格尔赋予"诗"的地位相关，而且意味着比单纯的概念性更为崇高之物。她看到了"这些作品的地位"，但紧接着又说她"永不会以批判之外的态度"面对它们。这并不一定是自相矛盾，但却指向了她越来越关切的一个特定的诗人问题。她也知道，在策兰与海德格尔的关系中有着更为棘手之处。

巴赫曼在她的信中认为策兰已"允诺"为海德格尔纪念文集撰文，因此"不想让他困惑"，但是想"在面对自己时无愧于心，也想问问你"。她几个月以来"自己不曾承认的犹豫"，现在被"坦然说了出口"。策兰回答说，内斯克出版社没有信守约定，策兰的名字出现在了撰稿人名单上，虽然他想在这之前知道其他人的名字："所以我什么都不会寄过去。"

对于策兰来说，他首先关心的是，他在这份海德格尔纪念文集中会与怎样可疑的人物为伍。他的预感当然自有原由。策兰认识其中那个弗里德里希·格奥尔格·云格尔，这人 1945 年以后在看待德国纳粹历史方面和他的兄长恩斯特·云格尔一样固执，而这对策兰来说已经够了。但是策兰在这个环境里并没有像巴赫曼一样明确地与海德格尔的哲学划清界限，这一点也反映出一直还在扰动他心神的未解情结。策兰遗留的藏书的很大部分都已经有研究者细心爬梳过，以查探他的阅读痕迹。数目众多的海德格尔著作尤其留有大量痕迹。策兰和巴赫曼感兴趣的内容有颇多重合。策兰也关注海德格尔论著中至关重要的诗作与思考之间的关联。在海德格尔的论文集《什么叫思想？》中，策兰画记了一个句子，这个句子开始于"记忆"这个对策兰来说也居于核心地位而且还进入了他诗集标题的词："记忆，对有待思考者的纪念集合，是写诗的根源所在。"

"纪念"，"记忆"这些词在海德格尔笔下一再作为召唤定式出现。在策兰这里，它们以相似的方式独立出现（比如在献词"纪念奥西普·曼德尔施塔姆"中）。1950 年出版的文集《林中路》中的论文《诗人何为？》，让策兰不由自主地感到这是在直接向他诉说。他以特别的方式标记了其中一段话，加上一个旁注："语言是存在的界域（templum），也即存在的居所。"此处"templum"这个词包含的形而上学维度引人注目。对于策兰来说，这个语言概念有着重要的存在意义。不过也有一个决定性的差别：语言作为"存在的居所"，对策兰来说绝不是一个安定的原初根基。他的母语德语对他的意义不同于海德格尔，对后者来说，德语是一个安全的、不可侵犯的庇护所，是一个家园。在海德格尔这里，不论有多少动摇和迂回，不论有怎样的天气状况和气氛变化，母语都依然是稳定的出发点，而它在策兰这里，则通过具体的历史经验变为了极不稳定、极不安全的彻底开放之物。策兰对海德格尔的阅读完全可以视为一种沟通这两个出发点、在其间架起桥梁的尝试。

一座就近可用的桥，是诗人荷尔德林。在策兰的作品中，荷尔德林从始至终都构成了一个导向点，在援引途径几经变换的过程中变得越来越重要。在海德格尔对语言、对凝缩了语言而成为存在根基的诗的见解中，荷尔德林从一开始就被拔升为近乎神话的基准点。"……在贫瘠的时代诗人何为？"海德格尔将荷尔德林的哀歌《面包与酒》中提出的宏大的、兼顾诗和政治的关键问题与他自己直面的当下联系起来，但是也正想以此让这个问题通向一个超出时间的真理，指向具体的历史经验之外。在海德格尔和策兰之间，有某种共识——在以荷尔德林来把握当代的时候，首先让里尔克登场。海德格尔在他的论文中首先借由里尔克，在荷尔德林式的意义上，找到了对荷尔德林问题的一个回答，并在最后完成了闭环："荷尔德林是贫瘠时代的诗人的先－行者。"荷尔德林在他眼里是第一个"敢于"探究语言之人。

海德格尔称"纪念"是"写诗的根源所在"，这句策兰如此郑重地标记出来的话，当然也指涉了荷尔德林的诗，这首诗就以《纪念》为标题，终句赫赫有名："可那留存的，是诗人所造。"这句诗标志着海德格尔哲学中最后一个认知视域，这也是英格博格·巴赫曼不论经过多少次卸除行动，都从未摒弃的海德格尔之论的动人之处。在策兰这里，这个句子也成了一个不可消解的世界定式。对他来说，他自己的存在和诗是一体的。如果想勾勒策兰和海德格尔之间的一种想象式的交集，那这交集一定会以荷尔德林为中心，而且首先以这个初看起来简单清晰，但随后越来越神秘，从其具体后果来看难以解释的句子为中心。

策兰也有一首名为《纪念》的诗。它收入在诗集《从门槛到门槛》中，写于他集中钻研海德格尔的时期。策兰受惠于荷尔德林的《纪念》，他的这首诗也是以荷尔德林为中介，对海德格尔所做的一次探究。

策兰这首诗的第一个词是"无花果所滋养"。这是在引用荷尔德林《纪念》这首诗中的"无花果树"，由此表明这是与诗相关的诗，策兰的诗由荷尔德林的诗所"滋养"。荷尔德林在他笔墨纵肆的诗中描述了他不久前在波尔多地区的居留，期间担任法国大革命时期一家德国商人的"家庭教师"。在诗的第一部分点明了这样一处使人平静的地方："庭院里却长了一棵无花果树。"

策兰的诗就指向了这棵无花果树。在《旧约》里，无花果树大多时候和葡萄藤一起充当一种丰足生活的象征。但是策兰从一开始就将这个想象与"死者的杏仁眼"不可分离地连在了一起，无花果和杏仁特指犹太人的传统和仪式传承，这给荷尔德林的历史经验增添了新的、自己的经验。策兰的诗是这样写的：

纪念

无花果所滋养的是这心，
心中的时辰想念
死者的杏仁眼。
无花果所滋养。

陡峭，在海吹来的气息中，
那失败了的
额头，
崖石之姐妹。

在你的白发四周增生

羊毛

来自变出夏天的云。

犹太人的历史经验与荷尔德林并列出现。这显然与海德格尔吸纳荷尔德林的诗构成了对立。对于这位德国思想家来说，已经成为箴言的最后一句诗是枢纽和转折点："可那留存的，是诗人所造。"策兰在自己的诗中对这句彩虹般流光溢彩的警句置之不理，反倒指涉了荷尔德林诗中的前一句，发出的信号也截然不同。虽然这句诗为终句做了铺垫，但其铺垫的方式是用流动的、被激发的、矛盾的事物来与静栖于自身的预言构成反差。荷尔德林的整首诗以对立运动为特征，一个自我静思默想的阶段对立于一个外事动荡不安的阶段，"无花果树"对峙战舰的"落尽叶子的桅杆"，"锋利海岸"也与悬崖礁石一起进入了画面。直到最后，终句才试着从对立者中建立起统一体。荷尔德林的诗如此结尾：

（……）可大海

拿走又给出了记忆，

爱情也殷勤地缝合住双眼，

可那留存的，是诗人所造。

"记忆"是一个关键词。在策兰认可出版的第一部诗集《罂粟与记忆》中，标题中这两个名词和它们各自开启的空间处于一个诗的关联中。用"记得"和"遗忘"这样的反义词组合还不能将其准确概括，重要的是彼此的交汇互动。"罂粟"随着诗的推进而消融在"记忆"中，也由此得到保存。但是这绝不是静态的、概念性的事物。"可大海／拿走又给出了记忆"：这是《罂粟与记忆》中的核心想象。

"纪念"在策兰这里是一个复合过程。诗对自身并不确定，它必须一再重新把捉"记忆"。记忆也是描述改变之物。给出和拿走在荷尔德林笔下是同一个过程，"记忆"正是在这个过程中得以彰显。诗中的"纪念"，按照策兰的推论，也有这两面。诗人"所造"，那"留存者"，就这样被策兰定义得更精确，包含了多重意义。"死者的杏仁眼"始终闭着，死者只活在诗中。策兰用来开启第二组诗句的词"陡峭"在这个意义上可以读作对海德格尔的拒绝。"崖石"是这首诗所在之处，一个暴露在外的位置，一个边界地带，边角锋利的石头作为一种反抗，被记忆撞上，在其上破碎。虽然在海德格尔笔下，诗试图给"存在的居所"一个稳定的基础，"在不祥中记起祥乐"，正如海德格尔所表述的那样，但策兰写出了"崖石"。对策兰而言，并不存在海德格尔苦心孤诣谋求的整体性。策兰的诗在一种时代与个人经验的新关联中重复了荷尔德林的寻觅行动：这些诗反对一切自己显示为僵化和固定之物，它们将这类寻觅行动本身变为诗，并对其进行反思。

策兰一直坚持与海德格尔就他们看待诗的不同视角展开对话。策兰也将诗看作他的"存在的居所"，他希望能与海德格尔的"存在的居所"有所联系。1967 年 7 月 25 日，他甚至走进了海德格尔实际为此建造的场地：黑森林里托特瑙山的一间用于沉思的小木屋，位于两座远离尘器的农庄之上。他在那里与海德格尔相会，在他的小屋留言本上写道："写入木屋留言本，目光看向水井之星，一个希望，期望心中一个要来临的词"。之后不久，策兰也以《托特瑙山》为题写了一首诗，诗中写道："写入这书 /——它收入了谁的名字 / 在我的名字前？ ——， / 写入这书 / 的诗行 / 关于一个希望，今天 / 期望一个思想者 / 心中 / 要来临的 / 词。"

海德格尔肯定注意到了这个提问："它收入了谁的名字 / 在我的名字前？ "他知道策兰在写出他的"要来临的词"时具体想到了什么——策兰在这场会见之后立刻给自己的妻子写信，说他坐车返回途中"把话说清楚了"，并再次表达了一个希望：也就是"海德格尔要提起笔"，"针对当前卷土重来的纳粹主义"，就着自己与策兰的谈话，发出一个"警告"。在 1968 年 1 月 30 日，海德格尔写信感谢策兰给他寄诗。从他的信可以清楚地看出来，他完全懂得策兰对他的期待；但也可以看出，他决心依照自己的意思来回应这个期待："诗人之语，那些关于'托特瑙山'的话，为一个思想试图走回微末时所处的场地和风景命名——诗人之语，同时是鼓舞和督促，保留了对情绪多样的黑森林一日的纪念。但是在您那令人难忘的朗诵之夜，在旅馆打第一声招呼的时候，这就已经发生了。从那以后，很多事我们都对彼此保持了沉默。我想，有朝一日，某些事还会在谈话中从未曾言说中释放出来。"

不过，"在旅馆打第一声招呼的时候"，策兰出于直觉拒绝和海德格尔合照。海德格尔做了种种努力，回避与策兰相会的具体意义，将这意义转移到另外的轨道上。这些轨道能从对彼此的沉默和未曾言说之事通往哪里，始终模糊不明。他对语言、对诗的见解一直没有被影响，即便他与策兰进行了谈话，后者还试图牵线搭桥、消除隔阂。海德格尔在谈及策兰的诗时，使用了与"鼓舞"并列的"督促"一词，这是唯一一处给予了回音的暗示。然而，过了一段时间之后，这个"督促"也消失殆尽，所以他写给策兰的句子更应该反过来读，这是对诗人的督促，要他回到由海德格尔所定义的语言庇护所中去："那我的愿望是什么呢？但愿您在特定的时刻，听到包含着合您心意、有待写成诗之物的语言。"

策兰对海德格尔所做的探究，是一条充满困难的曲折道路。在他开始研读海德格尔的作品，尤其是英格博格·巴赫曼在她的博士论文中用大量篇幅讨论过的演讲稿《什么是形而上学？》的时候，他甚至草拟了一封给海德格尔的信，当时他因为 1954 年秋天得到了一份驻地奖金，住在地中海沿岸的拉西约塔。他尝试着向"马丁·海德格尔先生 / 思想之主"写信，而后继续写道："从海而来 / 这崇敬的符号 / 出自一个小而远 / 响彻心愿之声的 / 毗邻之地"。

在托特瑙山和海德格尔见面之后——后来他们在弗莱堡又见过两次——策兰另写了几行诗，因为在此期间发生了新事件："自从我们成为一次谈话，/ 在这谈话上 / 我们窒息，/ 在这谈话上我窒息"。当莫妮卡·赖歇特在一份回忆录中说策兰在见完海德格尔之后立刻到法兰克福去找她——克劳斯·赖歇特是策兰的新编辑，夫妇两人有幢为友人开放的住宅——这并不仅仅是单纯的一桩逸事："策兰穿着厚底皮鞋和罗登呢绒大衣来了。克劳斯问他，为什么他偏偏能与海德格尔见面。策兰回答说：'是啊，我问了他，他关于自己的过去有什么要对我说的。他说，他会好好想一个回答出来。但是他到最后也没有给我这个回答。'这个话题就到此为止了。在饭桌边，策兰兴致高昂，几乎为海德格尔唱起了赞歌，有时候还配上先知的姿势，双手高举。没有人能或者敢打断这段独白。他甚至开始狂热地夸'他夫人也是那么有魅力',这时候,之前一直不停地在自己饭菜里翻来拨去的玛丽·路易丝·卡施尼茨冷冰冰地插话道:我们那时候(30年代在弗莱堡)就已经把她叫作马丁蠢鹅[1]了。众人受到惊吓而沉默。策兰僵住了。就在这一刻,四个月大的阿莉塞在隔壁房里哭喊起来。(……)策兰猛地把刀叉放到桌上,眼睛怒气冲冲地转向门口,目光越过卡施尼茨女士的头,找到了一个出气筒。"

正是这种对海德格尔的矛盾态度,构成了策兰与英格博格·巴赫曼之间的一个共同点。他们都被海德格尔对诗的奠基性阐述和赋予语言的存在意义所吸引,又都对他心存芥蒂,他们的个人经历和认知必然强迫他们远离他的观念。他们的"存在的居所"立在远不如他所述的那般坚定的地面上。

策兰和巴赫曼出于不同理由拒绝为海德格尔的纪念文集撰稿,这份同心契合,有一段复杂而艰难的历史。策兰在他回复巴赫曼关于海德格尔的问题的这封信中也对此有所提及。巴赫曼远离海德格尔是出于明显的政治理由,这涉及阿登纳时代的联邦德国社会这一具体对象。她尤其在四七社

---

1 马丁鹅是德国圣马丁节的传统食物,也即烤全鹅。

以及与汉斯·维尔纳·亨策对话的影响下，明确站在了左派立场上。即使有时心生犹疑，她也总是将自己看作海因里希·伯尔或君特·格拉斯的同志。策兰在 1959 年 8 月 10 日给巴赫曼的信解释了他为什么没有给出版商内斯克寄任何文稿以加入策划中的海德格尔纪念文集。这封信中出现了一个出人意料的转折："你知道的，我肯定是最后一个能对弗莱堡的校长就职演讲和其他一些事视而不见的人；但是，因为现在，我和伯尔或者安德施这类自以为是的反纳粹人士有了极为实在的接触，我也要告诉自己，那些为自己的过失感到窒息，不会装作自己从来没有错，不会掩盖自己身上污点的人，好过那些仗着自己当初品行端正（我必须问，也有理由问，真的方方面面都端正吗？）打算过最安逸也最能获利的生活的人，他想要的这般安逸，让他在此时此地——当然只能是'私底下'而不能公开，因为众所周知，公开的话就会有损名誉——能干出最明目张胆的卑鄙事儿来。换句话说：我能告诉自己，海德格尔也许看透了一些事情，我**看到**的是，一个安德施或者伯尔身上藏了多少龌龊（……）。"

根据对海德格尔的描述，策兰在他身上投射的愿望无疑是思想之父。因为策兰后来肯定自己也体验到了，海德格尔直到最后面对外界都完全是一副"自己从来没有错"的样子。有趣的是，他对"自以为是的反纳粹人士"有更强的攻击性。他之所以偏偏对海因里希·伯尔存疑，是因为策兰在波恩的那次朗诵会。他也请求过英格博格·巴赫曼和其他一些人对此表态——这便是那张在听众中流传的反犹漫画。策兰也给伯尔写了信，信中附带了那个向他通风报信的大学生的信息。他向伯尔"请求，告诉我，您怎么看此事"。伯尔四个月之后，在1959年4月3日才用一张写有寥寥几句话明信片回复了他："亲爱的保罗，我一直没给您回音，希望您别生气或不耐烦。我深深地陷入了一场无能为力的塌方，我要缓慢地挣扎出来。小说很快就写好了，这本书也包含了对您的信的一个回应。"

策兰立刻做出反应，将伯尔归作与反犹主义者立场相近的人，控诉说，他，策兰，原本"老派地"设想一个"有政治关切的"作家会和他意见一致，即"纳粹主义不仅仅关于犹太人"。策兰收笔的句子是："一封严酷的信——这是您应得的。"伯尔回答道："我只能将您的信当作一次狂妄行为，考虑到您自称和莫勒做过一次亲切友好的文学对谈。您对这些人的过去**一无所知**却和他们保持友谊——是场毫无政治关切者之间的专业对谈吧，我猜想。"

"政治关切"——这个词在策兰口中，显然有着和海因里希·伯尔不一样的腔调。这里的差异和他们不同的社会归化经历相关。策兰觉得自己是左翼，他所对标的人物是俄国人彼得·克鲁泡特金或者在慕尼黑的苏维埃共和国中活跃的领导人古斯塔夫·兰道尔这样的无政府主义者。在 1968 年巴黎爆发五月风暴的时候，他还赞赏过学生领袖丹尼尔·科恩 – 本迪特的那句"我们都是犹太人"。但是他视自己为左翼的自觉、他对俄国革命歌曲的吟唱，以及他身上的东欧烙印，与联邦德国里在犹豫中诞生并表达政治关切的"左派"所走过的历程有着本质的区别。后者是一场在许多不可测因素和倒退中推进的关于民主的讨论，它与社会民主派并行，偶尔也会成为其对立面。策兰感兴趣的是一种德意志"精神"的主要承担者，他们显然在具体的政治归类之外，针对偏向务实的政治定位，采取了一种着意强调的精英态度。阿明·莫勒，恩斯特·云格尔的朋友兼秘书，也是公开自称的"右派"，很长一段时间都住在巴黎郊区。他确实像伯尔所说，是一个时常与策兰相会的谈话伙伴。而策兰"保持"的另一份实在的"友谊"，对于坚决反对原纳粹分子在联邦德国活动的伯尔则如同眼中刺一般：他和罗尔夫·施洛尔斯的友谊。

施洛尔斯是一个党卫军旅长的儿子，最后在意大利官至国防军中尉，是"前线侦察队"也即所谓的"防御军"的统领。这就意味着，他被委以军事情报机关的首领之职，他的行动与一般的国防军队员截然不同。施洛尔斯专门从事对游击队的战斗。要承担这样的功能，他肯定已经证明自己对纳粹政权而言有合适的能力和政治可靠性。以他为例，可以说明即使在纳粹政权结束后，在德国特定的专家还是会继续任职：官方记录了施洛尔斯在北莱茵兰－威斯特法伦州情报机构，即宪法保卫局的一份工作。几个同代见证人称，完全能从他的行为举止看出他的过去。当他作为作家出现在四七社聚会上的时候，这引起了人们的注意。汉斯·维尔纳·里希特很早就认出他是敌对方，有着和自己不同的利益追求。在反核运动中，施洛尔斯和里希特有过一次争吵，之后施洛尔斯首先出任了自由民主党的杂志《自由派》的总编，后来又成了自由民主党的特奥尔多－霍伊斯学院院长。

策兰在宁多夫的四七社聚会上与施洛尔斯相识。作为德国出版社集团的编外人员，施洛尔斯在策兰诗集《罂粟与记忆》的出版上起了一定作用。在聚会结束后不久，策兰在法兰克福附近的贝尔根拜访了施洛尔斯。他给妻子的信中写到了他："他住在一座小农房里，这房子亲切却不舒服，非常有德国特色——一种首先让人厌恶，但随后又推动人思考的德国特色。尽管施洛尔斯非常讨人喜爱、非常热心周到——他在汉堡就邀请我到他家住一住——但是我还是拒绝在他家留宿，借口说这儿太远了，但是实际上是因为我在这里能感受到一个充满可怕事物的过去留下的太多痕迹。"

策兰在信中显得毫不动摇，目光敏锐。但是这之后他还是和施洛尔斯亲近了起来。这首先是因为后者对他表达了巨大的钦佩之情。施洛尔斯说的奉承话几乎像漫画一样，切合了50年代一种不可摧毁的德意志精神在对抗低等的历史直觉时保持的空泛激情。对施洛尔斯来说，策兰似乎正好拥有他认为自己也应得到的崇高气度。施洛尔斯写给策兰的数量繁多的长信表明，他是多么竭尽全力地打造他的德国自觉，既自惹烦恼又自负专断。策兰越来越坚定地作为犹太人写诗，对此施洛尔斯毫无兴趣。策兰笔下的"词"，他给策兰写道，"几乎完全被接管，成了内心世界梦幻般的存在。它汇集了平时在日常生活中为了应付物质秩序这一无法言说、徒然无效的劳累而消耗的力量"。施洛尔斯今天作为诗人理所应当地被人遗忘了，虽然他对别人的称赞往往过分浮夸，但是策兰在很长时间里都欣然接受。施洛尔斯多次尝试着寻找两人之间的一种精英的、诗的共性。他毫无反思地将自己与策兰及其经历置于同等地位："作为人，保罗，总是只有很少几个才能作数，不论是不是犹太人，他们都会遭到乌合之众嘲讽。"

尤其是考虑到策兰对说话方式格外敏感，他居然这么多年里都和施洛尔斯保持着联系，甚至提出与他以"你"互称[1]，还邀请他到巴黎做客，这真让人惊诧。施洛尔斯常常刻意地将他和恩斯特·云格尔进行比较，而且还满腔热情地对卡尔·施密特[2]大唱赞歌，对此策兰很长时间都不予置评。不过，施洛尔斯有一次试着给他写信谈论"犹太人"这个主题的时候，第一次越过了他的底线。在长久的沉默之后，策兰仅仅从施洛尔斯的信中摘抄了一段话，愤懑地把它寄了回去：施洛尔斯谈到了一种"抵御犹太特性的可容忍方式"，这"也许不再是反犹主义"了，并唤起"一个满手老茧的波兰乡下铁匠那值得同情的真相"。施洛尔斯的文字常常体现出一种负罪感和自我辩护的杂乱混合。昔日"国防军"[3]中尉就一种新的"抵御犹太特性"的方式提问，让策兰大为震惊，他感觉此时此刻对方直接将自己当作犹太人，而不再是当作诗人来与之交谈。当施洛尔斯在1961年年底给策兰寄自己的书《游击队：政治人类学研究一例》时，策兰立刻生硬地切断了所有与他的关联。在策兰收到的这本书里可以发现他在"异族"、"一窝子"[4]或者"本族直系"下都画了线。

施洛尔斯、恩斯特·云格尔、海德格尔——在策兰心

---

1 在德语中，互相称呼"你"而不是用敬称"您"，是两人关系亲密友好的标志。

2 卡尔·施密特（Carl Schmitt 1888—1985），20世纪德国著名法学家、政治思想家，同时也是反犹主义者，在1933年加入过纳粹党。

3 在德语中，"国防军"和上下文中提到的"抵御"是同一个词"Abwehr"。

4 原文为意第绪语"Mischpoke"，用来指一家人或一伙人，含贬义。

中，这些同代的知识分子的意义显然有别于联邦德国早期反对当局的抗议人士。在这个背景下，策兰与海因里希·伯尔之间的不和可以说几乎有悲剧色彩，虽然很多年后两人又都主动尝试和解。策兰对"德意志精神"的体会不同于联邦德国内那些政治立场实际上与他相符的同辈同行。他想把自己定位在霍夫曼斯塔尔或者里尔克高雅的语言传统中。比起"批判性"的作家同行，如伯尔或安德施，他更偏向海德格尔，这显示出他和联邦德国的文学行业之间横亘着氛围的鸿沟，当时不可能有任何跨越这鸿沟的沟通。

策兰与君特·格拉斯的友谊也极为复杂。这其中甚至有海德格尔的投影。格拉斯在巴黎写出了他1963年出版的巨著《狗年月》的前几部分，并在一条叙事支线中对海德格尔有所影射。纳粹意识形态的持续作用在书中以一种滑稽的稻草人隐喻得到展示。主人公在战后来到了一个矿山，在地下生产稻草人。他在那里开始以海德格尔的风格做哲学思考。这种讥讽手法暴露了处于经济奇迹中的德国的遗忘压抑机制："惊吓原则：'因为惊吓行为的本质源自先验，是将惊吓三重地散播进世界规划中。'上百个自诩哲学家的人在满地盐粒上漫步，彼此郑重地招呼着：'惊吓为他而存在'。"

格拉斯后来在他所做的"法兰克福讲座"中讲述道，策兰的陪同对于《狗年月》中部分章节发挥了多么大的影响，

"比如在第二卷结束前的那个童话故事开端，当皇帝港的炮兵连一旁耸立起一座白骨山，那是但泽附近的集中营施图特霍夫吐出来的"。策兰在格拉斯写《铁皮鼓》的时候就已经鼓励他，"在我的小说的小市民世界里加入法金高尔德、西吉斯蒙德·马库斯和埃迪·阿姆泽尔这些虚构人物，他们不高贵，而是平凡古怪的犹太人"。对海德格尔段落，策兰大概什么都没说。至少格拉斯没有提到过。格拉斯生活在巴黎的时候，策兰和格拉斯非常熟悉彼此。他们尽管性格各异，却发展出了一种亲近关系，其基础也许是东欧人间的惺惺相惜，也许是相当多的诺曼底酒。他们见面相当频繁。

"他一开始有一种会唬住一些作家的做派，就像是斯特凡·格奥尔格那种。"格拉斯后来回忆说："虽然我们彼此间这么陌生，我们这么不同，但我们却对彼此格外有好感。我要感谢保罗·策兰在文学上给了我很多指点。"1959 年 4 月 27 日，格拉斯在读了《语言之栅》后写信给策兰："下面这个句子结尾处并不需要一个加重语气的惊叹号，我相信我在《窄入口》这首诗上看到了我们这个时代的一首伟大之诗，有可能是你的伟大之诗。如果想要感受类似的气息，就必须往回走很远，走到里尔克晚期的哀歌或者甚至走到《启示与灭亡》[1]。"里尔克和特拉克尔，也让策兰感受到了共鸣。格拉斯在 1959 年 9 月 8 日将自己的《铁皮鼓》敬献给他，仅一天之后策兰就写给他道："就两行，以这种方式向奥斯卡和他的，也是你的铁皮鼓脱帽致敬。脱帽者位于：第 230 页。"在这封信的末尾，策兰甚至暗用了剧本《叔叔，叔叔》中的一句话来向格拉斯致敬。剧中主人公有句口头禅"我叔叔马克斯说了"，而策兰写道："明文如下：我叔叔说了，鼓可没这么多。"当不来梅市政府在 1959 年年底，出于阿登纳时代的特殊政治道德原因拒不给格拉斯颁发评委评给他的不来梅文学奖时，已经获得此奖的策兰立刻与格拉斯站在同一阵线，声明"他认可君特·格拉斯的书"，在一次报纸访谈中对不来梅当局的决定表示"震惊失语"。

然而，策兰仅仅在几个星期之后，看起来毫无预兆地在 1960 年 1 月 31 日写信给菲舍尔出版社的鲁道夫·希尔施："前天，在戴高乐演讲结束半个小时之后，格拉斯来访……那些向来就有的大大小小的欺瞒，因近来蹿得越来越高的自鸣得意而增多……以至于我和其他一些人一样，不得不问问他在您这儿（当您向他展示那次'谈话'的时候）表达了怎样的态度。结果他冷血地继续撒谎，继续他的卑鄙言行。我

---

1 格奥尔格·特拉克尔的一首诗。

只能向他宣布友谊就此完结，给他和他夫人指了指门的方向。"格拉斯也许是用他特有的轻浮而草率的方式（"我当时比今天肆无忌惮多了"，他 1996 年说）表达了对策兰的散文《山中谈话》的看法。

就像对待伯尔一样，策兰后来又在心灰意冷之际，试图与格拉斯重修旧好。他写了几封情真意切又经过深思熟虑的信，但是再没有寄出。在 1962 年 3 月 9 日写的这封信中，他对文学行业做了一番尖刻评论，而后又写道："诗，也包括你的诗，君特，与这些反对和拥护——两者靠彼此为生——都毫无关系。诗在别处，出自别处，而这个别处正是一种最具人际情感的此地此时——为了一双眼，一双手，一对心灵，也就是为了同在此地此时的所有人。（我给你讲述的并无新意，我知道。）还有什么可说的呢？——纸是灰色的，而……'心之灰色'这个词属于你出身泽诺维茨而身在巴黎的朋友保罗。"

他的朋友们在君特·布略克之流发表批评之后没有像他所期待的那样支持他，这让策兰饱受折磨。他绝望又激动地把君特·布略克这样的评论文章和友人匆匆作答的客套或漫不经心的疏忽——像海因里希·伯尔或者君特·格拉斯那样——混为一谈。策兰再不愿也不能对其做区分。摧残他的是各种各样的攻击：恶毒的诽谤、同行的嫉妒或者彼特·吕姆科夫这样的年轻诗人的蓄意利用。吕姆科夫想要比照策兰来凸显自己的美学立场。文学行业的通常运行机制——当野心勃勃又聪明的竞争者发现有人可能高于他们，因而表现得尤其奸恶，大肆讥讽奚落——是最难承受的。策兰很快就把一切以某种形式反对他的言论理解为反犹言论。波恩朗诵会期间散布的漫画是催化剂之一。批评家君特·布略克（另外，他在评论了《语言之栅》一个月以后立刻狭隘又自负地对格拉斯的《铁皮鼓》大加责难）明显在用反犹主义陈词滥调来反对策兰。富于媒体经验的克莱尔·戈尔的诽谤对策兰来说是这一切的基础，尤其给他造成了创痛。策兰关于诗的观念本就与日渐发展的批评行业格格不入，他关于自我的两重定义——诗人和犹太人——越发被推向融合。随着时间推移，策兰甚至将那些公开以"亲犹分子"自居的同行视为敌人，他们往往比一般的反犹分子更危险。就连那些为他发出的善意声音，策兰都不再认可，中断了联系。菲舍尔出版社的犹太裔编辑鲁道夫·希尔施曾经为策兰提供了许多帮助，策兰还因为格拉斯的事向他吐露过心声，一段时间之后，他也成了策兰最猛烈的怀疑所针对的目标，两人关系破裂。

克劳斯·德穆斯这位比策兰年轻，长年都忠于他、钦佩他的朋友在1962年3月到巴黎看望他却遭拒绝，随后在4月给他写了一封感人肺腑的信，这封信读起来让人无法不动容：“我亲爱的，我所爱的保罗！如果你在这么多年里确实像我知道的那样，爱过我，如果你感受过我的爱：那么请尽可能多听听这封信，我人生中写得最艰难的一封信，表达的心声。我要向你说出最极端的话，最后的话。我向你发誓，这一切都出自我一人，没有人影响我，只是我自己在向你说这番话。关键的关键，是你要相信我。我要对你说的话，也许你没法相信——要发生奇迹才行：因为只有这最微小的机会，最后的、最极端的机会，我为之赌上了我和你的友谊，我一定要说。保罗，我有一个可怕但非常确定的推测：你患上了偏执妄想症。”

XIV
已逝之秋
回望不可能之事

英格博格·巴赫曼与马克斯·弗里施的关系从一开始就笼罩着保罗·策兰的阴影。她很早就与弗里施有了私情，并迅速决定为了他搬去苏黎世。她在利古里亚与他相会，又在一天早上让他茫然无措地迷失在拉斯佩齐亚[1]城中（正如他在《蒙托克》中所写），可是她不敢向策兰透露这些事情。她已经熟练地将自己不同的生活分隔开来。她在7月中旬——和他在巴黎分手两周之后，她正处于和马克斯·弗里施恋爱初期的意乱情迷之中——从那不勒斯给策兰写信："不论我在哪儿，我都感到悲伤，远离了一切。"政治局势越来越激化，法国与阿尔及利亚的矛盾正走向巅峰。冷战引发了关于核武器军备的激烈争论。所有这一切也牵动着巴赫曼和策兰的心——这也包含在了她写给策兰的信中："而我

---

1 意大利中北部的一座港口城市，位于利古里亚大区。

们——啊，保罗，你是知道的，我现在只是找不到一个词能够全然表达出，是什么在维系着我们。"吉赛尔和孩子是她在他们重燃爱火之后没有无条件追随策兰的主要原因之一。她现在也强调说，她为"吉赛尔和孩子在你身边"而感到"高兴"。这句"啊，保罗，你是知道的"中回荡着策兰《花冠》一诗中的诗句"是时候了，要让他们知道"，但是这个只为他们两人所设定的"知道"中含有更多意味。他们在圣路易岛上分别两周后，她从那不勒斯写道，当时情形"就仿佛我们身处雨中，置身于平衡中，仿佛不再需要出租车把我们带走"。策兰不久之后就回信道，"总会有中途停靠站的"[1]，他们最后在圣路易岛上约会的餐馆，名字确实就叫"中途停靠站"。

英格博格·巴赫曼在和马克斯·弗里施相遇之后便奔赴苏黎世，为的是加深这段关系。但是马克斯·弗里施后来在《蒙托克》中回忆道，他那时候也已经在电光火石中"看明白了"，这一切"活不过四个星期"。8月，在那不勒斯那个她与汉斯·维尔纳·亨策的惯常隐居地，她写信给策兰说："我寻找过，也许还会忍不住再次寻找的'解决方案'多半并不存在。既然许多事显然毫无意义，人就会避免提问。你

---

1 原文为法语。

又知道什么解决之道呢？所以我也请不到任何人来保护你，这一点我也想到了。我只有我的手臂可以拥抱你，如果你在这里的话。"

她在这里已经暗示了这个她虽然知道"多半并不存在"但又会再次"寻找"的"解决方案"，这个方案就叫马克斯·弗里施。当她在 10 月 5 日终于告诉策兰实情时，她首先闪烁其词地做了番铺垫：事情是以"这么奇异的方式发生的"，她"爱上了"别人，"只不过我用这个说法不恰当"。她"很开心，在善意、爱和理解中得到很多支持"。但是随后出现了一个更为混乱和普遍的想法，这个想法首先针对策兰和她作为诗人的存在问题："我只是有时候为自己感到悲伤，因为有一份恐惧和一丝怀疑总是消散不去，这怀疑关乎我自己，不是他。我相信，我可以告诉你，我们也都知道——我们几乎不可能和另一个人生活。但是因为我们知晓这一点，不会欺骗自己，也不会尝试欺骗自己，所以每天的辛苦也能带来些好结果，我现在还是相信这一点的。"

这有些西西弗斯[1]式的宿命感。这里表达出的是一种愿景，看似可以达到，而且绝不可忽视。但是"我们几乎不可能和另一个人生活"这句话则指向了她和策兰在另一个层面

---

1 希腊神话中，科林斯国王西西弗斯因为触犯了众神，被罚推一块巨石上山顶，但是巨石到了山顶就会滚落下来，所以西西弗斯只能日复一日地重复这项工作。

上的结盟，抽离出了日常生活。不能与策兰成为伴侣的痛苦，很早就已经构成了她的生活体验的底色。她做过对她而言极不寻常的积极尝试，要和策兰共同生活。她很长时间里都牢牢拽住这个愿景，哪怕在他严酷拒绝她之后，在和汉斯·维尔纳·亨策于那不勒斯和罗马度过的暧昧不明的潜伏岁月里，都不曾放弃。在 1957 年 10 月到 1958 年 5 月之间那段风急雨骤的热恋时光里，这样的渴望慢慢过渡成了一种关于诗歌的兄妹之爱的可能性，转换成了身为诗人的共同自觉。在日常生活中，他们太过排他、太过相似的诗人之存在彼此抵触。在日常生活之外，他们却有一种其他人无法企及的亲近。

将巴赫曼与策兰相连的这种更深的层次，马克斯·弗里施到最后都触动不了，这在她 1958 年 11 月为策兰庆祝生日而写的抒情信中看得很清楚。她不久前刚刚搬到苏黎世，开始尝试和马克斯·弗里施过一种日常生活，有着一种新开端的启幕之感。但是她却如此写道："保罗，你的生日将至。我没法驱动邮件，让它准时准点抵达，但是可以再次驱动你和我。这里如此宁静。距第一个句子写下已经过去了半小时，已逝的那个秋天又闯入了这个秋天。英格博格。"

"已逝的那个秋天"，这是英格博格·巴赫曼和保罗·策兰在 1957 年经历过的那个心醉神驰的秋天。这是"花冠"

之秋，能让具体瞬间与永恒汇合。

巴赫曼的编辑赖因哈德·鲍姆加特经历过英格博格·巴赫曼和马克斯·弗里施的日常生活，后来在一部纪录片里对其有如下描述："她根本就没有一个长久的作家生活所需要的稳固性。而她却又和马克斯·弗里施这样一位职业作家生活了很多年。她常常给我讲述：让我快发疯的是，他吃了早饭起身就走，过没多久我就听到打字机噼啪作响，他一直写一直写。而我坐在那儿，绞尽脑汁，可一直一直写不出半个字。"

在马克斯·弗里施眼里，整个生活却是另一种样子。他几乎从不说起他和英格博格·巴赫曼的四年同居生活，但是很久以后，他有一次语气粗暴地说："不论怎样，我能确认这个事实：我们作为情侣，作为男人和女人，生活过。双方各自忙自己的工作。两人都知道对方手头的工作是什么。但是并没有合作，没有相互影响，甚至都没有给过对方一次灵感。"

1959 年 9 月 24 日，英格博格·巴赫曼已经和马克斯·弗里施一起生活了一年，她给自己的多年好友伊尔莎·艾兴格尔写了一封信。信中已经显露出了一些困窘，在接下来几年，在马克斯·弗里施离开她之后，它们会变得更为强烈，主宰她的基本情感。她在这封信里描述道，她在这段时间的处境里无法写作。她预告说她第二天就会搬进苏黎世的一间专供写作的小公寓里去："如果我起初换了环境，是不是就会不一样，是不是就能写作，我不知道。我在最近一段时间里想了又想，想到最后没有结果，只有沮丧。我重新向自己提出了所有问题，都是我从来没有，或者只是模模糊糊地问过自己的问题。一个让我没法开始工作的预先工作。还加上逃进睡眠里去的做法。我总是能睡十四到十六个小时。我再也不想起来了。因为我不知道怎么和其他人继续交谈，继续思考，如果想要进入其他的想法，迁入另一种语言的话，我害怕，我害怕，因为我也许会变得没能力走出门去，不是也许，是肯定，因为只有此岸，我没法往前走，'朝彼岸'走；我不会说彼岸的语言，我就在这里，只有此岸。请原谅我在这深夜，就着这杜松子酒写信，我没法表达我自己，但是我想要对你说，杜松子酒、深夜和信是一种紧急防卫，我不知道在防什么，但是不会一直放任它袭来。"

和马克斯·弗里施在日常生活上的问题也开始出现——当两个当事人都是作家，那么就会有共同生活的困难。马克斯·弗里施完全就是个在市民生活中大获成功，而且在生活中站稳脚跟的典型。他代表了对英格博格·巴赫曼的名媛游戏来说颇有吸引力的几种可能性。这些可能性可以延续她和汉斯·维尔纳·亨策出席歌剧或音乐会首演时的光彩照人，当中也完全包含了炫目的魅力和精通世事的老道。有一张马克斯·弗里施的照片，是在英格博格·巴赫曼成功地说动他入住罗马居所之后拍的。他们在罗马有一座带仆从的大宫殿，当中有确保贵族气质的房间。马克斯·弗里施在楼梯间里摆姿势，身穿一套地中海式样的、既有点纨绔风但也不失优雅的白色西装。瑞士人特有的风范内敛含蓄、羞羞怯怯地流露出来。后来他解释说，他营造这样浮华的环境和奢侈的生活风格，主要是为了满足她的心愿。巴赫曼和马克斯·弗里施的日常生活渐渐以另一种方式复现了她和策兰的同居经历：他们开始让对方感到窒息。

当马克斯·弗里施在布略克文章发布后，写了封自以为

马克斯·弗里施作为"职业作家"：1960 年于罗马，在诺塔里斯路和英格博格·巴赫曼同居的公寓中

坦率正直的信回应保罗·策兰的呼救时，英格博格·巴赫曼就预感到了一场灾难的来临。就连她自己也无法在内心里真正融合起来的两个世界此时碰撞到了一起。她不得不承受她觉得自己无法把控的矛盾。在她和马克斯·弗里施度过的第一个冬天，在 1959 年 2 月，策兰想在斯特拉斯堡或者巴塞尔——而不是在德国土地上！——和她见面，她回答说，她更愿意在苏黎世见面。原因就是马克斯·弗里施："他求我不要把他排除在外。"在 1959 年这一年中，巴赫曼和策兰交换着"兄妹书简"，两人一次次尝试重建私密的同盟——"你知道的，你知道的"。但是在弗里施将信寄给策兰的时候，一场新的冲突就开始了，在这个冲突中巴赫曼和策兰之间的关系彻底破碎。

为回应布略克的评论和马克斯·弗里施对此的评判，他写信给巴赫曼："我不得不想到我的母亲。/ 我不得不想到吉赛尔和孩子。"

暗含反犹口吻的负面批评和他自己的生平经历、他的犹太渊源之间的联系在这里得到了直白的表述——这也正是马克斯·弗里施在面对肆意夸大的布略克文章中对他来说司空见惯的批评家做派时，并不想承认的关联。英格博格·巴赫曼知道，弗里施以同行姿态所做的安抚肯定会在策兰心中激发出某种东西。策兰在巴赫曼尝试了对他来说无济于事的解释之后，中断了与她的联系。巴赫曼便开始给吉赛尔写信："我已经不知道我该怎么做才能既不出卖马克斯又不失去保罗的信任了。"策兰出乎意料地在几天之后又有了回音——巴赫曼写道："呼吸又成为可能"——她在 11 月 23 日策兰的生日给他发了封电报，寄去了一张唱片。但是一个月之后，在 1959 年 12 月 21 日，她发出了一封信，宣告了她内心的所有煎熬。信的缘起是策兰没有回应马克斯·弗里施所写的信，这封信本来也有向策兰提出缔结友谊的用意。她现在则尝试着向策兰解释："在给我的信中，那伤人的拒绝给他造成了持续至今的羞辱，即使你和我都已经找到了一个让彼此释怀的词。可这个词对他并不适用，因为他的信首先是整件事的起因。是啊，这个词只会造成更坏的想法，包括对我的想法，因为看起来仿佛我只在乎你，在乎你的困苦，在乎我们的关系。"下文中她还补充说，现在她和马克斯·弗里施之间形成了"一种压迫性的沉默"。

随后，圣诞节的一次通话似乎让一切又都转入了较平静的轨道。尽管这轨道也必定会受到文学行业的影响：英格博格·巴赫曼主讲了"法兰克福诗学讲座"，两人都抗议不来梅市政府推翻评委颁奖给君特·格拉斯的决定。1960 年 2 月 1 日，英格博格·巴赫曼还把自己新写的短篇小说《一切》寄给了策兰。但是在 2 月 19 日，还不到三个星期之后，突然毫无征兆地——至少从留传下来的书面往来中看不出迹象——出现了一封简短的信："亲爱的保罗，在发生了这么多事情之后，我相信我们已经没有了未来。对我来说不再可能了。/ 我很不容易才说出口。/ 我祝愿你一切都好。/ 英格博格。"

可以推测，在这之前他俩通过电话。也因为巴赫曼的"法兰克福讲座"两人有了龃龉。两人没能在法兰克福见面，策兰有事前往的时候，巴赫曼已经离开。但是这封信的导火索是确定的，巴赫曼只有这么做才有可能维持她和马克斯·弗里施的关系。巴赫曼和策兰通信集的出版编辑在注释里披露，策兰在她的信封左上角写了"好样的布略克！好样的巴赫曼！"

这虽然还不是他们间最后的话，但是从此以后他们再也回不到先前的亲密了。巴赫曼和策兰后来又见过一次，还是有吉赛尔和马克斯·弗里施的四人相见，契机是奈莉·萨克斯在 1960 年 5 月 29 日到梅尔斯堡领取德罗斯特文学奖[1]。这几天里他们有过多次交谈。在 1960 年 11 月 25 日至 27 日，他们在苏黎世见了最后几面，当时策兰正为了抵抗戈尔诽谤

---

1 德国西南部小城梅尔斯堡自 1957 年以来，每隔三年颁发以德国女诗人安妮特·冯·德罗斯特-许尔斯霍夫（Annette von Droste-Hülshoff, 1797—1848）命名的文学奖给德语区女作家。

运动寻求支援。就在策兰获得毕希纳奖的同时，克莱尔·戈尔的声讨再次加剧，而巴赫曼当然也为策兰出了力。她参与了克劳斯·德穆斯起初与策兰一起撰写的一篇"反驳"文章的写作，但是这次行动中也出现了纷争。在1961年9月27日，英格博格·巴赫曼再一次提起笔给策兰写了一封长信，但并没有寄出。这是一封感人肺腑的信，表达了她对无法与他建立任何关系的所有绝望，同时也相当明确地表示，策兰的心理状态和疾病让她无力应对。在她至今为止忍受过的"许多不公和屈辱"之中，"最严重"的是策兰对她说过的这番话："因为我不能保护我自己免受那些伤害，因为我对你的感情一直都还是过于强烈，让我无力抵抗。"她苦涩地指出，她也曾不得不忍受君特·布略克的一次恶意责难，但策兰对此没有说过一个字。她觉得自己太虚弱，而无法一直把他放在中心。她的翻译也遭到过不当攻击，她也经历过欺侮性的打击，却都要独自面对。

她的短篇小说集《三十岁》尽管在今天成为被解释得最多也最有影响力的德语散文体作品之一，但当时被布略克这样大多以恩主自居的年长男性批评家贬低轻视，称其相当软弱。后来从马塞尔·赖希－拉尼茨基嘴中说出的评语"坠落的女诗人"，在很长一段时间都纠缠着她。巴赫曼在20世纪60年代初陷入深深的危机中，和策兰一样。但是她还是使出了力气，给他写了如下的话："我相信你，信你的一切，一切。只是我不相信，流言批评都只是针对你。因为我也同样不会相信，它们只针对我。我本可以向你证明，就像你能向我证明的那样，事实就是如此。我之所以没法向你充分证明，是因为我扔掉了那些匿名的不匿名的零碎纸片，因为我相信我比这些碎纸更强大，我想要你比这些碎纸更强大，它们什么都说明不了。但是你不想承认，它们什么都说明不了。你想它们比你强大，你想把自己埋葬在它们下面。这是你的不幸，我觉得它比你所遭遇的不幸更严酷。你想要做受害者，但是你自己可以决定不做。"

她却没有力气把这封信寄出去。不过，她肯定也是为了自己才写的这封信。接下来让人唏嘘的是，巴赫曼和策兰的人生灾难殊途同归，结局如此相似。

在策兰和他妻子吉赛尔的大量通信中，关于策兰的病是如何公开爆发的，可以读到很多细节。他入住精神病院的经过在其中有详细记录：第一次急性发病的情形是，策兰滑雪度假归来，将凑巧坐在同一车厢的一名女士的黄色围巾扯掉了，因为他把它当作了一颗犹太星章[1]。他随后从 1962 年 12 月 31 日至 1963 年 1 月 17 日在塞纳河畔埃皮奈住院接受治

---

1 纳粹德国要求犹太人必须在胸前佩戴六角黄色大卫星以供辨识。

疗。接着从 1965 年 5 月 8 日至 21 日在勒韦西内接受精神病治疗。之后隔了大概半年多，他因为在疯癫状态下想要用刀刺杀吉赛尔而被强制入院，从 1965 年 11 月 28 日到 1966 年 6 月 11 日先后在加尔什、叙雷讷和圣安妮住院。1967 年 2 月 13 日至 10 月 17 日他再次在圣安妮住院，起因是他在巴黎的歌德学院偶然地遇到了克莱尔·戈尔，五天之后的 1 月 30 日他企图自杀，差一点成功。最后，他从 1968 年 11 月 15 日到 1969 年 2 月 3 日在奥尔日河畔埃皮奈接受治疗。1970 年 4 月，他自溺在塞纳河里，大约在阿波利奈尔写过

保罗·策兰在巴黎，1963 年

的米拉波桥附近。

当策兰的偏执妄想症第一次公开发作，几乎同一时间里，也就是在 1962 年 12 月，英格博格·巴赫曼也尝试了一次自杀。导火索是与马克思·弗里施分手，不过这场分离早有先兆。就在她给保罗·策兰写那封没有寄出的、毫不留情且坦诚直言的信时，也即 1961 年 9 月，她和弗里施的恋情就已经经历过几次危机而濒临毁灭了。他们常常分居。1962 年 8 月 1 日，马克斯·弗里施正式解除了两人的情侣关系，通知巴赫曼自己已有新女友。在 8 月 6 日的日记里，巴赫曼写道："五天以来，我独自一人待在于提孔[1]，为了结这四年迈出第一步。或者我应该说一年半吧，因为过了一年半，恋情显然就已经完全结束了。"当她在几乎半年之后的 1963 年 2 月 4 日，向汉斯·维尔纳·亨策——他是她第一个想到的人——求助之前，她已经尝试过自杀并接受了一次重大手术："我必须装作没什么大不了的，只是有些小病罢了。但是并非如此。不是小病，我两个月前不得不去医院，因为我尝试自杀。但是我不会再那样做了，那是疯狂的行为。我向你发誓，我再也不会那样做了。（……）你也许会想，这是我的错，这个结局。但是这不对。如果真的要说是谁的错，

---

1 瑞士小镇，位于苏黎世大区。

那么错在马克斯那儿，不然我不会到这个地步。(……)事实是，我受了致命伤，这次分手意味着我人生最大的挫败。我想象不出还有什么会比我所经历的事更可怕，它们直到今天都纠缠着我，尽管我今天开始对自己说，我必须继续努力下去，我必须考虑未来，考虑新的生活。"

亨策立刻就赶到了苏黎世湖边，来到她身边，接应她，带她乘车穿行意大利，给了她一定的支撑。巴赫曼那构思宏

英格博格·巴赫曼在罗马，1969 年

大的《死亡方式》写作项目也萌芽于此，她从此时开始了筹划。在她1973年于四十七岁死去并引发种种猜测之前，这最后十年是巴赫曼生平中最黑暗的一段日子。在尝试自杀和住院养病之后，她患上了严重的焦虑性神经症，伴有极度损耗身体的惊恐发作，以及明显的药物依赖，在时间上正与策兰发病和入住精神病院重合。"吗啡慈悲"，这是巴赫曼根本就不打算发表的诗《我不知道任何更好的世界》中的词，这首诗写在危机深重的日子，后来在其遗物中被人发现。

弗里施在1972年3月请她寄给他五首诗，用于美国杂志《党派评论》关于当代德语文学的一期专号（该专号并未真正发表）。她以此为契机建立了一份个人的也是文学史的记录，将自己早期写自1953年的《日复一日》放在诗选的开端——"战争不会再被宣告，/而是会继续"。由此形成了一个充满影射的传记文学空间，它涵盖了她想在《死亡方式》这样一部分支繁多的小说系列中尽情探索的全部范围。虽然她写《日复一日》远远早于她和弗里施的相识，但是他们的恋爱史也由此获得了一种具有典型意义的和弦基调。社会政治和具体的男女关系在此汇合为一。

她的第一部小说集，1961年出版的《三十岁》也奏出了同一种声调。小说集颇有用意地结束于《温蒂娜走了》这篇小说，而它已经预先展示了《死亡方式》中的主题："你们这些人类！你们这些怪物！你们这些名叫汉斯的怪物！这是我永远忘不了的名字。每次当我穿过林中空地，当树枝分开，当枝条将我手臂上的水打掉，当树叶将我头发上的水滴舔去，我就会遇到一个名叫汉斯的人。"

温蒂娜在回顾往事，这是一篇告别词。人类是怪物，平庸且可替代，以"汉斯"为名，这指涉的是整个社会。男人们有权力，他们代表了引诱的谎言，代表了虚假的家庭幸福，代表了政治灾祸。不过这篇小说不单单是要和男人做个清算。温蒂娜是普遍意义上的他者形象，是艺术的化身。当温蒂娜走出了她水下的魔法王国，走上了陆地，当植物从她手臂上除去水，从她头发里除去水滴，她就要以其乌托邦潜质来面对具体的社会了。

而在巴赫曼的大项目《死亡方式》中则形成了一张充满影射的人物与主题网络，它以最为多样的语言形式织成：视角变换，第一和第三人称在不知不觉中切换，许多时间层次交错穿插。巴赫曼所铺展开的死亡方式超出了男女关系。她讲述了疾病，讲述了社会的损害与罪行，后者与她同时代，要和之前纳粹的罪行区别看待。她在残篇《范妮·戈尔德曼》里也讲述了作为一种非常特殊的死亡方式的文学行业。这同样呼应了保罗·策兰——虽然英格博格·巴赫曼所经历的在形式上有所不同，形成过程也不同，但是有些东西是两人共有的，也让他们截然不同于同一背景下的主人公。在巴赫曼遗作中有一则未曾发表的笔记如此写道："文学是一门肮脏的生意，就像武器贸易一样污浊，如果没有人察觉，那么万事大吉[1]。但是我却有着这不可思议的幸运，察觉到了它，承受过它。"

她人生最后几年在罗马交往的好友莫舍·卡恩，也将保罗·策兰的作品翻译成了意大利语。据他讲述，当他有些词不是很明白的时候，巴赫曼能迅速对这些词做出细致入微的讲解。比如她就向他解释了"Wächte"的意思，"雪堆"。她也从卡恩这里得到了策兰的死讯。"我接下来在她家陪她度过了两个小时，这两小时里她放声痛哭，放声哀号。这噩耗深深触动了她。"

莫舍·卡恩记得，她为了入睡吞下了某个牌子（硝基安定）的十三片安眠药，真是不可思议。同样不可思议的还有抽烟量："一天之内近百支吉坦尼斯[2]，不带过滤嘴。"她在1973年10月17日的死是由一根未熄灭的香烟引起的，它点燃了她的化纤睡衣。她没有发觉。

她计划的《死亡方式》写作项目中，写完了的只有长篇小说《马利纳》。这本小说出版于1971年。在公共领域里，

1　原文为法语。
2　一种法国香烟品牌，味道浓烈。

英格博格·巴赫曼和保罗·策兰之间的恋情在这个时间节点还完全不为人所知。策兰的生活在其死后更加笼罩在黑暗中。但是阅读《马利纳》的话，了解内情的人就能第一次猜测到，巴赫曼与策兰的关系到底有多深。这部小说里有这样一个层次，她在这个层次上延续着和策兰的文学对话，在他死后也不断绝。

《马利纳》的故事与一个自称"我"的女性角色（显然是个诗人）、她的恋人伊万和一个神秘的第三者马利纳有关。这个第三者在这个复杂的文本结构中是个捉摸不定的角色，就如同这个女性之"我"的男性化身，对于她的存活、诗歌和思考来说必不可少，是她从自身分离出去的，作为她情感的纠正者。马利纳一直留到了最后，而"我"这个女性形象在一个神秘场景中消失在了墙上裂开的一道缝里。终句"这是谋杀"以其自身囊括了整部小说。面对主导一切的男性法则，在"普遍的卖淫"中，女性之"我"无法幸存。

但是这部小说里还有一个反向设计，从中产生了一种独特的虹吸作用。这一图景也滋养了对伊万的爱情："我"这个角色，女诗人，想要为伊万写"一本古版书"，用它来向他解释她的世界和她的爱。她想"写在一张古老的、耐久的羊皮纸"上，可以"藏在一个从来不曾有过的女人的传说里"。这个传说，《卡格兰公主的秘密》在小说中以斜体形式标出。在这里能找到众多对保罗·策兰作品或明或暗的引用，如此集中，仿佛就是在向他致敬。居于中心地位的是重新出现的他们的爱情密码，它也包含在策兰的《花冠》一诗中："我知道的，我知道"。

在围绕卡格兰公主的"传说"中，我们再次进入了中世纪最古老的一个神话时间，语言转为了童话语言。故事从英格博格·巴赫曼出生的城市克拉根福开始，公主陷入了危险，落入了进犯的匈奴人或者阿瓦尔人[1]手中。但是一个神秘的异乡男子出现了，要来解救她。她的黑马小跑着，逆流而上，一直跑到了多瑙河分叉的三角洲。公主意识到，她身处"河流地区"，"这河流将通往死亡之国"。在她必须与异乡男子分离的时候，公主在"梦的门槛上"看到了一个幻象："在二十多个世纪之后"，"就会是你到来并亲吻我的时候了"。当公主再次骑着自己的黑马踏上归途的时候，异乡男子"默默地规划了他和她的第一次死亡"。在她的山间宫廷里，她淌着血从马上掉落下来，"因为他已经将第一根刺扎进了她的心脏"。这个传说以这句话结尾："但是她微笑着在高烧中喃喃自语道：我知道的，我知道。"

这整个"传说"都渗透了对策兰的记忆，并由这位"异

---

1 欧亚大陆的古代游牧民族，约6世纪迁居欧洲中部和东部，曾经建立大帝国，参加反拜占庭战争。

乡男子"唤醒。他"在她胸前放下鲜花，就像是给死人献花"——这是一种诗的成人仪式。在身披"大衣"的"异乡男子"这个形象中，无疑看得到策兰本人：许多策兰的熟人都记得策兰最显眼的外在标志就是"黑色长大衣"。异乡男子介绍自己是犹太人，这也指向了策兰这个具体的原型："我的族裔比世界上所有民族都古老，他们四散在风里。"

《马利纳》中的引用几乎全都出自策兰1948年在维也纳出版的诗集《瓮中沙》，因此它围绕的是英格博格·巴赫曼和保罗·策兰愉快相遇的原初场景。"黑马"是策兰早期的一个典型意象。"他们在夜里比黑更黑"这个句子也契合策兰《颂远方》中的诗句："黑色中更黑，我更赤裸。"诗的标题《颂远方》几乎可以理解成《卡格兰公主的秘密》的纲领。在同一首诗中还有另一句具体地指涉了巴赫曼和策兰的不同经历和相同渴望，也即东欧犹太人和克恩滕州金发女孩之间的异质性："我若是我，我便是你。"这是策兰一次次尝试把捉的"黑暗"之语，他甚至想专门就此写一篇诗学文章。这语言作为主调也进入了《花冠》这首诗那句"我们互诉黑暗之语"里。在巴赫曼的"传说"中，当公主和异乡男子开始交谈时，他们的对立就化解在了更高的和谐中："他们互诉明亮与黑暗之语。"

随后面对身穿大衣的异乡男子时，公主所勾画的核心幻象与策兰的许多诗行相呼应。"（……）二十多个世纪之后，你和众人一样诉说着：恋人……"在策兰的诗《你徒劳地画着心》中则写着："（……）一个上帝在人群中，/裹着大衣，曾经在午夜时分，从你肩头落在阶梯上的大衣，/那时候，宫殿置身火海，你和众人一样诉说着：恋人……（……）"

公主看到的幻象在下文中变得更为具体："那将是在一座城市里。在这城中有一条街，公主继续说，我们将玩牌。我将失去我的眼睛，镜中是星期天。"不久之后："（……）我们将看到，你把刺戳进我心里，我们将站立在一扇窗前（……）"这里化用了策兰三首诗的诗句。在《忆法国》中有"我们玩牌，我失去了眼之星"。"镜中是星期天"和"我们交缠着站在窗中，他们从街上注视我们"是《花冠》中的句子。《花冠》中第一句具有祈使语气的"是时候了"紧接着街上、窗中的场景汲取了力量："是时候了，要让他们知道！"也正是这样的祈使句式，将传说中的预感向前推进。异乡男子在两人必须分别的时候，对公主说："要有耐心，要有耐心，因为你知道的，你知道。"最后的句子再一次重拾这个"知道"，已经具有了那种相知的深情："我知道的，我知道！"在传说的最后，"在一片可怕的安静中"戳入心脏让公主"淌着血从黑马上"掉落下来的那根刺的意象，出自策兰的诗《安静！》，这首诗最开始几句是："安静！我把刺戳入你的心，/因为玫瑰，玫瑰/与影子在镜中，它淌着血！"

除了这则用斜体再现的关于卡格兰公主的传说之外，在《马利纳》中还有其他对保罗·策兰的影射。在小说第二部分，在占据主导地位的一系列有父亲出现的噩梦场景之中，有一个梦让卡格兰传说中的异乡男子形象再次出场，作为一个和具有毁灭力的父亲相关的黑色幻象。这个幻象明显地指涉了策兰的个人命运。其中有"营房"，有一次"运送"，还有这样的内容："走过许多个营房，在最靠里的房间，我找到了他。他在那里疲倦地等着我。在空空的房间里放着一束头巾百合，就在他身边。他躺在地板上，穿着他那件比黑更黑的大衣，我在数千年前就看到他穿着它。"这个梦是这么结束的："我的人生走到了尽头，因为他在运送途中淹死在河中。他是我的生命。我曾爱他胜过我的生命。"

她曾爱他胜过她的生命。在对策兰命运的召唤、对策兰的认同，和爱情的无望之间存在一种关联。异乡男子在传说中作为可能的拯救者出现，在小说主人公"我"这个角色的噩梦中却成了同样被打击者。在小说《马利纳》关于"现在"的时间层面，也即当"我"这个女性角色和伊万在维也纳的翁加尔街居住的时候，这个恋人是和"异乡男子"相连的。"异乡男子"是一个具有神话色彩的先范，大约两千年后在伊万身上复活，但也是伊万在现实中承受不住的梦。"我"认识伊万并爱上他的时候，他刚好在一家花店买下了一大束头巾百合。在噩梦那一章，异乡男子躺在营房时，房里就放了一束干枯了的头巾百合。

《马利纳》里的"我"以古怪的方式解释了自己要在"一张古老的、耐久的羊皮纸上"写下"卡格兰公主的秘密"的愿望："因为到今天，我爱伊万爱了二十年。而到这个月31日，我认识他则有一年三个月三十一天。"在相爱与相识之间所隔的二十年，恰恰符合写作《马利纳》和二十二岁的英格博格·巴赫曼遇见二十七岁的保罗·策兰之间的时间间隔。

爱情，以及历史条件造成的爱之无望，在《马利纳》中被汇集在了一起。在以营房为背景的噩梦里，"我"说道："只不过我始终还是恐惧死亡，因为一切又重新开始了，因为我快疯了，他说：安静下来吧，想想城市公园，想想那树叶，想想维也纳的花园，想想我们的树，泡桐正开着花儿。我立即就平静了下来，因为我们两人有过同样的经历，我看到，他指了指他的头，我知道，他们对他的头做过什么。"

泡桐，策兰的生命之树，和他的名字有着同一个斯拉夫语尾音。泡桐在维也纳的城市公园里开花，这既是同盟的表现，也标志了《马利纳》中的"我"在她的噩梦中与策兰式的疯狂融为一体。

"我曾爱他胜过我的生命":计划中的《死亡方式》系列也包括在巴赫曼去世前一年发表的小说集《同声》。这部小说集的收尾篇是英格博格·巴赫曼生前完成的最后一个文本,体量不小的短篇小说《去湖边的三条路》。这里出现的某个事物,在《马利纳》的"翁加尔街之国"中也占有一席之地,对于巴赫曼来说是和保罗·策兰的一个历史神话联系:文中召唤了古老的哈布斯堡帝国,作为一个从未兑现但始终存在的乌托邦——这也是布科维纳的泽诺维茨和克恩滕的克拉根福的一个共同归属。这个乌托邦很早就牵动了巴赫曼的心。50年代初她就已经在她寥寥可数的自传记述中说道:"但是说到底,我依然还沉浸在我的家乡那个充满神话的想象世界里,那是一小块稍稍实现了其理想的奥地利,一个说着许多语言、穿过许多边界的世界。"

"一小块稍稍实现了其理想的奥地利":在她最后的短篇小说《去湖边的三条路》中,英格博格·巴赫曼又调用了这个愿景。许多语言,许多边界:就像往昔的哈布斯堡帝国一样,但这些可能性并没被视作良机——相比之下,尤其是对犹太人的集体屠杀,说着唯一一种语言,凶手的语言。巴赫曼的乌托邦洞穿了真实的历史,给当前的时代亮出了一面镜子。女作家挖掘出了自己的家乡,克拉根福及周边地区,也是德语、斯洛文尼亚语和意大利语接壤处的潜力，某种在恩斯特·布洛赫的《希望原则》[1]中闪耀的东西也在她的童年中出现过，但她从来没有置身其中。小说的主角是精于世故的女摄影家伊丽莎白·马特莱，她在家乡克拉根福暂住期间内心濒临崩溃。她读到一篇题为《论酷刑》的散文，很明显是让·埃默里所写，他在文中描述了自己作为犹太人的创伤，他遭受酷刑折磨，却挺过纳粹时代幸存了下来。以此为背景，伊丽莎白·马特莱所爱的男人的故事也变得明了。他的名字是弗朗茨·约瑟夫·特罗塔，他就是从文学中走出来的人物：他是约瑟夫·罗特的小说《先王冢》中的主人公之子，在1938年被父亲送到巴黎的一个朋友家，开启了流亡生涯。

英格博格·巴赫曼让这个特罗塔在她这部以50年代为背景的小说中复活。他在这里，在明显是作者的自传式回忆中——这是这一文本中最为私密，同时又隐藏最深之处——拥有了保罗·策兰的面貌："最初的这些日子——期间她寻找特罗塔然后又逃走，他寻找她然后又逃走——是少女时代的终结，是她伟大爱恋的开端。尽管她后来有了不一样的眼

---

1 布洛赫的哲学著作《希望原则》发表于20世纪50年代，表达了一个乌托邦式的梦想，即一个没有剥削、压迫和异化的世界。

光，认为另一场伟大爱情才算得上她的伟大爱情，可在超过两个十年的时间过去后，特罗塔再一次高高在上地拥有她的头号伟大爱情，同时也是最无法理解、最艰难的爱情，背负着误解、争吵、话不投机、怀疑，但是至少他造就了她，不是在通常意义上，不是因为他娶了她做妻子——因为当时另一个人原本也能做到——而是因为他让她意识到了许多事情，这是他的出身的缘故；因为他，一个真正的流亡者和被遗弃者，将她，一个天晓得希望这世界带给她什么样的人生的冒险家，转变成了流亡者；因为他在死后才将她慢慢拖入毁灭，让她疏远了种种奇迹，让她认识到异邦女子便是其宿命。"

"异邦女子便是其宿命"：这是策兰以《在埃及》这首诗施加给英格博格·巴赫曼的命运，就在他们初次相遇之后。在小说集《同声》发表的时候，并没有人能想到，书中与伊丽莎白·马特莱有关的信息和想法中，可以辨认出巴赫曼和策兰之间爱情的核心要素。这位女作家让特罗塔出身斯洛文尼亚，她孩童时代的邻国。这是一个沉没帝国的一部分，位于约瑟夫·罗特的小说和英格博格·巴赫曼自己的哈布斯堡王朝神话之间。但是特罗塔首先是遥不可及的恋人——"那唯一的、伟大的爱情"。这爱情只能在文学中安身。在文学中，在传说中，在童话里，也栖居着那一对著名的王室儿女 [1]，他们无法走向彼此。

---

1 在德国民谣中，有一对相爱的王室儿女，他们之间被深水阻隔。为给游泳来见她的王子指路，公主点燃三支蜡烛，但邪恶的女神将蜡烛吹熄，王子被水淹没。在一个众人欢欣的星期日，公主没有跟着母亲去教堂，而是来到水边，令渔夫打捞王子的尸体。看见王子的尸体后，公主将王冠和戒指赠予渔夫，跳入水中，自杀身亡。

致谢

我在长年写作中受惠于以下诸位的众多指点：迈克·阿尔巴特、赖因哈德·鲍姆加特、米洛·多尔、米丽娅姆·艾希、君特·格拉斯、莫舍·卡恩、约阿希姆·凯泽、克劳斯·赖歇特、克劳斯·福斯温克尔、克劳斯·瓦根巴赫和埃内斯特·维西纳，并与他们有过美好的交谈。

这本书得以写成，我要感谢马尔巴赫德国文学档案馆和祖尔茨巴赫－罗森贝格文学档案馆。我也感谢卢茨·迪特里希，他支持我策划了瓦尔特·赫勒雷尔展览和德国的战后年代展览。我感谢英格博格·巴赫曼的后代允许我引用至今未发表的巴赫曼写给伊尔莎·艾兴格尔的信。

图像来源

参考文献

英格博格·巴赫曼和保罗·策兰的通信

Bachmann, Ingeborg / Celan, Paul: Herzzeit. Der Briefwechsel, hg. Von B. Badiou, H. Höller, A. Stoll und B. Wiedemann. Frankfurt am Main 2008

Radisch, Iris: »Der letzte Kuß, vorgestern nacht«. Sie hat sie gut versteckt, jetzt wurden sie zufällig gefunden: Zwei intime Briefe des Dichters Paul Celan an seine Geliebte Ingeborg Bachmann. In: Die Zeit, 28.4.2016

英格博格·巴赫曼作品

Briefe an Felician. München 1991

Briefwechsel mit Walter Höllerer: »Elefant und Bär. Die Beziehung zu Ingeborg Bachmann«. In: Helmut Böttiger: Elefantenrunden. Walter Höllerer und die Erindung des Literaturbetriebs. Berlin 2005, S. 57–66

Die kritische Aufnahme der Existentialphilosophie Martin Hei deg gers. München 1985

Die Radiofamilie. Berlin 2011

Giuseppe Ungaretti: Gedichte. Italienisch und deutsch. Übertragung und Nachwort von Ingeborg Bachmann. Frankfurt am Main 1961

Ich weiß keine bessere Welt. Unveröentlichte Gedichte. München 2000

Ingeborg Bachmann / Hans Werner Henze: Briefe einer Freundschaft, hg. von H. Höller. München 2004

Kriegstagebuch. Mit Briefen von Jack Hamesh an Ingeborg Bachmann. Berlin 2010

Kritische Schriften. München 2005

Letzte, unveröffentlichte Gedichte, Entwürfe und Fassungen. Frankfurt am Main 1998

Male oscuro. Aufzeichnungen aus der Zeit der Krankheit. Traumnotate, Briefe, Brief- und Redeentwürfe (Salzburger Edition der Werke Ingeborg Bachmanns). Berlin 2017

Römische Reportagen. München 1998

Todesarten-Projekt (fünf Bände), hg. von R. Pichl, M. Albrecht und D. Göttsche. München 1995

Werke (vier Bände), hg. von C. Koschel, I. v. Weidenbaum, C. Münster. München 1978

Wir müssen wahre Sätze inden. Gespräche und Interviews. München 1983

保罗·策兰作品

Angefügt, nahtlos, ans Heute. Agglutinati all'oggi. Paul Celan übersetzt Giuseppe Ungaretti. Handschriften. Erstdruck. Dokumente, hg. Von P. Goßens. Frankfurt am Main 2006

Brief an Ernst Jünger: Wimbauer, Tobias: In Dankbarkeit und Verehrung. Hilfe kommt aus Willingen: Ein Brief von Paul Celan an Ernst Jünger wurde im Marbacher Literaturarchiv entdeckt. In: Frankfurter Allgemeine Zeitung, 8.1.2005

Briefwechsel mit Diet Kloos-Barendregt: Sars, Paul (Hg.): Paul Celan – »Du musst versuchen, auch den Schweigenden zu hören«. Briefe an Diet Kloos-Barendregt. Frankfurt am Main 2002

Briefwechsel mit Gerhart Baumann. In: A. Barnert, C. Caradonna und A. Stello (Hg.): »Im Reich der mittleren Dämonen«. Paul Celan in Freiburg und sein Briefwechsel mit Gerhart Baumann. In: Text.

Kritische Beiträge, Heft 15. Frankfurt am Main 2016, S. 15–115

Briefwechsel mit Gisèle Celan-Lestrange (zwei Bände), hg. von B. Badiou. Frankfurt am Main 2001

Briefwechsel mit Günter Grass. In: A. Barnert: Eine »herzgraue« Freundschaft. Der Briefwechsel zwischen Paul Celan und Günter Grass. In: Text. Kritische Beiträge, Heft 9, Frankfurt am Main 2004, S. 65–127

Briefwechsel mit Heinrich Böll, Paul Schallück, Rolf Schroers. In: P. Celan: Briefwechsel mit den rheinischen Freunden, hg. von B. Wiedemann. Frankfurt am Main 2011

Briefwechsel mit Klaus und Nani Demus, hg. von J. Seng. Frankfurt am Main 2009

Briefwechsel mit Nelly Sachs, hg. von B. Wiedemann. Frankfurt am Main 1993

Briefwechsel mit Petre Solomon. In: Neue Literatur (Bukarest) 1981 / 11, S. 60–80

Briefwechsel mit Rudolf Hirsch, hg. von J. Seng. Frankfurt am Main 2004

Briefwechsel mit Theodor W. Adorno, hg. von J. Seng. In: Frankfurter Adorno Blätter VIII, Göttingen 2003, S. 177–202

Briefwechsel mit Walter Höllerer: »Mich freuen solche Bitterkeiten und Härten.« Die Beziehung zu Paul Celan. In: H. Böttiger: Elefantenrunden. Walter Höllerer und die Erindung des Literaturbetriebs. Berlin 2005, S. 43–56 265

Die Goll-Afäre. Dokumente zu einer »Infamie«, hg. von B. Wiedemann. Frankfurt am Main 2000

Georges Simenon: Hier irrt Maigret. Kriminalroman. Deutsche Übersetzung von Paul Celan. Köln / Berlin 1954

Georges Simenon: Maigret und die schrecklichen Kinder. Kriminalroman. Deutsch von Paul Celan. Köln / Berlin 1955

Gesammelte Werke in sieben Bänden (hg. von B. Allemann und S.

Reichert unter Mitwirkung von R. Bücher). Frankfurt am Main 2000

Interview mit Karl Schwedhelm: Süddeutscher Rundfunk Stuttgart, 15. Juni 1954, SWR-Archiv

Mikrolithen sinds, Steinchen. Die Prosa aus dem Nachlass, hg. Von B. Wiedemann und B. Badiou. Frankfurt am Main 2005

其他文献和资料

Adorno, Theodor W.: Ästhetische Theorie. Frankfurt am Main 1970

Adorno, Theodor W.: Kulturkritik und Gesellschaft. In: Gesammelte Schriften, Band 10.1: Kulturkritik und Gesellschaft I: Prismen. Ohne Leitbild. Frankfurt am Main 1977 (Erstveröfentlichung 1951)

Adorno, Theodor W.: Negative Dialektik. Frankfurt am Main 1966

André, Robert: Gespräche von Text zu Text. Celan – Hei deg ger – Hölderlin. Hamburg 2001

Arnold, Heinz Ludwig: Meine Gespräche mit Schriftstellern 1970–1999 (Hörbuch), München 2011

Baumann, Gerhart: Erinnerungen an Paul Celan. Frankfurt am Main 1986

Beckmann, Heinz: Literarisches Scheibenschießen. Vom Händewaschen und der Wahrheitsfrage bei der Gruppe 47. In: Rheinischer Merkur, 13.6.1952

Blöcker, Günter: Die Gruppe 47 und ich. In: Die Zeit, 26.10.1962

Blöcker, Günter: Gedichte als graphische Gebilde. In: Der Tagesspiegel, 11.10.1959

Blöcker, Günter: Nur die Bilder bleiben. In: Der Tagesspiegel, 8.10.1961

Blöcker, Günter: Rückkehr zur Nabelschnur. In: Frankfurter Allgemeine Zeitung, 28.11.1959

Bollack, Jean: Herzstein. Über ein unveröffentlichtes Gedicht von Paul Celan. Aus dem Französischen von W. Wögerbauer. München 1993

Bormuth, Matthias: Mit einer Handvoll Sand. Ingeborg Bachmann als Philosophin. Warmbronn 2010

Böschenstein, Bernhard / Weigel, Sigrid (Hg.): Paul Celan, Ingeborg Bachmann. Poetische Korrespondenzen. Frankfurt am Main 2000

Böttiger, Helmut: »Einmal muss das Fest ja kommen!« Ingeborg Bachmann und Hans Werner Henze. Deutschlandradio Kultur, Berlin (Feature »Werkstatt«), 25.6.2006

Böttiger, Helmut: Celan am Meer. Göttingen 2017

Böttiger, Helmut: Die Gruppe 47. Als die deutsche Literatur Geschichte schrieb. München 2012

Böttiger, Helmut: Doppelleben. Literarische Szenen aus Nachkriegsdeutschland. Begleitbuch zur Ausstellung (unter Mitarbeit von Lutz Dittrich). Göttingen und Darmstadt 2009

Böttiger, Helmut: Ingeborg Bachmann. Berlin / München 2013

Böttiger, Helmut: Orte Paul Celans. Wien 1996

Briegleb, Klaus: Missachtung und Tabu. Eine Streitschrift zur Frage: »Wie antisemitisch war die Gruppe 47?« Berlin / Wien 2003

Buhr, Gerhard: Celans Poetik. Göttingen 1976

Buhr, Gerhard / Reuß, Roland (Hg.): Paul Celan: »Atemwende«. Materialien. Würzburg 1991

Chalfen, Israel: Paul Celan. Eine Biographie seiner Jugend. Frankfurt am Main 1979

Colin, Amy-Diana / Silbermann, Edith (Hg.): Paul Celan – Edith Silbermann. Zeugnisse einer Freundschaft. München 2010

Corbea-Hoişie, Andrei: Paul Celans »unbequemes Zuhause«. Sein erstes Jahrzehnt in Paris. Aachen 2017

Daive, Jean: Unter der Kuppel. Erinnerungen an Paul Celan. Basel 2009

Dor, Milo / Federmann, Reinhard: Internationale Zone. Gütersloh, o. J.

Eisenreich, Brigitta: Celans Kreidestern. Ein Bericht. Berlin 2010

Engel, Peter: Die Sekunde des Umschlags. Die Niendorfer Tagung der

»Gruppe 47«. In: Neue Zürcher Zeitung, 6.9.1997

Fantappiè, Irene: Nelly Sachs, Paul Celan, Inge Waern. Aktualisierung
und Gedächtnis. In: Conterno, Chiara / Busch, Walter (Hg.):
Weibliche jüdische Stimmen deutscher Lyrik aus der Zeit von
Verfolgung und Exil, Würzburg 2012, S. 113–123

Felstiner, John: Paul Celan. Eine Biographie. München 1997

Gnielka, Thomas: Deutsche Literaturmesse 1952. »Gruppe 47« tagte
im Ostseebad Niendorf. In: Der Tagesspiegel, 8.6.1952

Gnielka, Thomas: Die Geschichte einer Klasse. Romanfragment.
Hamburg 2014

Goßens, Peter / Patka, Marcus G. (Hg.): »Displaced«. Paul Celan in
Wien 1947–1948. Frankfurt am Main 2001

Hamacher, Werner / Menninghaus, Winfried (Hg.): Paul Celan.
Frankfurt am Main 1988

Hamm, Peter: Der ich unter Menschen nicht leben kann. Auf der Suche
nach Ingeborg Bachmann. (Dokumentarilm) SWF, Baden-Baden
1980

Heidegger, Martin: Sein und Zeit. Tübingen 1963 (Erstveröfentlichung
1927)

Heidegger, Martin: Was heißt Denken? In: Vorträge und Aufsätze.
Pfullingen 1954, S. 129–143

Heidegger, Martin: Was ist Metaphysik? In: Wegmarken. Frankfurt am
Main 1976, S. 103–122 (Vortrag von 1929)

Heidegger, Martin: Wozu Dichter? In: Holzwege. Frankfurt am Main
1950, S. 248–295

Hölderlin, Friedrich: Werke, Briefe, Dokumente. Nach dem Text der
von Friedrich Beißner besorgten Kleinen Stuttgarter Hölderlin-
Ausgabe, ausgewählt von Pierre Bertaux. München 1990

Höller, Hans: Ingeborg Bachmann. Reinbek 1999

Höller, Hans / Larcati, Arturo: Ingeborg Bachmanns Winterreise nach
Prag. München 2016

Holthusen, Hans Egon: Das verzweifelte Gedicht. »Die Niemandsrose«
– nach vier Jahren ein neuer Lyrikband von Paul Celan. In:
Frankfurter Allgemeine Zeitung, 2.5.1964

Holthusen, Hans Egon: Der unbehauste Mensch. Motive und Probleme
der modernen Literatur. Essays. München 1951

Holthusen, Hans Egon: Tradition und Ausdruckskrise. Der Lyriker
Rudolf Alexander Schröder. In: Merkur 51 / 1952

Hotz, Constance: »Die Bachmann«. Das Image der Dichterin: Ingeborg
Bachmann im journalistischen Diskurs. Konstanz 1990

Janz, Marlies: Vom Engagement absoluter Poesie. Zur Lyrik und
Ästhetik Paul Celans. Königstein 1976

Koelle, Lydia: Paul Celans pneumatisches Judentum. Gott-Rede und
menschliche Existenz nach der Shoah. Mainz 1997

Krass, Stephan: »wir haben Vieles einander zugeschwiegen«. Ein
unveröffentlichter Brief von Martin Hei deg ger an Paul Celan. In:
Neue Zürcher Zeitung, 3. / 4.1.1998

Lettau, Reinhard (Hg.): Die Gruppe 47. Bericht, Kritik, Polemik. Ein
Handbuch. Neuwied / Berlin 1967

McVeigh, Joseph: Ingeborg Bachmanns Wien 1946–1953. Berlin 2016

Meinecke, Dietlind (Hg.): Über Paul Celan. Frankfurt am Main 1970

Opel, Adolf: Ingeborg Bachmann in Ägypten. »Landschaft, für die
Augen gemacht sind«. Wien 1996

Opel, Adolf: »Wo mir das Lachen zurückgekommen ist …« Auf Reisen
mit Ingeborg Bachmann. München 2001

Reichert, Monika: Auch Joyce saß mit am Tisch oder das Lämpchen
im Eisschrank. Aus den Erinnerungen einer Gastgeberin. Frankfurt
am Main 2015

Reuß, Roland: Im Zeithof. Celan-Provokationen. Frankfurt am Main /
Basel 2001

Richter, Hans Werner: Im Etablissement der Schmetterlinge. 21
Portraits aus der Gruppe 47. München 1986

Richter, Hans Werner: Mittendrin. Die Tagebücher 1966–1972. München 2012

Sieburg, Friedrich: Kriechende Literatur. In: Die Zeit, 14.8.1952

Sieburg, Friedrich: Literarischer Unfug. In: Die Gegenwart, 13.9.1952

Solomon, Petre: Paul Celan. L'Adolescence d'un Adieu. Castelnau-le-Lez 1990 (rumänisches Original 1987)

Steiner, Bettina: »Die größte Wegruhe, das stärkste Zuhause.« In: Die Presse, 14.8.1998

Stoll, Andrea (Hg.): Ingeborg Bachmanns »Malina«. Frankfurt am Main 1992

Stoll, Andrea: Ingeborg Bachmann. Der dunkle Glanz der Freiheit. Biographie. München 2013

Szondi, Peter: Celan-Studien. Frankfurt am Main 1972

Voswinckel, Klaus: »Die Niemandsrose« – eine Wiederbegegnung. In: Celan wiederlesen. München 1998, S. 17–50

Wagner, Klaus: Das Gedichtemachen aus dem Unbehaustsein und der Distanz. In: Der Spiegel, 18.8.1954

Weigel, Hans: In memoriam. Graz 1979

Weigel, Hans: Unvollendete Symphonie. Roman. Graz 1992 (Erstveröffentlichung 1951)

Weigel, Sigrid: Ingeborg Bachmann. Hinterlassenschaften unter Wahrung des Briefgeheimnisses. Wien 1999

Wichner, Ernest / Wiesner, Herbert: In der Sprache der Mörder. Eine Literatur aus Czernowitz, Bukowina. Ausstellungsbuch. Berlin 1993